国家出版基金项目
NATIONAL PUBLICATION FOUNDATION

新技术法学研究丛书

丛书主编：张保生 郑飞

电子数据取证
法律规制与侦查实务

尹鹤晓 —— 著

中国政法大学出版社

2024·北京

图书在版编目（CIP）数据

电子数据取证：法律规制与侦查实务 / 尹鹤晓著.-- 北京 ： 中国政法大学出

版社，2024.7. -- ISBN 978-7-5764-1553-7

Ⅰ.D918

中国国家版本馆CIP数据核字第2024SL7037号

书　名	电子数据取证：法律规制与侦查实务 DIANZI SHUJU QUZHENG：FALÜ GUIZHI YU ZHENCHA SHIWU
出版者	中国政法大学出版社
地　址	北京市海淀区西土城路 25 号
邮　箱	bianjishi07public@163.com
网　址	http://www.cuplpress.com (网络实名：中国政法大学出版社)
电　话	010-58908466(第七编辑部) 010-58908334(邮购部)
承　印	固安华明印业有限公司
开　本	720mm×960mm　1/16
印　张	16
字　数	230 千字
版　次	2024 年 7 月第 1 版
印　次	2024 年 7 月第 1 次印刷
定　价	80.00 元

总　序

21世纪以来，科技迅猛发展，人类社会进入了新技术"大爆发"的时代。互联网、大数据、人工智能、区块链、元宇宙等数字技术为我们展现了一个全新的虚拟世界；基因工程、脑机接口、克隆技术等生物技术正在重塑我们的生物机体；火箭、航天器、星链等空天技术助力我们探索更宽阔的宇宙空间。这些新技术极大地拓展了人类的活动空间和认知领域，丰富了我们的物质世界和精神世界，不断地改变着人类社会生活的面貌。正如罗素所言，通过科学了解和掌握事物，可以战胜对于未知事物的恐惧。

然而，科学技术本身是一柄"双刃剑"。诺伯特·维纳在《控制论》序言中说，科学技术的发展具有为善和作恶的巨大可能性。斯蒂芬·霍金则警告，技术"大爆炸"会带来一个充满未知风险的时代。的确，数字技术使信息数量和传播速度呈指数级增长，在给人类生产和生活带来信息革命的同时，也催生出诸如隐私泄露、网络犯罪、新闻造假等问题。克隆技术、基因编辑等生物技术在助力人类攻克不治之症、提高生活质量的同时，也带来了诸如病毒传播、基因突变的风险，并给社会伦理带来巨大挑战。

奥马尔·布拉德利说："如果我们继续在不够明智和审慎的情况下发展技术，我们的佣人可能最终成为我们的刽子手。"在享受新技术带来的便利和机遇的同时，提高风险防范和应对能力是题中应有之义。我们需要完善立法来保护隐私和知识产权，需要通过技术伦理审查确保新技术的研发和应用符合人类价值观和道德规范。尤为重要的是，当新技术被积极地应用于司法领域时，我们更要保持清醒的头脑，不要为其表面的科学性和查明事实真相方面的精确性所诱，陷入工具崇拜的泥潭，而要坚持相关性与可靠性相结合的科学证据采信标准，坚守法治思维和司法文明的理念，严守司法的底线，不能让新技术成为践踏人权的手段和工具。

不驰于空想，不骛于虚声。在这样一个机遇与挑战并存的时代，我们应以开放的胸襟和创新的精神迎接新技术带来的机遇，也需要以法治理念和公序良俗应对新技术带来的挑战。弗里德里奇·哈耶克曾反思道："我们这一代人的巨大不幸是，自然科学令人称奇的进步所导致的人类对支配的兴趣，并没有让人们认识到这一点，即人不过是一个更大过程的一部分，也没有让人类认识到，在不对这个过程进行支配，也不必服从他人命令的情形下，每一个人都可以为着共同的福祉做出贡献。"因此，在新技术"大爆发"的新时代，我们需要明确新技术的应用价值、应用风险和风险规制方式。本丛书的宗旨就在于从微观、中观和宏观角度"究新技术法理，铸未来法基石"。阿尔伯特·爱因斯坦说过："人类精神必须置于技术之上。"只有良法善治，新技术才能真正被用于为人类谋福祉。

张伟韧

2023 年 12 月

序　言

　　信息社会中，电子数据已成为一种无处不在的"痕迹"，其在刑事诉讼中的广泛应用已是不争的事实。现行《刑事诉讼法》已将电子数据增设为法定的证据种类，进一步丰富了证据的种类和涉猎的范围，有利于规范司法实务部门对电子数据的提取和运用，更好地证明案件事实。然而，随着云计算、大数据等技术的迅猛发展，收集、提取电子数据的难度和需求不断增加，不仅取证要求有较高的信息和网络技术支持，还极大地影响了原有个人信息和隐私保护的原有框架与内涵之义。

　　关于电子数据的收集、提取和审查判断，相较域外发达国家和地区，其电子数据取证程序及法律制度正日臻完善，我国《刑事诉讼法》和相关司法解释、规范性文件仅有原则性规定，可操作性和细节周到度还存在不足。与此同时，电子数据的客观性、关联性及其取证中程序规范与私权保护等问题在实践中容易引发争议。因而，推动我国电子数据取证程序积极应对现实挑战和时代机遇，兼顾规范公权力和保障私权利，实现技术与法律的深度融合，是本书研究的应有之义。

　　本书以电子数据取证程序研究为题，以问题研究为导向，除结论外共分为七章。第一章为电子数据侦查取证研究导论，重在阐述电子数据侦查取证程序研究选题的价值意义，对比分析了国内外的研究状况及其对完善我国电子数据取证制度本土化研究的价值。第二章为电子数据及其侦查取证程序，首先对电子数据与电子数据侦查取证程序的基本概念进行了厘清，包括电子数据的概念、特点，电子数据侦查取证的几个基本问题，以及电子数据取证常用的技术、手段和工具。第三章为对现有电子数据侦查取证之规制维度重探。该部分首先回顾总结了电子数据取证程序的法律规制沿革，后对现有的要求进行了总结，在这个基础上，对程序规范从规制本身和规制的应用两个角度进行了评析，分析论证了制度本身发展的不完善及滞后问题，以及实体与程序脱节等现实矛盾，其中重点探讨了对以数据形式出现的个人信息的隐私保障的法律进展问题。第四章为电子数据侦查取证之实务工作探析，重点探究了电子数据这一新型证据对原有侦查取证方式带来的冲击，并深入分析了取证实务工作中的不足，总结出了侦查取证工作中对比例原则、人权保障、隐私权保护等价值关注的欠缺。第五章为域外电子数据取证程序的考察，本章以美国为例证进行了对比考察，细致考究并对比分析了域外电子数据取证程序的价值理念、程序规则、权力控制、法律救济及面临的挑战，探讨了美国等国家对于个人隐私的收缩和对于个人信息的保护政策变迁，并基于此总结了对我国的启示。第六章为电子数据取证新技术的应用与反思，本章主要从大数据积分预警系统、拥有数据的第三方平台的取证参与问题，和以步态语音分析为代表的新技术应用三个切入点入手，分析了电子数据取证技术应用中的边界问题，反思了侦查权的扩张与技术发展带来的公安工作挑战，以及技术革新和公权力的应用边界问题，并对未来侦查取证在新兴技术领域可能存在的风险趋势做了分析。第七章为我国电子数据侦查取证程序之制度完善对策，针对前述问题分别提出了构建核心价值和基本原则，推动电子数据取证程序制度规范、边界限制、裁判机制和保障机制的全方位建设，以期推动我国电子数据取证程序的法治化、科学化和高效化。

目　录

第一章
电子数据侦查取证
研究导论

信息活动领域中，利用现代信息系统或电子信息技术作为手段，或者针对电子信息系统以及网络安全实施各种破坏甚至犯罪活动的现象不容忽视，已经成为严重影响国家安全、社会稳定、经济发展的重要因素之一。为了达到对犯罪的震慑及遏制，电子数据的取证工作变得至关重要。[1]只有在电子数据的侦查取证问题得到解决后才能进行对犯罪行为的起诉，相关的犯罪行为才能受到法律的约束，犯罪分子才能得到法律的惩罚。

一、问题的提出

随着信息技术的广泛运用，作案人在作案过程中留下电子数据的现象变得十分普遍，因此，电子数据作为证据之一被写入《刑事诉讼法》[2]，电子数据的收集提取、审查判断与鉴定运用便成为一个不得不正视的问题。

（一）时代背景：新证据形式的创生

随着计算机等电子设备的普遍使用和网络技术的不断发展延伸，电子化的社会生活方式越来越为大众所熟知和接受。而同时，电子数据也不断在各类案件中频繁出现，传统案件中电子形式的证据出现的频率越来越高，在一些有关于计算机及互联网的新型犯罪中，电子数据成为最主要的证据形式。因此，一直以来按照实物和口供划分的传统证据规则，已不再适应电子数据的特点和未来电子化时代的需要。

从 20 世纪 90 年代开始，立法和司法部门逐步对电子数据的规制问题进行了一系列的探索。2012 年《刑事诉讼法》将电子数据列为独立的证据类型，即明确了电子数据的证据资格问题。在电子数据具有法律证据资格之后，2016 年，最高人民检察院、最高人民法院和公安部联合印发的《关

---

〔1〕 王学光：《计算机犯罪取证法律问题研究》，法律出版社 2016 年版，第 1 页。

〔2〕 为行文方便，本书中涉及的我国法律规范名称均省略"中华人民共和国"字样，如《中华人民共和国刑事诉讼法》简称为《刑事诉讼法》。

于办理刑事案件收集提取和审查判断电子数据若干问题的规定》（以下简称《电子数据规定》）对电子数据的收集提取和审查判断规则进行了一系列的规定，结合之前发布实施的一系列司法解释和部门规章，构成了审查判断电子数据真实性和可靠性问题的最主要的实践操作指南，也标志着我国电子数据相关规范的进一步发展和完善。

在学术领域的研究中，对电子数据的研究随着对电子数据使用的普及而同样不断深入。在电子数据的法定证据地位确立之前，关于电子数据的探讨仅仅是学术层面的，学者们对于电子数据的研究多是对域外相关制度的整理和介绍，主要落脚在设想和构建适用于中国的电子数据框架规则上，或对电子数据取证技术进行分析。2012年《刑事诉讼法》修正后，学术界则更加侧重对电子数据的认证规则和质证规则进行探讨，围绕对电子数据的真实性和可靠性问题进行了一系列有力的探索和研究。而相对的，关于电子数据侦查程序问题的研究较少，相关的研究也多停留在侦查行为实施的方式、步骤或者顺序等模型策略问题层面，而在电子数据技术对侦查程序的影响、电子数据侦查程序方面、在法治层面需要遵循的原则、如何通过对权力的控制实现公民利益的保障等相关问题的研究尚处在起步阶段。[1]同时，电子化时代所涉及的科技在近些年来始终保持飞速发展的态势，电子数据问题所涉及的证据形态、侦查措施和证据规则都在随着技术的进步而不断面临新的发展和问题，对电子数据的研究也同样是一个短期内无法穷尽和完善的课题。

（二）取证程序的研究意义

电子数据成为一种新型的证据形式，意味着证据的电子化已经成为被认可的事实。确认电子数据的证据地位是证据电子化研究的开端，电子数据证据化意味着电子数据的证据规则应该有适应性调整，其中不仅包括为确保其真实可靠的实体规则的调整，也包括电子数据取证程序规则的调整。

综观现有的实践经验与研究成果，不难发现关于电子数据取证的程序

---

〔1〕 卢莹："数字时代刑事取证规制研究——以个人信息保护为视角"，华东政法大学2020年博士学位论文。

规则目前尚缺乏深入和全面的研究。这很大程度上是因为对侦查程序的重视不足，以及研究电子数据需要高度专业化的知识。同时，现有的研究又多站在法学理论的角度，缺乏对侦查实务的了解，未能深入分析电子数据取证在实践过程中面临的各种问题，因此，在理论研究本身就有缺陷的情况下，存在实践与理论"两张皮"的问题，以至于导致理论与实践的严重脱节甚至对立。

证据是否能为法庭所采纳和认可，侦查人员的取证程序实际上是较为重要的影响因素。取证程序的合法性问题直接由证据的可采性体现，〔1〕我国在研究证据问题时，就很容易相应地将自己的研究范围框定在证据的认证这个狭小的视野范围内，再加之，电子信息技术本身更新换代速度快，导致现有的电子数据取证程序理论也面临着快速被淘汰的命运，如针对计算机等有形终端设计出的"两步式"取证程式在云端和远程取证中就不完全符合实践需要。

可以说，在理论界与实务界，对电子数据取证程序问题的关注都明显少于对取证技术或电子数据罪行的认定问题的关注。当前对于电子数据问题的研究在理论方面多集中在围绕保证真实性和可靠性所制定的一系列规制的探索和改进之上。对电子数据特性分析集中在讨论电子数据与其他数据形式的差异与关联上，以更好地建立电子数据分类与认证体系。在电子数据取证问题上，则倾向于探讨如何确保电子数据证据的真实性，剖析建立在发现真相基础上的取证行为中需要遵守的规则。在取证实践方面，仍旧是对操作技术的介绍和最新方法的分析占据了绝大多数，公安技术人员也通常更多地关注如何有效运用技术手段获取更多的数据信息。建立在实现实体正义基础上的电子数据取证规则研究的日益充分与对电子数据取证行为的程序问题关注的不足形成了鲜明的对比，而这种差异既影响了程序正义的价值实现，又会对实体正义的实现产生负面影响。

从侦查取证程序规范的角度来说，侦查程序作为现代刑事诉讼的一个重要组成部分，对后续的起诉和审判程序有着至关重要的影响。因此，侦

---

〔1〕 裴炜："网络空间刑事司法域外管辖权的数字化转型"，载《法学杂志》2022年第4期。

查取证程序的正义与规范直接影响着后续诉讼工作的进行。而程序法定是现代诉讼理念的基本原则之一，侦查取证程序设计的合理性及其落实情况直接关系到刑事诉讼的价值实现与质量保障。随着现代社会对依法治国理念理解的逐步深入，程序规范的意义被从权利保护领域扩展到更加广阔的范畴，侦查取证行为的程序正义问题也必将受到越来越多的关注。同时，电子数据等一系列新的技术手段和与之相伴的罪名不断出现，也势必要求有更加精细和规范的取证程序与之相匹配。

从电子数据取证的角度来看，在电子化的社会环境，尤其是网络环境下，电子数据的特点正在逐渐改变着传统的证据规则。电子数据作为一种独立的证据形态为法律所承认，折射出的是现代社会新型证据模式的创生和传统证据模式的演进。电子数据证据地位的确立远远不应是电子数据问题研究的终点，其所特有的性质对现有规则的冲击、作为一种新型证据所带来的包括隐私权等一系列新的问题、电子技术自身发展所带来的更多可能与隐患，都对电子数据取证提出了更多的挑战。

在各地调研时，大部分公安机关侦查部门也均反映：如何应对电子数据是目前侦查工作中让人头疼的事情之一。因此，对电子数据的取证研究，即对收集提取和审查判断等基本问题进行研究，无疑具有重要的理论和实践意义。

"法律应该为犯人的辩护和查证犯罪确定一定的时间和范围。"[1]本书拟通过系统性地研究电子数据取证程序，更好地监督侦查机关的取证权力，更好地促进电子数据提取的合法合规性，更好地保护公民的合法权利，实现权力与权利的最佳平衡。

二、研究范围与研究方法

（一）刑事侦查中的电子数据取证

电子数据已经渗入人们生活的各个角落，相关的证据问题也涉及民

---

〔1〕 ［意］切萨雷·贝卡里亚：《论犯罪与刑罚》，黄风译，北京大学出版社 2008 年版，第75 页。

事、刑事多个领域。民事案件中的证据不存在取证程序问题，多为举证者义务提供。因此本部分指的所有案件皆为需要侦查机关介入取证的刑事案件。

本书的电子数据侦查取证讨论的主体对象将限定为拥有侦查权的各级公安机关。按照目前的法律规定，公安（安全）机关、监察机关和检察机关依法享有侦查权，然而后两者的取证权在实务中使用频率较低，在办理刑事案件中，公安机关承担了绝大多数案件的电子数据取证与分析工作。

侦查取证程序中的"取证"在本书中并不仅限于收集和提取这一狭义的电子数据取证概念，而是指包括发现、勘验、检查、收集提取和以发现证据为目标的鉴定等证据移交起诉前的一系列侦查取证活动。[1]这种研究范围的划定一方面是由于实践中尚存在公安机关将勘验、检查和鉴定等行为替代收集和提取电子数据作为取证行为的现象；另一方面，电子数据的特性本身也决定了其收集提取与勘验检查的行为不可能被简单地进行划分。因此，若单纯地将电子数据取证限定为收集提取的行为，将会与公安机关取证工作的实际情况有较大出入。而在电子数据的鉴定方面，民间司法鉴定机构、公安机关的鉴定机构和检察院的鉴定机构（现行）都有权对电子数据做鉴定并出具鉴定书，但排除民间和检察院的鉴定机构的鉴定行为却是不完整的，毕竟出具的鉴定书作为电子数据取证中的一个步骤，最终会回到公安机关手中。电子数据从被发现到作为有效证据出现在庭审环节前，其可采性和真实性都是受到侦查取证影响的，脱离分析证据的勘验检查与鉴定环节的取证程序研究也都是片面的。

（二）研究方法

1. 文献研究法

文献能够提供最直观、基本的资料，对文献的充分阅读和掌握能够帮

---

〔1〕 部分学者将电子数据的鉴定分为两类：分别为以"发现证据"为目标的鉴定和以"评价证据"为目标的鉴定。参见杜志淳、廖根为："电子数据司法鉴定主要类型及其定位"，载《犯罪研究》2014 年第 1 期。

助全面了解与选题相关的知识和理论，及时掌握本领域的研究现状以避免无效重复劳动。同时，对文献的深入分析有助于更加准确地找到现有研究的空白，从而实现学术创新。因此笔者搜集查阅了国内外相关的法律规范、新闻、论文、著作、报告等文献材料，将其作为研究和分析的基础，并努力吸取各方长处，尽量弥补个人分析中可能存在的局限。

2. 访谈调查法

访谈调查法以收集和分析事实为核心展开，在实行的过程中表现出多种不同的方式。访谈对于真实客观地认识侦查实践中存在的问题的行为和样态，以及提出针对性的应对策略都是有直接帮助的。侦查学是一门实践的学科，对相关问题的研究不可能脱离实践单纯地纸上谈兵，但站在侦查学的角度研究侦查学又是囿于自说自话的狭小框架。因此笔者采用谈话、访问结合的方法，用开放的询问方式，同时从在实战一线检察部门和侦查部门工作的人员入手，对不同视野中电子数据取证程序存在的问题进行多角度收集，再对其中反映出的问题进行整合、梳理，努力使得研究本身更具立体性和综合性，同时也能够更加精准、有的放矢地提出相应的对策和建议。

3. 比较研究法

比较研究法是指通过一种标准，在两种或两种以上的事物间，通过比对找出它们之间的差异和共性，更加清晰地认知特定事物，来达到取长补短、优化目标的目的。本书的比较主要是对不同的国家和地区进行比对，通过归纳域外国家电子数据取证既定程序，总结其使用中的优点、优势及不足，在为我国电子数据取证程序的进一步优化提供借鉴的同时，也帮助我国尽量提前规避可能产生的不足，达到进一步完善的效果。

三、电子数据取证的研究分野

（一）国内：技术与规制探索并行

1. 相关研究进程

自 20 世纪 80 年代中后期开始，我国学者开始有意识地研究电子计算机技术的使用。笔者用"电子数据（数据）"[1]作为关键词在知网上对所有公开文献进行搜索，发现第一篇有关于电子数据技术应用的文章见刊于 1964 年，第一篇关于国家管控电子数据信息的文章发表于 1983 年，第一篇关于数据信息安全的论述文章发表于 1991 年，关于电子数据相关的法律问题探讨最初见于 1993 年（有关于国际贸易中的电子数据法律适用问题）。电子数据技术最先应用于商务领域，相比之下，其在刑事领域的探讨经历了相当一段时间的空白。关于电子数据证据在刑事案件中的收集和提取问题在 2001 年首次进入学者关注的视线范围，同年，关于电子数据证据标准规范的问题也第一次被提出，这标志着电子数据证据的认证规则和程序规则开始进入学术研究的领域。电子数据证据的特殊性和对域外相关规则的研究使得学者们快速意识到，在电子数据领域中，公民个人权利保障和相关知识产权保护是一个重要命题，早在 2003 年就有学者在文章中提到相关问题，专门论述电子数据收集过程中可能涉及的权益问题的文章也出现在 2005 年。

从相关学术文献发表的总体趋势上看，随着互联网的发展和跨国贸易在我国的发展，关于电子数据交换（EDI）的原理、技术、安全等方面的讨论在 20 世纪 90 年代上半叶的学术论著中呈现爆发态势。而电子数据问题真正进入法学领域探讨的中心则在世纪之交，法学领域最初是回应电子数据相关问题出现及需求最多的领域，主要关注商务领域中的电子数据法律及安全问题。从出现时间来看，关于电子商务领域证据问题的探讨出现较早，但是电子数据法律问题却在理论与实践、刑事与民事各个领域同时进入学术界关注的范围。从研究内容上来看，对电子数据的研究也是经历了一个由浅及深的过程：从刑事领域来说，21 世纪初期法律界对电子数据问题的关注点多集中在电子数据的法律定位上，主要论证电子数据作为证据进入诉讼环节的必要性和可行性。随着对该问题逐渐达成一致，到 21 世

---

〔1〕　笔者通过比较搜索发现，在商贸领域，"电子数据"的使用较为普遍，而 2012 年以前法学领域多使用"电子证据"这一称呼。由于二者在实际探讨的指代语境中并无太大差别，故在此处将两者的搜索结果进行了合并分析，不再单独区分"电子数据"与"电子证据"二词的检索结果。

纪第一个十年的后期，电子数据的证据规则问题逐渐开始成为研究的热点，伴随着对域外国家电子数据认证规则的不断了解，我国取证、鉴定的技术手段不断进步和相关法律法规的不断完善，电子数据认证规则体系也在日渐形成之中。关于电子数据这种的证据形式在证据规则上的特殊性问题，相关文章明显也分为技术层面和法律层面两个角度进行探讨，在技术层面多探讨取证和鉴定手段的技术发展和操作方式，在法律层面则从研究域外发达国家和地区的相关规则到提出我国的规则体系构建，再到分析具体规则实施，最后前瞻新型技术在电子数据规则中可能出现的问题及应对。这是一个逐步深入和细化的过程。从另一个角度来看，电子数据具有不可直接感知的特点，导致侦查取证中更容易出现侵犯公民权益的情况，而相关的论文虽然出现较早，却一直未进入学术界重点探讨的视野，尽管在大多数相关文章中都略有提及，却缺乏深入的分析及相关完善的实际建议。

图1-1展示了笔者从知网上对电子数据不同类型文章进行的总结，将现能收集到的相关论文中提及的四种类型进行分析。[1]总的来说，电子数据相关文章数量从2000年后都呈现出了不同程度的增长。其中，讨论证据制度的相关文章在2012年《刑事诉讼法》出台前后呈现出了大幅度的增长，其中关键原因是2012年《刑事诉讼法》将电子数据加入了证据类型，相关的认证规则就需要及时地构建和跟进。在这个基础上，公安机关对电子数据的收集、提取、鉴定的相关问题也开始给予更多的关注。在制度与规则构建的领域中，侦查取证程序问题是笔者另外特别关注的一项，正如图1-1显示，对该问题的研究在2010年后也明显呈现上升趋势，但进一步拆分来看，其中大部分文章是关于认证程序的，如电子数据的公正、保全、区块链技术在认证中的合法性等问题，而关于取证中的程序问题涉及较少。从另一个角度来说，缺乏对取证行为的程序性规范的重视的重要表现之一就是对公民权利的轻视。笔者对相关文献进行了搜索，结果显示，近年来相关问题讨论确有增加，但总的来看主要集中在法学理论界，在公

---

〔1〕 已经排除了技术类文章。另，由于是根据关键词搜索得出的数目，可能会存在个别遗漏，图表仅反映总体趋势。后两种类型可能与前两种分类之间存在少量的重复情况。

安学领域涉及相关理念的文章并不多。

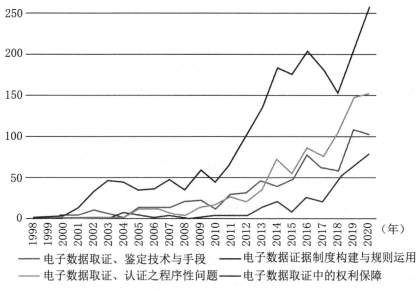

图 1-1　电子数据取证相关研究成果的四种类型及其分布

2. 各研究方向概况

分析现有关于电子数据取证或涉及电子数据问题的侦查程序相关论文、书籍，笔者认为可以从以下几个方面对相关资料的主要观点进行提炼：首先，从对电子数据作为新型且正在经历高速发展的证据形式的侦查取证程序角度来看，不少学者都注意到了对搜查、扣押、勘验、鉴定和侦查实验等侦查方法的法定程序规范，并指出若要回应新兴技术的出现，侦查取证程序应当在尊重取证的基本原则的同时努力适应技术的发展。周新较为全面地总结了我国涉及电子数据取证程序的立法规范，并对规范电子数据取证程序的难点和重点进行了分析论证。[1]《电子证据法研究》一书系统地对电子数据的法学定位和收集、保全与认定进行了介绍，依据环境情况对电子数据进行了分类，同时在借鉴域外国家对电子数据立法的情况

---

〔1〕　周新："刑事电子搜查程序规范之研究"，载《政治与法律》2016 年第 7 期。

下对我国提出了展望，为从法学角度理解电子数据的一系列重点问题奠定了坚实的基础。[1]《中国电子证据立法研究》则是更为着重探讨电子数据在我国法律地位的确定，相较于前书，本书更细致地分析了我国电子数据定位的现实困难与已有资源，尽管目前我国电子数据法律地位已经得到确认，但仍旧有很多书中提到的，包括取证方面的诸多问题未得到解决。[2]《电子数据取证和鉴定》一书则从技术的角度介绍了常用的电子数据取证技术以及未来的发展方向。[3]

在电子数据取证的程序中需要遵守的基本原则、原理方面，不少学者都指出，应当以平衡取证需求和权利保障为基础，建立侦查工作的原则性框架。樊崇义教授等指出，侦查中也有宽严相济的理念，而侦查程序的宽严相济则能促使侦查过程中权力使用的审慎与克制。[4]高一飞教授等则对侦查程序中打击犯罪与保障人权中的保证平衡的重要性进行了分析。[5]裴炜教授从比例原则出发，论述了电子数据取证过程中的特殊性和在此原则下侦查程序性规则的构建的基本要求。[6]学界同时还关注到了第三方作为数据保有者参与司法活动和进行数据分析的义务与权力平衡。[7]《程序正义的重心：底限正义视野下的侦查程序》一书从"最低限度的正义要求"角度出发，对侦查程序的应然基础理论进行了剖析，又在此基础上提出了理想的制度设计。[8]

---

〔1〕 何家弘主编：《电子证据法研究》，法律出版社 2002 年版，第 156 页。

〔2〕 刘品新：《中国电子证据立法研究》，中国人民大学出版社 2005 年版，第 32 页。

〔3〕 杜春鹏：《电子数据取证和鉴定》，中国政法大学出版社 2014 年版，第 47 页。

〔4〕 樊崇义、吴光升："宽严相济刑事司法政策与刑事侦查程序"，载《中国人民公安大学学报（社会科学版）》2007 年第 3 期。

〔5〕 高一飞、聂子龙："打击犯罪与保护人权的艰难平衡——评刑诉法修正案中侦查程序部分中的争议问题"，载《河北法学》2012 年第 2 期。

〔6〕 裴炜："比例原则视域下电子侦查取证程序性规则构建"，载《环球法律评论》2017 年第 1 期。

〔7〕 裴炜："犯罪侦查中网络服务提供商的信息披露义务——以比例原则为指导"，载《比较法研究》2016 年第 4 期；裴炜："论个人信息的刑事调取——以网络信息业者协助刑事侦查为视角"，载《法律科学（西北政法大学学报）》2021 年第 3 期。

〔8〕 万毅：《程序正义的重心：底限正义视野下的侦查程序》，中国检察出版社 2006 年版，第 134~156 页。

在对域外相关问题的分析方面，我国学者多以研究美国和欧盟国家的相关规范和施行现状为主，这也与二者相关技术与规制都走在世界前列有关。不少学者都关注到了西方国家对技术侦查措施极为关注程序的正当性，这一理念也奠定了当前欧美国家数据提取程序规范的立法核心。[1]《国外电子证据适用指南选译》一书对域外国家对电子犯罪现场勘查、扣押电子证据的方法以及电子证据司法鉴定的常用方法和程序进行了介绍。[2]在对美国的研究上，梁坤通过多篇学术论文详细分析了美国对于跨境数据提取的立法逻辑和制度构建结构，帮助读者充分了解美国跨境数据法律规制的沿革和发展趋势。[3]刘涛教授译的《美国涉外情报监控与通信截取法律制度》一书深入详细地介绍了美国对于通信领域的监听、数据获取行为的规制，具有很大的借鉴价值，而对欧盟相关问题的研究则主要围绕备受瞩目的《通用数据保护法案》(GDPR) 和《数据法案》展开，二者构成了欧盟电子数据治理的两大支柱。前者主要针对个人数据的跨境流动进行规制，相关学者有不少成果从跨境个人数据的流动规制、知情与同意的意思表示等角度对其进行了研究。[4]后者则主要规制了非个人数据的流动。不少学者都指出，《数据法案》为数据市场发展的稳定和公平奠定了基础。[5]

在分析我国电子数据侦查取证现存不足及讨论如何完善相关的侦查程序问题上，现有的探讨主要从程序规范的体系化建设、权力制约、程序救济、取证审查等角度进行，意在为后续侦查取证程序进行查缺补漏。毕惜

---

〔1〕 裴炜："个人信息大数据与刑事正当程序的冲突及其调和"，载《法学研究》2018 年第 2 期。

〔2〕 公安部网络安全保卫局、国家网络与信息安全信息通报中心：《国外电子证据适用指南选译》，中国人民公安大学出版社 2012 年版，第 45~55 页。

〔3〕 梁坤："跨境远程电子取证制度之重塑"，载《环球法律评论》2019 年第 2 期；梁坤："美国《澄清合法使用境外数据法》背景阐释"，载《国家检察官学院学报》2018 年第 5 期；高波："第三方平台数据的有序利用与大数据侦查的隐私权问题——以美国'第三方原则'为视角"，载《天津大学学报（社会科学版）》2022 年第 2 期。

〔4〕 方芳、张蕾："欧盟个人数据治理进展、困境及启示"，载《德国研究》2021 年第 4 期；高富平："同意≠授权——个人信息处理的核心问题辨析"，载《探索与争鸣》2021 年第 4 期。

〔5〕 李剑、王轩、林秀芹："数据访问和共享的规制路径研究——以欧盟《数据法案（草案）》为视角"，载《情报理论与实践》2022 年第 7 期。

茜教授指出，侦查程序不仅仅是指侦查的顺序和步骤，对被追诉者权利的维护、侦查机关权力的制约、侦查救济等问题也是完善侦查程序重要的一部分。[1]龙宗智教授就指出了《电子数据规定》中的不足，其认为侦查程序的下一步发展应该对强制侦查的司法审查、救济程序进行完善。[2]皮勇教授则明确提出，现有法律规范从功能性角度来看已经相对走在世界前列，但却有明显"内容零散、配套措施缺乏、不成体系，法律效力弱，可操作性不强、忽视保护公民合法权利"等不足之处。[3]就电子数据的取证方式，骆绪刚教授认为，目前我国收集电子数据的方式尚存在不足，完整的电子数据取证程序尚未建立。[4]胡铭教授等则更具体地指出，目前我国用勘验、检查、鉴定的取证手段规避了在法律上受到更严格规范的搜查行为，使得电子数据取证的法制化程度受到质疑。[5]在制度的完善对策上，林喜芬教授就司法审查制度作出了深入研究，司法令状制度可以保证利害关系人及时获得司法救济，对于弥补我国侦查程序中权益保障的不足有着重要意义。[6]针对电子数据取证中存在的技术特殊性问题，赵长江教授建议，侦查人员应有更多的选择空间，但同时也应受到更加严格的行为规范。[7]林喜芬教授编写的《中国刑事程序的法治化转型》一书中用一个章节从权利和法制的角度论述了中国侦查程序制度的现状，并对法制化进路提出了方向性意见。[8]

我国关于电子数据的侦查取证，自计算机犯罪、网络犯罪出现后，便

---

〔1〕 毕惜茜："对完善我国侦查程序的几点思考"，载《湖北警官学院学报》2002年第2期。

〔2〕 龙宗智："寻求有效取证与保证权利的平衡——评'两高一部'电子数据证据规定"，载《中国检察官》2017年第1期。

〔3〕 皮勇："论新型网络犯罪立法及其适用"，载《中国社会科学》2018年第10期。

〔4〕 骆绪刚："电子数据搜查扣押程序的立法构建"，载《政治与法律》2015年第6期。

〔5〕 胡铭、王林："刑事案件中的电子取证：规则、实践及其完善——基于裁判文书的实证分析"，载《政法学刊》2017年第1期。

〔6〕 林喜芬："公检侦查监督与协作配合机制改革与前瞻"，载《国家检察官学院学报》2023年第5期。

〔7〕 赵长江、李翠："电子数据搜查扣押难点问题研究"，载《太原理工大学学报（社会科学版）》2017年第3期。

〔8〕 林喜芬：《中国刑事程序的法治化转型》，上海交通大学出版社2011年版，第22~26页。

有人开始进行研究。特别是 2012 年《刑事诉讼法》实施后，研究电子数据取证的人逐渐增多，同时有不少关于电子数据取证的著作面世。现有我国学者对于侦查程序问题的研究已经非常深入。近年来，对电子数据的认知也在不断加深，但对二者的结合分析还远远不够，现有的文章、书籍要么偏重从取证技术、立法完善、认证规则的角度解读电子数据，要么对侦查程序的原则、控制、法制化等问题进行探索，而缺乏对二者深入、系统和有机结合的研究。再者，通观已有的研究成果，零散性特征较为突出，尤其是缺乏从侦查和法律角度对电子数据类证据的收集、提取、审查判断这一过程的系统性研究。不得不说，电子数据这一特殊的证据形式会给原有的侦查程序从程式、步骤到理念、原则都带来全新的挑战，而这些都是值得研究的。

（二）域外：司法与理论相互重构

域外电子数据取证的研究较为发达，法律体系相对健全完备、涉及电子数据取证相关案件问题较多的国家，如美国、英国等，多以判例与学术论文和著作相辅相成、共同对相关问题进行研究。[1]西方大部分国家对于侦查取证中的权利保障问题的研究由来已久，因此在电子数据领域，相关问题与其说是面临新的挑战，不如说更适合被看作为是伴随着新的技术、案例的浮现而不断被深入理解、解读的过程。所以说，在分析相关国家的研究现状时，判例和文献都是必不可少的参考内容。对于西方国家来说，电子数据取证领域甚少存在专门的程序方面的研究，涉及程序步骤流程的问题主要由统一制定的手册进行指导，而其中的行为边界所导致的证据问题主要由证据规则进行判断。笔者分别从这两个角度对域外相关资料进行搜索及筛选后认为，从研究内容上来看，域外对电子数据侦查取证程序问题的研究大致上可以分为两个阶段。

2000 年以前域外的学术研究领域相对较为侧重对取证技术的研究。到20 世纪 90 年代中期为止，以美国为首的西方多个国家都在学校、司法机关系统性地建成了自己的实验室。在那个年代，实验室主要进行计算机取

---

〔1〕　由于语言限制，笔者搜集的外文文献资料限于英文原文资料和其他语言的中文翻译资料。

证的实验研究，随着技术的发展，研究领域也在不断扩展。随着一系列取证技术的问世，相关学术探讨经历了从专业技术探索向整理总结、到向学术理论探讨的过渡阶段。在这个阶段，美国对电子数据领域的研究在各个方面都超过了世界上其他各国。最早在 1999 年，Farmer D. 和 Venema W. 就对电子数据的基本取证流程做了内部操作指南式的总结和介绍。[1]对这个时期学术研究成果整理最完备的著作之一是 Casey E. 的 *Digital Evidence and Computer Crime*，该书从法律、技术、取证三个角度对 20 世纪前的涉电子数据相关问题做了总结和整理，其中在取证部分，作者针对不同案件类型总结了取证模型，并对取证过程中侦查人员需要了解的基本知识、注意事项等都作了步骤性梳理总结，可以说既有学术价值，又对实践有着很强的指导意义。[2]

在这一时期也出现了一些划时代和具有指导意义的判例。在获取收集与提取数据证据权限方面，美国诉 Carey 案中，调查员获准搜查 Carey 电脑中与毒品交易有关的证据，但是却在调查中发现电脑内有儿童色情文件，尽管调查官认为计算机内任何文件在未打开之前都可被怀疑与毒品案件有关，但最终法院还是认定儿童色情文件超出调查范围，这是对一目了然原则（Plain View）在电子数据取证领域的一个有价值的延伸。[3]在电子数据的搜查扣押方面，Steve Jackson 案中，特勤局阅读并删除了部分尚未由 Steve Jackson 游戏公司发送给用户的私人邮件，被判定违反了通信隐私权法和隐私权保护法。在此之前，通信隐私权法主要对电子通信数据在访问和传输中的隐私保障作规定，而本判决涉及了存储（删除）的电子邮件。[4]在 Katz 诉美国案中，联邦调查局的侦查人员通过在公共电话亭上安装监听设备窃听到了 Katz 违法向其他人员传递信息的行为，上诉法庭就公共电话亭是否属于个人隐私领域、侦查人员是否需要直接进入封闭场所和监听是

---

〔1〕 Farmer D., Venema W. *Computer Forensics Analysis Class Handouts*, 1999.

〔2〕 Casey E., *Digital Evidence and Computer Crime*：*Forensic Science, Computers, and the Internet*, Academic Press, 2011.

〔3〕 United States v. Carey, 172 F. 3d 1268 (10th Cir. 1999).

〔4〕 Steve Jackson Games, Inc. v. United States Secret Service, 816 F. Supp. 432 (W. D. Tex. 1993).

否属于搜查行为进行了判决，法庭认为电话亭监听侵犯了个人隐私，该监听行为属于搜查与扣押范畴，以及该行为成立与否不取决于侦查人员是否直接进入该场所。[1]笔者认为，本案的判决对如今的远程黑客攻击式取证、远程监听监控等取证行为都很有借鉴意义。在电子数据取证范围方面，美国诉 Barry Hoffman 案是一个很好的典型，联邦药品管理局在对其他人涉嫌贩卖毒品案件进行监控监听时，发现了与 Hoffman 的可疑交谈，随即将他起诉。被告认为联邦药品管理局对他的监听行为超出了原案应有的范围，即违反了比例原则，并质疑行为的必要性。法院认定，联邦药品管理局的监听行为确有必要，但在监听他人的目标外发现并指控了 Hoffman，确有违反最小伤害和比例原则，侦查人员应该在发现监控人并非自己目标的第一时间停止行为。[2]在这个案件中，该法院判决的最大启示在于，电子数据的搜查可能是无法完全避免阅读到无关本案的材料的，但查阅不等于分析，后者即是对应有范围的超过。

2000 年后，电子数据取证研究迈入多元化、创新化和科技化阶段。随着科技的发展和新的数据产生、存储技术的发展，域外电子数据取证研究在技术和法学领域都在不断进步着。在法学领域，虚拟空间、云端、远程等证据形式所涉及的问题都开始成为研究的范围。同时，参与学术研究探讨的国家也越来越多。之前由于技术发展、资金、法律支持等原因而没有积极加入研究的国家或地区，如欧洲、日本、韩国等都开始陆续加入相关问题的研究。

在这个过程中多国共同研讨的第一个贡献就是对取证程序相关的法理问题进行了完善和补充。传统的法律学观点认为，无法对无形物实施强制行为，但随着电子数据使用的兴起，各国都借案件的机会对相关法规进行了修订。[3]欧洲专家小组通过欧盟"AGIS"项目开始对电子数据可采性的一系

---

　　[1]　Katz v. U. S., 389U. S. 347（1967）.

　　[2]　United States v. Barry Hoffman, 832 F. 2d. 1299, 1310（1st Cir. 1987）.

　　[3]　《日本刑事诉讼法》第 99 条规定，搜查扣押的物品必须为有形物品。在修改的方式中，部分国家，如美国，在《联邦刑事程序规则》规则 41（a）中对作为搜查扣押对象的财产进行了扩大解释。

列相关问题进行系统性的研究。[1]专家认为，电子数据属性的不确定性导致了证明此类证据法律价值的困难，尤其是对电子数据取证程序法的相应解释。基于现有的欧盟各国电子数据相关的过往案件，专家小组认为约一半的现有取证程序规则适用于电子数据的取证工作，因此法学家、计算机学家都建议在电子数据取证存有差异等方面增加特殊的法律规范。[2] M. Taylor 等学者针对云存储的电子数据问题，指出跨境的取证行为在云数据中出现的可能性将会非常高，这会使得程序复杂性大大提高并带来一系列问题。如果想要避免这一问题，现有技术主要是通过反追踪到个人电子设备后对电子设备进行逐位跟踪（Audit Trail），而这也会带来相关权限问题。[3]

在电子数据取证程序规范方面，Golden G. Richard [4]和 Casey E. [5]等人的论文中则都提到关于搜查时间、效率与证据灭失可能性之间的问题，指出搜查许可的时间、搜查设备操作的时间都会在很大程度上影响取证的可能性和质量。Orin S. Kerr 指出，目前欧美国家常用的传统搜查令更加适用于传统犯罪搜查的"一步式"搜查扣押方法，而电子数据的取证则是一个"两步式"的搜查过程，这就导致传统搜查令对电子数据的取证程序监管有着失灵的嫌疑，因此笔者认为，美国应在修改联邦刑事诉讼规则的基础上对适用电子数据取证的搜查令做适当的升级修改。[6]但同样针对传统令状不适宜电子数据搜查的问题，Lily R. Robinson 则认为，由于电子数据易篡改的特点，令状许可范围过于狭窄的现状和长时间的耗时也会阻

---

〔1〕 正如上文所说，以英、美为首的部分国家对电子数据取证程序的非技术部分研究包含在电子数据的可采性问题研究中，并不是一个单独的课题。

〔2〕 Insa F, "The Admissibility of Electronic Evidence in Court (AEEC): Fighting Against High-tech Crime—Results of a European Study", *Journal of Digital Forensic Practice*, 2007, 1 (4): 285-289.

〔3〕 Costantini, Stefania, Giovanni De Gasperis, and Raffaele Olivieri. "Digital forensics and investigations meet artificial intelligence", *Annals of Mathematics and Artificial Intelligence* 86. 1-3, 2019: 193-229.

〔4〕 Richard III G. G., Roussev V., "Next-generation Digital Forensics", *Communications of the ACM*, 2006, 49 (2), 76-80.

〔5〕 Casey E., Ferraro M., Nguyen L., "Investigation Felayed is Justice Denied: Proposals for Expediting Forensic Examinations of Digital Evidence", *Journal of Forensic Sciences*, 2009, 54 (6): 1353-1364.

〔6〕 Kerr, O. S., "Search Warrants in an Era of Digital Evidence", *Miss. LJ*, 2005, 75: 85.

碍执法人员有效取证，因此笔者建议应给予电子数据取证人员更大的权力和相对比传统搜查更宽泛的合法空间。[1]

欧美学者特别注意到，电子数据的取证是一个无法避免用科技应对科技的过程。Erin Kennelly 和 Christopher Brown 作为代表的一方认为，随着存储设备存储量的增加和加密保护技术的发展，整体提取存储设备中的所有数据会带来个人权利保障和效益平衡两个方面的难题，因此笔者认为有必要采用人工选择电子数据提取方法来达到对目标的相对精确化定位和实现数据提取的最小化，[2]但是实现这种最优可能性对目标设备的信息存储分区的清晰度要求较高，因此其可实施性是有待进一步商榷的。Brian D. Carrier 也注意到了同样的问题，但他选择了一个相反的建议，即让机器替代人工进行预先搜查，他认为这样可以最小化由人工带来的出错率以及尽可能地避免搜查中对私人信息过分查阅等的超越边界行为。[3]Eric Van Buskrik 等人却在文章中直接指出，用设备对电子数据取证的过程并不一定是一个具有高度可依赖性的过程，其所呈现的证据结果也不一定是正确的，因为机器有时也可能会犯错。[4]

在这一时期的经典判例方面，域外对电子数据取证程序的关注点也体现了从主要关注电子数据取证行为整体的不合法，如超过许可令权限边界、未经允许私自取证等行为，到同样开始关注电子数据取证程序中的具体细节的恰当性是否符合电子数据所不同于其他证据形式的特点，而其中不少问题在判例中显示出司法界也存在不同的意见。在美国诉 Runyan 案中，第五巡回法庭的判决显示磁盘是独立于计算机的一个封闭容器，即侦查人

〔1〕　Sacharoff, Laurent, "The Fourth Amendment Inventory as a Check on Digital Searches", *Iowa L. Rev.* 105 (2019): 1643..

〔2〕　Kenneally, E. E., Brown, C. L. T., "Risk Sensitive Digital Evidence Collection", *Digital Investigation*, 2005 (2), 101-119.

〔3〕　Carrier, B. D., Spafford, E. H., "Automated Digital Evidence Target Definition Using Outlier Analysis and Existing Evidence", Digital Forensic Research Workshop, 2005.

〔4〕　Maras, Marie-Helen and Alex Alexandrou. "Determining authenticity of video evidence in the age of artificial intelligence and in the wake of Deepfake videos", *The International Journal of Evidence & Proof* 23. 3 (2019): 255-262.

员需要获得独立的许可才能搜查磁盘中的内容，[1]而几年后，People v. Emerson 案中，法院却将磁盘和计算机看作一个整体的封闭容器，作出了一旦对某计算机的一部分压缩光盘具有合法搜查权限时，则对整个计算机就此丧失隐私期待的判决。[2]对于在电子数据取证时第三方人员（机构）与被搜查者的隐私权限问题，美国诉 Young 案中，法院判定机主在拨打电话时，就因意识到电话公司会看到并向政府披露信息而没有隐私权。[3]在这个案件中，银行、电话公司都属于第三方机构，但在 Notra Trulock Iii, Linda Conrad 诉部分联邦调查局执法官员的案件中，联邦调查局执法官员仅在获取原告上司（也是原告之一）的允许后，查阅了二人共用计算机中另一人的加密文档，法院判定警察的该搜查行为（搜查人员没有对计算机的搜查令状）不合法。[4][5]对于学术界在这一段时期关注的搜查令限制，上文提到的美国诉 Carey 案中，法院当时认定对非目标文件的搜查违法，在当时受到学术界的肯定，但后来学术界和司法界都发现这种方式在电子数据取证过程中严重限制了相关人员的取证能力，因此几年后，在美国诉 Grubbs 案中，美国联邦最高法院认定搜查令无须精确规定搜查的方式。[6]

可以看出，进入 21 世纪以来，西方法学学术界对于电子数据取证程序方面问题的研究从 20 世纪对取证科技的介绍、对技术模型的总结，开始逐渐向更加细节、具体的取证方式转变，西方国家的研究人员在面对采用科学技术对电子数据进行取证的行为时，也从开始的学习、认同，进而产生

---

〔1〕 United States v. Runyan, 275 F. 3d 499, 464-65 (5th Cir. 2001).

〔2〕 People v. Emerson, 766 N. Y. S. 2d 482, 486—87 (N. Y. Cty. Ct. 2003).

〔3〕 United States v. Young, 350 F. 3d 1302, 1308-09 (11th Cir. 2003).

〔4〕 Notra Trulock, Iii; Linda Conrad, Plaintiffs-appellants, v. Louis J. Freeh, in His Personal Capacity; Neil Gallagher, in His Personal Capacity; Steve Dillard, in His Personal Capacity; Brian Halpin, in His Personal Capacity; Steven Carr, in His Personal Capacity; Jane Doe, I, in Her Personal Capacity, Defendants-appellees, 275 F. 3d 391 (4th Cir. 2001)

〔5〕 在美国，搜查中不用签发搜查令状的情形主要包括三种情形：（1）没有合理的隐私期待；（2）当事人放弃隐私权的；（3）善意的例外等，均适用于电子数据的搜查取证。参见 1. Donohue, Laura, K. "The Fourth Amendment in a Digital World." *NYU Ann. Surv. Am. L.* 71 (2015): 553.

〔6〕 United States v. Grubbs, 547 U. S. 90, 98 (2006).

分化出谨慎、怀疑的态度，这种对技术的审慎和反思是我国法学界尚未开始重视的部分。同时，笔者发现，在研究电子数据取证时，西方学者除研究保护个人隐私不受侵犯的伦理问题、现有取证程序规则对电子数据的适应性问题等之外，对实现司法公正、提高取证效率、维护公平正义的呼声也同样不断高涨。这种对公权力、私权利平衡的探索同样体现在司法判例中，传统的侦查取证手段、程序与规范不再全部适用于不断更新的电子数据产生、存储技术，而打击犯罪的需求依然迫切。因此，如何通过相应规范的制定和调整，实现司法正义与私权保护的真正平衡，是世界各国如今共同探索中的问题。

四、创新点

本选题对电子数据取证程序的问题进行深入的分析，通过对电子数据取证的程序问题做理论和实践两个方面的探索，分析其理论方面的缺陷及与实践之间的错轨情况，并对我国电子数据取证程序现存的问题做深入的分析和梳理。

第一，关注目前法律尚未足够重视的电子数据侦查取证行为的程序问题。自2012年《刑事诉讼法》将电子数据列为独立的证据类型以来，各种关于电子数据取证的法律规范都主要从实体正义角度出发，围绕电子数据的真实性、可靠性问题设置一系列侦查取证和证据审查规则，并未对取证行为的程序性加以研究。这种实体正义与程序正义的失衡也体现在学术研究和媒体探讨中。

第二，厘清关涉电子数据收集、提取和审查判断的取证过程中若干基本问题，填补电子数据侦查取证的相关研究空白，帮助侦查办案人员在面对电子数据时找到可靠的理论依据。目前，我国对关于电子数据收集提取和审查判断的若干基本问题尚未厘清，侦查办案人员在面对电子数据时尚未找到可靠的依据。2012年《刑事诉讼法》实施后，研究电子数据取证的人逐渐增多，同时有不少关于"电子数据取证"的著作面世。但相关著作的研究视角大都立足于所谓的"专业技术人士"，而非立足于侦查人员。现有研究成果缺乏与侦查工作的密切联系，不能很好地帮助侦查办案人员有效地解决电子数据取证问题。

第三，切实解决电子数据收集提取和审查判断等困扰侦查工作的热点和难点，同时关注保障公民的基本权利和合法权益。通观已有的研究成果，成果零散性特征较为突出，尤其是缺乏对电子数据类证据的收集、提取实际情况的掌握以及在这个基础上对取证程序问题的研究。如今，广大公安执法一线的取证者仍停留在初学者状态，本书希望通过完善我国电子数据取证程序，实现技术与法律、侦查与权利的理想化融合。

第四，结合对域外国家电子数据取证程序操作规范的考察，对我国电子数据取证程序问题背后所存在的现实困境和制约因素的剖析，在填补相应研究空白的基础上，着重明确电子数据及取证的若干基本概念，正本清源，为电子数据取证程序的制度设计与进一步完善奠定基础，并为我国侦查程序的理论发展以及电子数据取证的科学化、法治化扫清障碍。

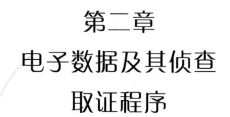

第二章
电子数据及其侦查
取证程序

一、术语变迁

（一）"电子数据"的引入与本土化

"电子数据"这一概念的出现时间并不长，最早产生可追溯到 20 世纪 80 年代西方相关的学术著作中，其表达方式在西方国家也经历了一系列的变化。"电子数据"这一概念最初产生于计算机领域，也正是由于最初是被计算机科学领域使用的，所以这一概念最开始的表达是直接由电子计算机（Computer）进行指代的，包括基于计算机的证据（Computer-based Evidence）或计算机存储的证据（Computer-stored Evidence）等，或者被直接称为 Computer Evidence，在这一阶段，电子数据只是作为计算机操作所产生的数字化信息而存在。后来，随着电子数据产生和存储的介质变得多样化和虚拟化，"计算机证据"这一表达并不能够继续表达电子数据的含义，人们逐渐开始认识到，电子数据证据并非因为计算机或者互联网而产生。例如，在法学领域，民商法最初开始受理涉及此类证据的案件时，面临的是有关于跨境数据交换的问题，即纸质贸易凭证的电子化，此时计算机证据已经不能继续很好地指代这类数据信息。后来随着时代的发展，网络传递和云端共享的格式化信息开始逐渐成为主流，相应的指代电子数据的表达也逐渐演变成了电子证据（Electronic Evidence）和数字证据（Digital Evidence）。在现今社会，电子数据主要还是以数字形式进行表达的，然而已经开始有学者提出，随着科技的发展，更多的电子数据形式将会涌现，数字证据不再能够很好地代表电子化的证据形式，因而认为 Electronic Evidence，或 E-evidence 这一表达更加确切。[1]

"电子数据"这一概念于 20 世纪 90 年代传入我国，在法学领域最早见于民商法。1999 年《合同法》将电子数据表述为"数据电文"，将其作

---

〔1〕 Giordano, Scott M. "Electronic evidence and the law." *Information Systems Frontiers* 6. 2 (2004)：161-174.

为法律认可的合同订立形式之一，是我国以法律形式对电子数据内容的证据进行规范的开端。[1]在刑法领域，尽管电子数据的概念出现较晚，但可追溯的涉及电子数据证据的罪行却出现得更早一些，自1997年修订的《刑法》将计算机犯罪作为新的罪名写入之后，计算机犯罪的认定和证据收集就不可避免地涉及对电子数据的理解和使用。

2012年《刑事诉讼法》将其正式称为电子数据之前，我国的证据法理论学术界和实践部门对其称谓也多有不同，如电子证据、计算机证据、网络证据等名称都曾出现在不同学术和实践的探讨之中。诉讼法学、证据学领域和侦查实务部门中多习惯使用"电子证据"，而刑法学中研究计算机相关犯罪的学者则会选择计算机证据、网络证据等能够直接对应刑法罪名的证据称呼形式。"电子数据"这一称谓最早作为法律术语则是在1998年《公安机关办理刑事案件程序规定》中，这种用法在2005年《公安机关电子数据鉴定规则》中也同样得以体现。但是这并不能说明侦查机关和实践单位更加认可"电子数据"这一称谓，或是认为"电子数据"与"电子证据"等其他称谓在内涵上有所不同。因为2006年《公安机关办理行政案件程序规定》和2010年最高人民法院、最高人民检察院、公安部、国家安全部和司法部《关于办理死刑案件审查判断证据若干问题的规定》中又使用了"电子证据"这一表达方式，"电子数据"和"电子证据"二词在这一期间实际呈现出混用的情况。

2012年《刑事诉讼法》第48条第2款选用了"电子数据"作为法律认可的表达方式，但其内涵与外延实际上与之前使用度较高的"电子证据"并无本质的区别。根据《刑事诉讼法》的表述，证据包括电子数据，即电子数据是证据的一种。而如果表达为"电子证据"的话，就会产生"证据是证据"的自证问题。因此，从指代概念上来说，电子数据与电子证据等其他各种称谓在本质上是相同的，对于2012年《刑事诉讼法》颁

---

[1] 1999年《合同法》对相关领域的主要对以电子数据交换（EDI）为主的网络合同的范围、生效、成立的时间和地点等问题作了规范，并未真正对涉及电子数据特质的问题进行规范。参见1999年《合同法》第11条、第16条、第26条、第33条、第34条。

布前以"电子数据"指代的各种讨论也应在同等意义上进行理解。

在这个概念中需要特别指出的就是关于对"电子"的理解。"电子"这个术语来源于物理学，但法律意义上所指的"电子"并不能与物理学意义上的该词作同等理解。[1]如果简单地把电子数据用"以电子形式存在的"来做概念性解释，实际上并未真正将电子数据的内容特点做准确描述，而是在用电子解释电子，做循环论证。我国就似乎有意无意地在避免以"电子描述电子"的方式进行解释，但不约而同地选择了以数字化指代电子化的描述方法，除去《电子数据规定》第1条和《公安机关电子数据鉴定规则》第2条，皮勇教授也曾将"电子数据"解释为"数字化信息设备中存储、处理、传输、输出的数字化信息……"。[2]这种方式看似比较精准，却是又将电子化同数字化画等号。数字化的理解方式在国内更为多见，笔者认为很有可能是受"数据"一词表达的影响，将之引申到了电子化的范畴中，有将数据理解为数字化信息的嫌疑。但是，将电子化等同于数字化，不但有缩小"电子"实际范围的嫌疑，同时还严重限制了法律中对电子数据的管辖范围，降低了司法应对新兴科技带来的新型证据模式的能力。

依照现今电子科学技术发展的水平来看，对"电子"作一个精准、罗列式的定义是可行的，但其准确性注定是极为短暂的。因此，与其绞尽脑汁地试图确切地用语言表达"电子"在证据学中究竟代表什么，不妨首先反思该证据名词出现时的目的。正如上文所说，这一词汇的使用，其实是对包含科学技术背景的证据材料的一个称谓，而回顾历史，这个称谓也是随着技术的发展而一直变化的。因此不得不说，大部分欧美国家中，通过对类似的证据形成技术作宽泛规定，尽可能地囊括人类目前可以实现的，以及未来可能出现的信息技术的规定方式是比较明智的。美国《统一电子

---

[1] 物理学意义上的电子指构成一切物质的原子的基本粒子，故与法律意义上的电子差异极大。

[2] 原文为皮勇教授对电子数据的定义，皮勇教授认为电子证据是"指数字化信息设备中存储、处理、传输、输出的数字化信息形式的证据。"参见皮勇：《刑事诉讼中的电子证据规则研究》，中国人民公安大学出版社2005年版，第3页。

交易法》将其定义为包括电子的、数字的、磁的、无线的、光学的和电磁的等有关的科技。[1]菲律宾、加拿大相关法律中关于"电子"的概念解释中也同样选用了类似的表达方式。我国也有学者采用这种思路对电子数据的内涵给予了明确界定："电子证据（数据）既包括一切电子形式存在的材料，也包括其派生物。"[2]这种定义模式的初衷是在尽可能全面地描述现有的电子数据表达方式的前提下，为其未来的发展留出足够的空间。

实际上，电子数据无论以何种形式表现，都具有对科技的依存性，这种依存性体现在其产生时需要科学技术的支持，其存储、可为人感知和理解也需要相应设备的辅助。因此无论将来有多少新的电子数据表现形式出现，其最终都可以归咎为技术发展带来的信息表达方式的更迭。这种依存性是贯穿电子数据从产生到呈现每一个阶段的，一旦任何一个证据在任何一个阶段可以不依赖相应技术支持而存在，如打印的证词、下载的影像、3D 制作的产品等，都只能在司法领域成为物证或视听资料等。

（二）电子数据的概念与内涵

1. 我国法律对电子数据概念的界定

从法律规范的角度来说，2012 年电子数据具有合法证据身份前，电子数据的概念解释主要依靠最高人民检察院、最高人民法院和公安部在办理涉及相关证据的案件时出台的规定和规范。此前，针对计算机、电子数据（证据）的取证鉴定等相关规则规定中大都对电子数据的概念按照自己的理解进行了定义。概念最早见于 2005 年《公安机关电子数据鉴定规则》，其电子数据将其定义为：电子数据是指以数字化形式存储、处理、传输的数据。2005 年《计算机犯罪现场勘验与电子证据检查规则》中的相关定义表达为：电子证据包括电子数据、存储媒介和电子设备。2009 年最高人民检察院发布的《人民检察院电子证据鉴定程序规则（试行）》中规定，电子证据是指由电子信息技术应用而出现的各种能够证明案件真实情况的材

---

[1] 原文为：Electronic "means relating technology having electrical, digital, magnetic, wireless, optical, electromagnetic, similar capabilities."

[2] 何家弘主编：《电子证据法研究》，法律出版社 2002 年版，第 5 页。

料及其派生物。由于时间久远，而电子技术发展较快，不少规定中的概念所涵盖的范围已经不能明确地覆盖如今电子数据真正所指的含义。[1]比如，《计算机犯罪现场勘验与电子证据检查规则》中的定义方式，就有以自己解释自己、循环论证的嫌疑，同时将包含电子数据的物理设备归入电子数据（证据）的范围中，在如今看来属于对电子数据概念理解的根本性错误。但同时，还有一些定义尽管已经失去法律效力，但仍旧对现在电子数据的认定具有启发意义，如 2005 年《公安机关电子数据鉴定规则》。

　　2012 年电子数据具有合法证据身份后，主要是根据 2015 年《关于适用〈中华人民共和国民事诉讼法〉的解释》和 2016 年《电子数据规定》中对电子数据的定义做理解。其中 2015 年《关于适用〈中华人民共和国民事诉讼法〉的解释》第 116 条第 2 款、第 3 款规定，"电子数据是指通过电子邮件、电子数据交换、网上聊天记录、博客、微博客、手机短信、电子签名、域名等形成或者存储在电子介质中的信息。存储在电子介质中的录音资料和影像资料，适用电子数据的规定"。2016 年《电子数据规定》中则对电子数据做解释为："电子数据是案件发生过程中形成的，以数字化形式存储、处理、传输的，能够证明案件事实的数据。"比较二者可以看出，前者在划定电子数据的范围时，尚未脱离对电子数据是通过计算机创生的本质的理解，并且严格来说，其只对法律认可的电子数据形式进行了列举，并未实际对其概念进行解释和定义。后者意识到了电子数据的产生、存储和处理早已脱离了计算机等物理介质的影响，但同样坚持以"数字化形式表达"对电子数据范围进行划定，同样有将"电子化"等同于"数字化"概念之嫌。同时，同样是对电子数据涉及的表现形式和类型采取了罗列表达的方式，2016 年《电子数据规定》考虑到了今后电子数据发展的前景，用"包括但不限于"的表达方式为电子数据形式随科技发展所可能展现出的新形态留出了一定的解释空间。但对比《公安机关电子数据鉴定规则》来看，2016 年《电子数据规定》实际划定的电子数据范围要

---

　　[1]　赵长江、李翠："'电子数据'概念之重述"，载《重庆邮电大学学报（社会科学版）》2015 年第 6 期。

小一些，[1] 按照《电子数据规定》的要求，可以成为证据的电子数据须是"在案件发生过程中形成的"，对比《公安机关电子数据鉴定规则》来看，在案发前形成的、但可能对证明案情有帮助的，以及案发后在查办案件过程中形成的信息都不属于电子数据，这其实在理论上对鉴真产生的数据的证据能力都予以了否认。

根据我国法律规定，目前在侦查机关取证过程中，可以被视作电子数据证据的主要有如下类型的数据：（1）网络平台发布的信息。这主要包括但不限于通过网页、博客、微博客、朋友圈、贴吧和网盘等平台上传发布的信息。（2）网络应用服务的通信信息。包括短信、邮件、各类即时通信和组群通信中传播的信息。（3）用户行为痕迹信息。包括用户注册、身份交易、登录等在内的信息和记录。（4）电子文档。包括各种格式的文档、图片、视频、程序等。

从学理上来看，学者们则更倾向于通过探讨电子数据的定位问题来对电子数据的范围进行界定。早在 2012 年《刑事诉讼法》出台之前，就有很多学者对电子数据（证据）这一概念进行了讨论。有人认为其可以划归为书证，有人认为其是较为特殊的物证，还有人建议将电子数据并入视听资料中，这些观点在 2012 年《刑事诉讼法》给予电子数据独立证据地位之前一直在学术界各占有一定的比例，可见电子数据兼具书证、物证等的一些特点。可是争议的原因同时也在于现有电子数据的表达形式无法被任何一种证据类型完全覆盖，因此，也有学者提出了"七分法"或"三分法"，即在其不同的表现形式下将电子数据归入不同的证据种类中，[2] 但也有部分学者因此曾指出，既然电子数据无法整体归入任何一种现存证据中，就应该被列为单独的证据种类。[3] 2012 年《刑事诉讼法》很明显从法律的角度支持了最后一种分类方式，这同样也是出于应对电子数据表达形式不断随着科技发展而更新的现实状况。但法律规范的落槌并不代表学

---

[1] 2012 年前出台的其他规定中的定义，按照下文对电子数据含义的分析漏洞太多，故在此不予以再做讨论。

[2] 刘品新：《中国电子证据立法研究》，中国人民大学出版社 2005 年版，第 31 页。

[3] 沈木珠："论电子证据问题"，载《法学杂志》2001 年第 4 期。

术探讨的结束。电子数据的概念从历史的角度来看是一个不断演变的过程。在各国的相关学术研究中,电子数据与相关概念的理解混同也是不断发生。我国学者们对电子数据定位的争议,就是由对其演变阶段、学理边界范围的认知的不同所导致的。

通过与其他相似证据定位的区别比较研究,确定电子数据与其他证据的交叉及边界,有助于未来对其维度的进一步理解。由于技术的发展,电子数据最开始是被理解为等同于计算机数据。随着电子数据生产和表达方式的更新,如今人们更多地认为电子数据的范围远大于计算机数据,但其实,计算机所输出的材料类型也在更新,如近些年发明的光学计算机等,使得计算机所输出的材料远不止于数字和数据。可以说,如今电子数据与计算机证据的概念在指代范围上尽管依旧有着相当一部分的重合,但是技术发展导致的二者的差异正在逐步扩大。另一个在域外较为常见的相关概念是数字证据,按照我国 2012 年之后出台的相关电子数据概念解释,数字数据几乎可以在法律意义上等同于电子数据,但在域外学术著作中,电子数据包含数字数据的全部内容,但电子数据同时可以指代非数字制式的模拟信号等,比数字数据所包含的内容更多。综上,我们可以发现电子数据定义给出的范围越宽广,越能够应对技术发展所带来的电子数据表现形式的革新,避免电子数据的界定陷入始终落后于实践的循环。

2. 域外电子数据概念的界定

对于电子数据概念的界定,域外国家对于电子数据也采取了不同方式。在部分国家中存在成文法和判例法并存的现象,过往判例可成为后来同类案件的判罚依据,使得这些国家对于电子数据范围的认定可以紧随信息技术的发展,达到实时更新的要求。在美国,1999 年出台的《统一电子交易法》和同年出台的《国际国内电子签章法》,以及其后的《统一计算机信息交易法》和《犹他州数字签名法》等对与电子数据关系密切的概念进行了定义,定义范围包括电子、电子记录、电子签名、信息与信息处理系统和电子代理等一系列与电子数据产生、存储和表达形式有关的概念。另一个对电子数据概念进行过界定尝试的国家是印度,同美国一样,印度通过对与电子数据有关的一系列概念,包括计算机、计算机系统、信息、数据、银行簿据等概念进行圈定，围绕电子数据构成了一个开放式的电子数据概念范围。加拿大颁布的世界上第一部电子数据法规1998年《加拿大统一电子证据法》[1]同样通过三个外围概念：数据、电子记录、电子记录系统，共同对电子数据做了定义，但由于出台时间的缘故，整个定义更倾向于表达为由计算机所产生的、具有证明力的证据材料。[2]总的来说，这些国家的电子数据定义方式在最大程度上采取了发展性的立法方式，为将来以更多形式呈现的电子数据的出现开辟了广阔的空间。[3]

还有一些国家到目前为止还没有出台单独的电子数据立法，甚至鲜见证据法，其关于证据问题的规范主要分散在各诉讼法中。在法国和德国，这个特点非常明显：一份证据是否属于电子数据（证据）的范畴并不重要，或者说，对证据进行分类并以此进行规范的活动在这些国家中并不常见，两国都仅对涉及电子数据的一些取证行为进行了规范，对于电子数据的界定显得模糊而抽象。还有一些国家尽管没有明确相关概念，还是能多多少少在相关诉讼法中发现一些对于电子数据的思考。在《意大利刑事诉讼法》中，文书的范围包括照片、胶片、留声机、磁带和光盘等以声音、影像记录案情的材料。[4]按照这个理解，目前我国法律规定的大部分视听资料和电子数据在意大利都可以划归为文书类证据。在日本，学术界就电子数据的归属作出过讨论，从1996年《日本民事诉讼法》第231条来看，电子数据按法律规定不属于文书类证据，但也没有别的法规明确规范或提

---

〔1〕 法律名称原文为"1998 Unified Electronic Evidence Law"。由于一直以来译作"电子证据法"而非"电子数据法"，故此处按照官方翻译使用。另，此法为第一部正式以"电子数据（证据）"为名称的法规，如果将概念放宽至更加古老的"计算机"领域，则还有1983年《南非计算机证据法》和1985年《纳米比亚计算机证据法》，但由于其将电子数据的理解主要限制在计算机系统所产生的证据材料上，与本书所要讨论的电子数据尚有出入，故本书还是将《加拿大统一电子证据法》视为最早的有关电子数据的法律。

〔2〕 同样采用类似规范方法的还有2001年颁布的《菲律宾电子证据规则》，由于在规范方法和内容上与上述国家具有相似性，故在此不再单独论述。

〔3〕 在英美法系中的另一代表国家英国，电子证据的相关规定散见于各刑事法、民事证据法中，且大部分都是对电子证据的一种特殊形式——计算机打印输出物的证据可采性和证明力问题作规范。因此，可理解为对于什么是电子数据主要依靠法官的理解和过往判例。

〔4〕 何家弘主编：《电子证据法研究》，法律出版社2002年版，第130页。

示过电子数据的概念或归属问题。[1]除此之外值得单独一提的是，欧盟绝大部分成员方都没有对电子数据作出明确定义或给出参照，这也都表明了在这些国家中，电子数据被认为与传统证据是等同对待的，却同时也造成了对这方面程序法律研究的忽视和对实践认可的缺乏。

造成电子数据概念规范在不同国家存在巨大差异的主要原因其实是二者不同的证据法律体系。[2]以美国为首的国家推崇证据规则制度，只有符合相应规则的证据才能为法庭所接纳，因此对相应证据的概念也需要用直接或者间接的方式进行界定，才能进一步对其取证和认证规则进行规范。而法国、德国等国家对证据实行自由心证制度，凡证据与案件有关，是否采用皆由法官自行裁量，证据在司法体系中的运用也不受其究竟属于哪种证据类型而改变，因此对证据类型划分、取证、认证的规范都较为简单和抽象。

二、侦查取证程序的应然结构

从阶段性构成的角度来看，侦查程序是刑事程序中的基础部分，其为后续的起诉和审判工作提供追究犯罪行为的凭证。尽管对电子数据侦查程序的研究仅限于对取证程序的研究，但依旧涉及对犯罪嫌疑人的追诉。从程序规则的构成来看，刑事程序可分为保证或禁止行为的实体性规则和保证实体性规则的程序性规则，对电子数据的侦查取证程序的研究即属后者。

对刑事程序的概念解析离不开对其结构的剖析和构造的梳理，但仅限于此未免显得过分囿于简单的理论逻辑。侦查取证环节所取得的证据是刑事裁判所需依据的唯一来源，而程序制度的设计构造则是保证侦查取证效能与质量的前提。从原理上来说，侦查取证程序制度的运作密切地反映了

---

〔1〕 电子数据在日本学术界的归类讨论中，观点包括书证说、检证说和新书证说三种。《日本民事诉讼法》中规定内容为："本节的规定，准用于有关视图、照片、录音带、录像带等其他记载信息的非文书物件。"见何家弘主编：《电子证据法研究》，法律出版社 2002 年版，第 128 页。

〔2〕 马民虎、张敏："信息安全与网络社会法律治理：空间、战略、权利、能力——第五届中国信息安全法律大会会议综述"，载《西安交通大学学报（社会科学版）》2015 年第 2 期。

其主观目标的设定，而目前司法实务暴露出来的一些问题，则反映出侦查研究对程序制度关注的不足，其中有程序设计上的，也有程序实施上的。而上溯问题产生的原因，则可以发现是我国侦查取证行为目的的偏差，而这种偏差的纠正又需要对侦查取证程序原则的确立来实现对程序具体规范的引导和规制。

（一）权力结构的形态

"结构"一词来源于控制论，按照该理论，事物的组成要素及其相互关系可称为结构。[1]刑事程序的要素包括主体、客体和行为，对侦查取证程序来说，受"侦查"这一词概念的影响，其通常被理解为侦查机关对犯罪行为进行调查取证的程序。按照这种理解，侦查取证程序中的主体即为侦查机关，而在现代刑事诉讼中，程序的启动者、受动者、裁决者和救济者，即包括犯罪嫌疑人、律师和法官在内的控、辩、审三方都被认为是刑事程序的主体。首先，在电子数据取证的领域，犯罪嫌疑人作为主体保有的权利不仅包括传统的消极保持沉默和积极进行抗辩，同时还有隐私不被侵犯的权利。尽管电子数据的取证并不直接涉及对犯罪嫌疑人的人身行为，但却比其他证据的侦查行为更加密切关乎相关人员的隐私权。其次，侦查机关的调查取证程序离不开检察官的介入、监督和控制。侦查权具有天然的扩张性，因此外部的制约和被追诉方的防御能力就需要得到保障，中间人在侦查过程中的介入和控制程度也反映了刑事诉讼程序中对人权的保障和司法公平性的程度。最后，律师在侦查取证过程中也应当是重要的参与者之一，我国宪法规定犯罪嫌疑人具有获得律师帮助的权利，2012年《刑事诉讼法》将其定位为律师会见权，赋予了律师侦查阶段辩护人的地位，其通过为犯罪嫌疑人提供支持从而使攻防力量之间达到平衡，和检察官、犯罪嫌疑人与侦查机关一起共同构成侦查取证过程中的主体要素。侦查取证程序中的程序行为是其行为要素，程序主体应当按照一定的规范实施每一个程序行为。这一规范主要就是指实施性规则，可以说，每一个程序性行为其实都是由实施性规则对每一个主体行为进行规定的。任何一个

---

〔1〕 焦石文：《中国权力结构转型的哲学研究》，中国社会科学出版社 2015 年版，第 44 页。

程序行为要想有效，都必须满足一定的要件，如果欠缺要件，此行为即为无效行为。[1]这就提醒我们，程序性行为并非一定合法，对于每一个主体的行为，既不能草率地认定不合法从而排除其寻求援助和保护的机会，也不能一味地默认合法而任由其无限扩张。侦查取证程序的客体即为程序行为指向的对象，在本论题中为电子数据，这毋庸置疑。然而值得注意的是，我国法学理论中的客体证明对象一直以来被称为诉讼标的，这就将客体指向了以证明犯罪事实为主的内容和应受刑事处罚的程度，但笔者认为，任何一个刑事程序中的客体同时还应包括程序事实，即行为的有效性和合法性，如果程序事实的证明缺失，那么相应的论证必将是不完善的。

　　构成要素之间的相互关系体现在实施性规则的逻辑构成之上。一般来说，讨论审判阶段的控、辩、审三者构造的理论较多，而对侦查阶段三者关系的研究较少。在实践中，侦查阶段通常只由侦查人员与犯罪嫌疑人两方构成，但实际上，侦查阶段应当同样是一个控、辩、审三方共同构成的三角关系。李心鉴博士借鉴西方的侦查构造理论，认为其应该是一个以检察人员为控方、侦查人员和辩护方为两底角的三角结构。[2]但笔者认为在明确侦查构造时，首先应当考虑国家对该程序的设置，同时应基于分权的基本理念，在侦查构造中，还应当加入对诉讼模式的考量。[3]在我国，不同于域外部分国家法官或者检察官指挥主导侦查的模式，侦查阶段的主导则是侦查人员，虽然法院有权对侦查机关的行为进行调查，但是通常都出于申请被动进行，并且这一介入的最终目的应是防止侦查机关的权力扩张侵害公民的合法权益而非指挥侦查工作。辩护方按照要求也有权在侦查阶段参与活动，但总体而言都处于消极防御的地位，且取证权限受法律规制约束较多，主动权较小。这种关系从侦查阶段的主要行为目的也可以得到

---

　　[1]　陈瑞华："二十世纪中国之刑事诉讼法学"，载《中外法学》1997年第6期。
　　[2]　无效行为并不完全等同于非法行为，如审判行为中引起回避的可能就是裁决者身份的非法，但这并不等同于缺少要件引起的行为无效。但在侦查行为中，缺少要件引起的侦查行为无效通常会带来取证行为不合法或证据可采性问题。
　　[3]　[德]勃朗特·舒乃曼、吕艳滨："警察机关在现代刑事程序中的地位"，载《研究生法学》2000年第2期。

旁证，不同于审判阶段的目的是认定事实和适用法律，侦查阶段的主要工作是发现和收集证据，而按照法律规定，这一行为在刑事案件中的主体即为侦查机关人员。

（二）取证程序构建的目的论

侦查取证程序的目的直接决定着其概念的构成和框架的设置。从控制论的角度来看，系统通过调整内部设置达到控制输出结果的预设效果，理想的预设效果就是目的，换句话说，侦查的概念界定、范围限制和行为框架很大程度上取决于通过侦查取证程序所想要达到的结果。而侦查目的的设定不能不认真考量侦查程序与刑事诉讼其他子系统尤其是与后续的起诉和审判程序之间的关系。

从侦查在刑事诉讼过程中的地位和作用的角度来看，侦查程序的目的在学术界有审判准备说、公诉准备说和侦查独立说三种不同的观点，部分学者认为这三种观点是逐步递进的。尽管从产生的时间来看，三种说法是有先后顺序的，但是笔者更倾向于认为这三种观点从不同角度展现了侦查取证程序所承担的任务和职能，同时也从行为效果的角度反映了侦查取证的不同目的，而非孰优孰劣。

侦查作为审判前的重要步骤，一度被认为是为审判做准备的，所以审判准备说认为侦查取证的结果对审判具有强大的决定性因素，对应的，就要求侦查取证工作最大限度地追求事实真相，还原案情本来面貌。这一种观点实际对应了我国传统的侦查观，即追求事实真相的职权主义取证理念。[1]审判准备说还被称为纠问式侦查取证程序，其背后的理论基础也是基于线性的诉讼程序结构基础，即前期的侦查取证、明确案情、抓获犯罪嫌疑人的最终目的都是移送犯罪嫌疑人到法院接受裁决。近年来审判准备说受到了众多质疑，尤其是在以审判为中心的刑事诉讼制度改革推进后，审判准备说下的侦查取证程序被认为是预备裁判理念下的有罪推定，使得犯罪嫌疑人地位客体化，审判阶段流于书面形式，而实质被架空，导致"庭审虚无"，司法的公正性难以得到保障。审判准备说固然有其重大缺陷

---

〔1〕 这种观点在理论上提出的时间较晚，但是从实践的角度来说是形成最早的。

而必须被抛弃，但却反映了侦查取证设置的最本源的目的：发现真相事实。真相事实不同于法律事实，法律事实是经过鉴定为真实，且取证程序合法的、可作为定罪量刑的根据，[1]而真相事实则更倾向于案件的真相，还真相一个清白，也是在我国至今仍然较为被认可的传统司法目的理念。因此，在保证程序规范得到严格遵守的前提下，发掘事实真相，杜绝一切可能损害反映事实真相的资料的行为的可能性，应成为立法者统一认可的规范前提。

控辩式诉讼结构在近现代尤其是西方国家得到大规模推广后，公诉准备说开始占据主流地位。该观点认为，侦查取证行为的目的是为公诉而非审判做准备，其中与前者最大的差别就在于诉讼职能和模式的区分，对于传统纠问式诉讼模式来说，公诉准备说理论下的控辩式诉讼模式将刑事诉讼中的侦查、公诉和审判进行了职能上的分割，法官不再担任追诉任务，一些国家的检察官开始肩负起指导和指挥侦查的工作。而对于我国来说，公诉准备说最大的进步就在于纠正了过往公检法流水线作业式的诉讼工序，犯罪嫌疑人的诉讼主体地位得到的确认，被提倡更加积极地参与诉讼的各个环节对抗。我国近些年进行的"以审判为中心"的改革实际上也是对这种诉讼模式的另一阶段的表达，同时检警一体化的思想也体现在这种理念模式中，强调侦查工作为公诉进行准备的特性，也将侦查机关置于检察机关的附属地位。公诉准备说反映出的侦查取证程序目的是追求法律事实和程序正义。正如上文所说，不同于真相事实，法律事实需要程序正义进行保障，而这种观点否决开展侦查即有罪，通过侦审中断的结构原理表达侦查不一定带来审判的结果，同时通过强调检察机关指导或监督侦查工作而保障行为程序的合法性。进一步来说，公诉准备说也体现了人权保障的目标，尽管这种观点也暗含着凡侦查必定提起公诉，凡侦查必定指向犯罪的思想，但相较于之前为审判做准备的观点已经展现了一定的进步。

不同于前两种观点的发展有着深厚的实践基础，侦查独立说的兴起则是刑法改革的理念思想的产物。这种说法认为，侦查应是为了确定嫌疑有

---

〔1〕　陈杭平："论'事实问题'与'法律问题'的区分"，载《中外法学》2011年第2期。

无而独立的程序，体现在司法领域，就是侦查行为并不一定引起起诉，没有公诉在公诉准备说中就意味着侦查行为的失败，但这其实更加符合现代刑罚观对侦查程序的期待，即摆脱为公权力服务的定位和假定被侦查方有罪的预设。如果说审判准备说和公诉准备说反映的都是对犯罪行为的惩罚目的，那么侦查独立说则体现了现代刑法预防犯罪和防止再犯的理念。按照贝卡利亚的观点，"刑法的目的在于阻止犯罪重新侵害公民，并规诫其他人不要重蹈覆辙"。[1]李斯特也认为，刑法本身不应是一种本能或原始的同态复仇。[2]实体法与程序法具有深刻的互动性，刑罚的理念转变带来侦查导向的变更，刑法认为有罪并不一定带来惩罚，那么对侦查来说如果对犯罪行为不进行起诉也能达到维护社会和法律秩序的责任，也就不将以进行后续工作为导向。部分学者认为，侦查独立说摆脱了司法的监督作用，导致"监督滞后情况突出"，反而容易"损害司法公信，影响司法权威"，[3]但笔者认为，这种观点实际上陷入了侦查必须有司法结果的传统思维方式。在侦查独立说下，侦查机关不必将后续诉讼程序作为工作目标，相应的也就不会以定位犯罪为出发点进行活动。因此，从另一个角度来说，侦查独立说极致展现了对人权保障的追求，但这种凡是惩罚必是伤害的理念出发点能否为所有法治理念和司法制度所接受也是存疑的。

司法制度的选择与一个国家集体的侦查目的价值观息息相关，在制定具体程序框架时，文化价值赋予的司法工作现实目的也起着重要的影响。从法文化学的角度来看，侦查目的的取向反映着一个国家主体的诉讼价值观念和追求，这种观念和追求是深受文化、地域、历史影响的，而国家在制定相应的司法政策时，又必须考虑这个国家所能够接受的价值观，例如以英美为代表的部分国家相对重视权利保障和自由价值，而传统大陆法系

---

〔1〕 一般认为，这里的"阻止犯罪重新侵害公民"是指防止再犯，"规诫其他人不要重蹈覆辙"则是指刑法预防犯罪的目的。参见［意］切萨雷·贝卡利亚：《论犯罪与刑罚》，黄风译，北京大学出版社2008年版，第42页。
〔2〕［德］李斯特：《德国刑法教科书》，徐久生译，法律出版社2006年版，第3页。
〔3〕 孙谦："刑事侦查与法律监督"，载《国家检察官学院学报》2019年第4期。

国家则更看重程序正义和秩序价值。我国受传统法律观念影响，对于罪刑相适应的要求较高，而对于刑法的震慑、预防和惩罚即是伤害等理念的接受程度较低，这些都应纳入我国侦查取证工作价值目标设定因素中一起衡量。从上文可见，没有任何一种理论和目的观是完美无缺的。但毋庸置疑，当真相事实不好判定时，程序正义就是评判的标准，这也是程序价值的意义所在。

（三）侦查取证行为原则

法律原则被认为是"为法律规则提供某种基础或根源的综合性的、指导性的价值准则或规范"。[1]它是法律价值的具象化，但相对于具体的法律规范又具有模糊的特性。这种模糊性，使得法律原则具有为法律规则兜底补充的特点。按照我国学术界的总结，刑事诉讼法共体现了十二项基本原则，除去可视为一般法律准绳的原则、不具有普遍适用性的"原则"、不对侦查阶段具有规范性的原则和主要涉及侦查取证技术性原则外，对侦查取证程序具有指导意义或侦查阶段特有的基本原则并不多，许多刑事诉讼法基础原则对侦查都有影响，但以发现事实和收集证据为目的的侦查程序也需要针对自身的规范，实践中暴露出的理论实践"两张皮"的情况也正是反映了基本导向原则的缺乏。而同时，随着贸易和交流的全球化，法学理念也在随之交互。在侦查程序领域内，最有代表性的如禁止强迫自证其罪原则、孤证不立原则等也进入我们的视野，在为现有的规则做补充的同时，也开始引领着法律规则的发展和改变。

借鉴国内外侦查程序相关的原则规范，以及宋英辉和孙长永教授对于侦查程序基本原则的论述，[2]笔者认为侦查原则可以大致分为两类：第一类为侦查程序与其他刑事诉讼程序互相影响、共同遵守的原则；第二类为

---

〔1〕 舒国滢："法律原则适用的困境——方法论视角的四个追问"，载《苏州大学学报（哲学社会科学版）》2005年第1期。

〔2〕 我国法律并未直接罗列相关的原则，因此刑事诉讼法包括哪些基本原则在学术界也存争议，见樊崇义主编：《刑事诉讼法学研究综述与评价》，（中国政法大学出版社1991年版）中的相关论述。本书采用的十二项原则说来自叶青主编：《刑事诉讼法学》，上海人民出版社2013年版，第71~89页。

规范侦查取证程序的具体性原则。[1]

我国有在不同法律法典的总则部分对相应法律的基本原则进行规定的传统，侦查法定原则无疑是所有相关原则中最基本的一个。侦查取证行为是国家通过法律赋予侦查机关的权力，其中包含着几个不同层次上的要求。首先，侦查取证行为的启动是一项国家赋予的义务而非选择，这就意味着当案情需要时，侦查人员必须进行侦查行为而没有裁量权，这与检察院的起诉行为有所不同。其次，即在法律监督原则赋予的"人民检察院依法对刑事诉讼实行法律监督"[2]的规定下，由人民检察院对侦查程序进行监督时，侦查法定原则赋予的侦查人员对犯罪行为启动侦查取证行为的权力也是不能被检察机关的监督甚至是指挥权停止的。侦查取证义务化的另一层含义，则是如果对应当启动侦查程序而不进行侦查，相关人员可以构成犯罪。对于一般行政人员来说，法律是其行为框架，在框架之内一般可以享有一定的自由裁量权，而对于侦查人员来说，就需要严格按照法律的要求进行每一步的工作。对于我国来说，尽管这一原则已经是无可争议的，但在实践中，立案、开展侦查与否却有一定的"商量"空间，行政对司法的干预其实是对侦查程序法定原则的背离。这也体现了我国法律框架长期遵守宜粗不宜细，法律解释、部门规则做补充的传统所造成的规范真空和管理漏洞。最后，进一步扩展侦查法定的含义，笔者认为其同时包含着强制侦查法定的含义，即在侦查程序进行的过程中，如无法特别规定或批准时，不得进行强制措施，这一批准可能来自法律的许可，也可能来自司法机关的令状，但无论如何，未经法定程序强制侦查不得展开。

一案不二侦（审）原则多在审判中被反复提及，但其实际上却是一个贯穿整个司法程序的法律原则，这个原则主要是依据一事不再理的法律理

---

　　〔1〕　无罪推定原则一方面研究较多；另一方面笔者认为侦查有发现犯罪事实的天然追求，故在此不进行讨论。关于控、辩、审三方关系的相关原则在上文侦查结构中也进行过分析，故在此也不另做探讨。考虑到篇幅和主题限制，以及原则之间的关联性，笔者将检察监督原则、强制侦查法定原则和司法令状原则放入侦查程序法定原则中做简略介绍，因此在本节以下部分仅对笔者认为与本题关联性较大的几个原则做详细讨论。

　　〔2〕　《刑事诉讼法》第8条。

念发展起来的，在侦查取证程序中主要被体现为禁止重复侦查和禁止另案侦查。禁止重复侦查是指同一犯罪嫌疑人、同一案件事实不得重复侦查的任何环节，包括启动侦查和逮捕、拘留在内的所有强制措施。一案一侦原则涉及的另一个方面就是侦查取证行为必须限于侦查人员依法侦查的"这一个"案件，即针对本案的侦查取证不应溯及其他案件。但在侦查取证的实践中，从侦查技巧层面上来看，以其他案件为理由进行立案或逮捕后对目标案件进行侦查取证或询问的情况并不鲜见，即使从本案出发对嫌疑人进行逮捕或拘留后，深挖余罪也是侦查机关的常规工作和必要流程，同样，对在为本案取证过程中发现的可能涉及其他案件的证据的扣押、收集的合法性问题在世界各国一直都是有争议的。[1]在这些方面我国原则性观点对于侦查行为的制约并不大，侦查取证程序的限制并不严格。对于电子数据来说，对与本案无关数据、物品的扣押，由于技术问题导致更为普遍，而且涉及的合法性和隐私保护问题更多，这些都将在下文中做详细讨论，对于侦查人员行为的规范也尚需具体规则对取证行为进行进一步明确和约束。

比例原则是西方国家诉讼中的一项重要原则，主要指在国家公权力保护公民的个人权利时，国家行使干预公民权利的手段与维护公共安全的目的之间具备适当的比例，达到保护社会利益的同时最低限度地对公民个人权利产生损害。这一原则在西方广泛体现在宪法和行政法领域，但最初产生于德国警察法中，[2]在海洋法系国家中也有相应的体现，如英国的合理性、必要性及适当性原则。在刑事诉讼程序中，受比例原则影响最直接的

---

〔1〕　美国联邦最高法院认为如果进入搜查场所后视线所及范围内与本案无关物品需要扣押，可按照一目了然原则（Plain View）认定合法。见［美］乔恩·R. 华尔兹：《刑事证据大全》，何家弘译，中国人民公安大学出版社1993年版，第215页。美国宪法第四修正案关于无证搜查扣押的例外见 https://constitution. findlaw. com/amendment4/annotation02. html#4。日本基本采纳了美国这种规定，但总的来说对象更为严苛，且需要经过额外的转化程序。参见［日］松尾浩也：《日本刑事诉讼法》（上卷），丁相顺、张凌译，金光旭校，中国人民大学出版社2005年版，第215页。相对来说德国和英国对于搜查扣押与本案无关的物品限制更加宽泛一些。但总体来说都要求必须是偶然、意外的情况下发现的。

〔2〕　姜明安："中国行政诉讼的平衡原则"，载《行政法学研究》2009年第3期。

就是侦查程序，侦查行为是唯一与危害社会秩序的犯罪行为针锋相对的诉讼程序，而对侵害行为的"侵害"，与犯罪行为本身一样，需要在度和量上有着一定的范围。广义比例原则的三阶理论包括手段的合适性、手段的必要性以及法益的相称性三个方面，这三项要求在侦查取证中也是同样的，手段的合适性要求侦查工作中对犯罪行为选择合适的侦查取证手段，既要达到其追求的法定目标，也不能超过相应的限度。[1]手段的必要性，实际在于期待侦查人员选择对公民权利侵犯最小的侦查措施，林山田先生认为，"在犯罪侦查中若存在数个合适之侦查可能性时，则应选择一个对于犯罪嫌疑人或被告较少侵害之侦查手段，切忌拿着大炮轰小鸟，或是杀鸡用牛刀"。[2]在现阶段侦查实践中，主要是要求尽量不使用强制侦查，进一步来说，在不得不使用强制侦查时，也不能将其变为惩罚性功能而脱离了侦查的本意，最典型的如在讯问中使用暴力的手段等。而法益的相称性则是指侦查行为造成伤害的质和量的范围应当小于犯罪行为造成的社会危害，以及侦查手段所造成的公民权益的损害不得大于侦查行为带来的收益。这三个方面在理论上实际是相辅相成的，要求侦查机关在办案时克制谦抑，成本收益保证均衡，手段目的实现匹配。这一原则在电子数据取证中显得尤为突出，目前数据隐私与调查取证之间的矛盾日益凸显，对可疑人员的监控、对海量数据获取限度的掌控和技术人力层面的投入等方面，亟须相关程序规则的进一步构建。

（四）个人权利交付与程序公正价值

1. 社会契约理论

社会契约理论的产生是由于 17 世纪到 19 世纪欧洲启蒙运动期间产生的政治、国家合法性危机，即国家要求人民从道义上服从统治和遵守法律规则的理由是什么。为了解释法律的权威性，社会契约理论应运而生，这是以霍布斯、洛克、康德、卢梭等为代表的一批思想家在百年间经过不懈努力不断尝试的成果，其核心就是一个基于人民的共同同意而产生出政治

---

〔1〕 关于相应限度的掌握，见上文关于"一案不二侦"原则的讨论。

〔2〕 林山田："论刑事程序原则"，载《台大法学论丛》第 28 卷第 2 期。

权威与权利合法性的社会运营方案。而卢梭所著的《社会契约论》就是完成"主权在民"这一当今人类共同生活的核心理念的著作，整个社会契约的理论也由此定名，其名言："人生而自由，却无往不在枷锁之中"，"首先放弃人在自然状态下的部分或者全部天然权利，以之作为条件，才能加入社会成为一个社会人"[1]等，也成为当今民主社会和政治体制创设的重要理论支柱。

而相对来说，卢梭的社会契约论在西方就被认为比较激进，同样是对人需要放弃多少权利来订立契约这个问题上，卢梭就认为个人应向集体转让所有的自然权利。[2]在此基础上，卢梭原创出了"人民主权"概念，即在这个社会中不应存在任何个人凌驾于全体人民之上，[3]卢梭担心如果保有公权力无法介入的私人权利领域，这个领域就会因为个人的私心不断扩大，导致社会中"丛林状态"的恢复，在自然权利领域中会产生由力量不均衡所导致的不平等，这样"公共社会"中的平等概念就会成为空话。为了避开这种危险，卢梭认为个人应该奉献出自己的所有权利，由这个社会中每一个公民共同成为这个国家社会的主人。

也就是说，霍布斯、洛克的社会契约在本质上都还是体现了自由主义，无论是霍布斯的君权主义还是洛克的民主代议主义，其对个人权利的上交都是出于不得已的考虑。而卢梭的社会契约理论相比之下则是彻底的集体主义，尽管其理论为美国独立战争和法国大革命提供了直接的思想理论武器，但今天持有自由主义观的西方学者依然批评卢梭的社会契约精神因为对集体有着异乎寻常的乐观态度而忽略了潜在的危险，并认为正是卢梭的这种激进的社会契约精神给20世纪的极权主义政治带来了思想启发。

社会生活中的侦查机关替代国家行使公权力的合法性及其限度是贯穿

---

[1]　[法]让-雅克·卢梭：《卢梭文集：社会契约论》，何兆武译，红旗出版社1997年版，第4页。

[2]　[法]让-雅克·卢梭：《卢梭文集：社会契约论》，何兆武译，红旗出版社1997年版，第一卷第六章。

[3]　相对而言，在霍布斯的理论中，人民转让部分权利给"君主"，接受一个相对更加有权利的个人的统治。

本书的关注点之一，也是全文探讨取证程序的问题、成因和对策的基本理论出发点。

公民为了得到公权力的保护，如网络中的财产安全，就需要在一定期间放弃在自然状态下或者对其他非公权力的个人或组织享有的权利，这也是公安机关代表国家公权力有权对电子数据进行搜集、提取甚至搜查等行为的权利合法性来源。在个人权利保留较多的社会体系下，网络私人空间同样是不可被公权力侵犯的，这也就说明了为什么对于电子数据搜查范围、取证程序合法的高度关注和争议。

在卢梭的年代，受限于社会发展水平，即使再发达的集体主义实践政体，也只能在相当有限的程度上实现公权力的最大化，大部分的个人隐私在那个年代是不可能被公权力发掘的。但是随着科技的发展、网络的普及、权利体制的不断发展完善和对社会控制触角的不断深入，政府和国家对公民个人全部信息的实时掌握和跟踪在技术上是完全可以实现的，这一点恐怕卢梭在他的年代是不可能预见和考虑的，也就自然不可能被包括在其认为应当交付的"所有权利"之中。[1]因此笔者认为，公权力在虚拟空间的制度合法性和其领域范围在我国的权利架构体系中也是需要单独进行探讨的。

2. 程序公正理论

公正这一概念的产生历史悠久，早在古希腊时期就有很多学者对其内涵进行过探讨，[2]从 20 世纪 60 年代开始，程序的正当性问题开始成为西方学者的研究对象。1971 年罗尔斯在其《正义论》中，将法治中的程序公正分为纯粹的程序公正、完善的程序公正和不完善的程序公正三种形式。[3]纯粹的程序公正只考虑过程要件（程序）的满足而不考虑结果，完善的程

---

〔1〕《社会契约论》的后半部分提到了对公民个人财产的保护，也就是说，卢梭理论中的"权利交付"也并不是绝对意义上的。

〔2〕尽管这些多是"分配的正义""均衡的正义"以及"矫正的正义"，但同样为日后探讨程序正义和程序公正奠定了基础。见 Bayles M D. *Procedural Justice*, Springer, Dordrecht, 1990, p. 8。最开始我国将"justice"直译为"正义"，但在司法领域中，我国更倾向于提倡公平、正义的兼顾，于是此处笔者选择了"公正"一词，但实际上在刑事司法领域，同样是"justice"。

〔3〕Rawls, John, *A theory of justice*, Ethics. Routledge, 2004, p, 229-234.

序公正在程序之外同时存在使得结果合乎"正义"的另外标准，而不完善的程序公正则是认为能够使得程序公正呈现"完善"的额外标准是不存在的。可以说，罗尔斯的程序公正理论中带有较多的平等主义色彩，即他更倾向于追求公平的正义，但相较于司法程序的公正，罗尔斯更加提倡一种基于道德所构建的程序，因此，他对程序公正的三种分类虽然很有启发性，但是其所谓"完美的程序公正"是否真的适用于刑事司法或者侦查领域，却值得商榷。

稍晚，美国社会学家锡博特（John W. Thibaut）和华尔克（Lanren walker）提出了程序公正性理论。这个理论来源于心理学领域，因此他们对程序公正的研究更侧重于公正的程序给民众所带来的心理感受。他们认为，人们会根据决策的程序对决策的结果作出反应。通常来说，人们都会认为公正的程序是最重要的。尤其是当人们无法直接左右某个决策时，程序的公正性就替代决策本身满足人民对于决策的操控需要。因此，从长期来看，公正的程序可以给人们自身的权益带来一定的保障。锡博特和华尔克的理论舍弃了之前从宏观的社会效应论述程序公正的角度，转而关注较为微观的心理感受，从而论证了程序公正的重要性。[1]

程序公正常与实体公正被共同提及以权衡二者的重要性，但实际实体公正是对应程序公正而产生的概念。实体公正在我国通常被理解为事实真相，在西方国家的诉讼制度中通常被理解为结果正义观，[2]与其相对的，程序公正主张如果根据公正的司法程序作出裁判，那么结果就将是公正的。[3]但这并不是说所有的程序的结果都会导出真相，典型的如 20 世纪轰动一时的辛普森杀妻案，判决仅代表证据不支持有罪的结论，但并不说明案件的真相。在理想的模型下，程序正义和实体正义都能够得到完整的实现，但实际上，真相可能是无法被得知的，因为时间无法回溯，案件不

---

〔1〕　Thibaut J, Walker, *Procedural justice: A psychological analysis*, Hillsdale, NJ: Erlbaum. 1975, pp. 8-9.

〔2〕　但实际上实体公正与结果正义二者并不完全等同，具体见下文阐释。

〔3〕　"正义不仅应当得到实现，而且还应以人们能够看得见的方式得到实现。"（Justice must not only be done, but must be seen to be done.）

能重演，审判者只能通过遗留的"主客观痕迹"，即证据对案件真相进行推理，达到高度盖然性的结论，但在理论上永远不可能达到"唯一"。在这个道理下，人们寻求程序的正义：人类需要法治秩序来规范行为，是因为人类仰仗理性的尊严，因此未经程序的审判是不正义的。更进一步来说，当真相缺席或难以查清时，程序的公正是唯一能够保障正义的砝码。

即使抛去"电子数据"这个限定，侦查取证中实体、程序的优先度同样很大程度影响着侦查取证行为的限度和手段。我国自古以来就有一个重实体轻程序的传统，即对追求事实真相有着强大的执着精神，近年来随着法治化建设的推进，程序合法已经被越来越多的人重视和认可，但在笔者看来，"程序公正"似乎在理论与实践部门中有着大相径庭的理解。我国大部分学者认为程序公正需要首先满足程序优先，因为追求实体正义的优先会导致"人治""民意决定司法"的尴尬境地，而在实践部门来看，直截了当地按照程序规范和操作手册进行执法就可以满足程序公正的要求，与目的和限度性无关。产生这种差异的原因，首先，从目的上来说，即使将程序公正奉为圭臬，也无法否认追求实体正义是法律不可回避的责任，这一点在与犯罪行为"短兵相接"的侦查部门尤为突出。其次，从思想理念上来看，打击犯罪在我国还是被认为是侦查机关的首要职责，要求将程序的公正优先于实现打击犯罪的目的在我国有一定难度。最后，从实际操作上来说，要求侦查人员通过"宁粗勿细、宁疏勿密"的立法原则实现程序上的公正也是不切实际的。因此，在认可"程序公正"的必要性基础上，也需要探索如何在它和实体正义之间达到平衡。

三、电子数据的特性与分类

（一）虚拟数据的特点：非物理证据的特殊性

根据 2012 年《刑事诉讼法》中对于证据的界定，证据是证明案件事实的材料。即证据应当是形式和实质的结合，形式即证据的表达方式，指证据的载体，实质则指证据的事实内容，即其包含的信息。因此，此处对电子数据特点的分析也将结合内在内容和外在表现形式两个方面来探讨。

1. 不可直观感知性

电子数据不以外形、尺寸、颜色等物理特性发挥其证明作用，是电子数据被列为独立于书证、物证等证据的原因之一。我国对证据类型的划分标准多是依照证据事实所附着的证据载体的不同，之前对于证据种类的认识多是基于证据的不同外在物理形态，如书证、物证等。电子数据的存在依附于"数据"这一无形的载体，代表着证据存在形态的更新。相对于现实物质世界而言，数据形态的信息所处的空间是虚拟的，其不占用物理意义上的空间，在物理意义上是无形的，因此也就不具备传统证据所有的可触性或可视性。

2. 双重载体属性

证据应当是"证据载体"和"证据事实"的有机统一。一般情况下，证据载体对于证据的意义主要包括两点：明确证据的表现形式和记录以及展现证据事实。对于传统的物证而言，物品本身或物品遗留的痕迹就是证据的载体，侦查人员可以通过对物品本身的观察等得以直接感知证据包含的信息。同时，侦查人员可以通过观察物品的状态与特征，理解这些证据所能表达的事实，发掘证据与待证的案件事实之间的关联性等。[1]

电子数据通常既无法单独存在，也无法被人直接感知，办案人员只有通过检查存储电子数据的设备介质才能对其加以识别。电子数据又无法通过存储介质来表达其证据事实，必须要经由一定的转换，通过能够被人感知的文字、声音、数字、符号以及动态的画面，使其证据事实能够被侦查人员理解。

这也就是说，电子数据在物理的存在形式和证据事实的表达方式上出现了分离。其物理存储形式表现为储存、承载电子数据的外部物理介质，通常称之为"物理载体"；而其表达的信息则是内部蕴含着证据事实的电子数据，通常可称之为"信息载体"。

（1）电子数据的物理载体。

电子数据表现为由数字信号构成的虚拟信息。这意味着取证人员既无

---

〔1〕　刘译矾："论电子数据的双重鉴真"，载《当代法学》2018 年第 3 期。

法在非物理空间中对电子数据加以发现与提取，也无法直接对其进行识别，而只能借助高科技软硬件设备对存储的外部设备进行检查。这些设备与介质也就是电子数据得以存在的外在载体。

根据目前的规定，对于那些在办案现场发现的可移动、方便保管的原始存储介质，侦查人员应当现场对其进行扣押封存，这些就是电子数据的物理载体。如果存在不便封存、扣押的情况，侦查人员就要尽可能地在现场将相关电子数据转移到其他设备或介质上，这些同样也是电子数据的物理载体。

（2）电子数据的信息载体。

内容表达方式的"电子化"是电子数据区别于传统证据的最大特征。存储在物理介质中的不同类别的电子数据所表达的不同含义的数字或者代码通常并不能直接被取证人员理解，而需要通过物理形式的转换，用包括数字、文字、声音、图像或者视频等在内的方式才能被取证人员理解，进而成为证据事实。这些承载着能被人理解识别并能够将证据事实进行表达的电子化信息就是电子数据的"信息载体"。同物理载体一样，电子化的信息载体并不等同于证据事实本身，其只是表达证据事实的一种特殊方式，其数据的本身与案件的待证事实并没有直接关系。通过将电子化的数据转化为可被人理解的形式，侦查人员才能了解到其中所包含的事实片段或者信息，而这些可能与案件相关的事实或者信息才是证据事实。[1]

3. 承载信息种类的多元性和变动性

在包含的信息量上，电子数据与传统证据也存在不同。传统证据所表达出的信息一般是单一的，而电子数据在体量和种类的承载上则表现出明显的多元性和变动性。

一方面，电子数据承载信息的种类的丰富性意味着电子数据所能表达的信息类型、体量都是传统物证所不能比拟的。不同于传统物证、书证等信息展现形式的单一性，电子化的数据多能够转化表达的信息展现类型可

---

[1] 孙潇琳："我国电子数据搜查扣押之审思"，载《中国人民公安大学学报（社会科学版）》2018 年第 6 期。

能是数字、文件、声音、视频等多种类型。电子数据在作为证明案件事实的内容材料时，可以转化为声音、文字、视频等各种几乎涵盖所有传统证据类型的表现形态。即尽管数据具有虚拟的特性，但是转化成电子数据后会以不同的形态进行表现，这就是在讨论电子数据的证据定位时，学者曾按照其包含的信息内容的种类提出"七分法"分类的原因。[1] 除内容表达的多样性外，在不同的案件中，电子数据也表现出不同的证据特性，目前常见的主要包括信息科技自动生成的数据和人与科技设备互动形成的数据，而这两者所涉及的证据证明要求也是截然不同的。研究证据规则较为完善的一些国家的相关规范不难发现，电子数据规则涉及了鉴真规则、传闻规则、证据规则等不同的证据认证规则，而这些规则在传统意义上很难如此集中地出现在一种证据类型上。

另一方面，与物证仅能就其被收集时的状态及所包含的信息对证明案件事实发挥作用不同，电子数据在证据内容上不仅可以表达电子数据被收集时包含的信息的数据内容本身，同时还能够通过其过去和收集后所产生的变动痕迹展示相关的附属和关联性的辅助信息，这些同样能够体现电子数据的形成经过以及传输、修改痕迹。

4. 易被篡改性与可再生性

一般来说，传统的证据信息一旦成型后不易发生更改，可以保存较长时间，但更改后原有状态即灭失，但是对于电子数据来说，却恰巧有与之相反的易被篡改性与稳定再生性。一方面，对于数据的篡改是相对简单的，有时甚至不需要任何专业知识，有时无论存储多么严密的数据都会面临具有专业知识的黑客的潜在攻击危险，尤其以在线数据为典型。但另一方面，电子数据强大的稳定性和可再生性正体现在无论经历了删除还是修改，在理论上原始数据都可以被找回，甚至修改和删除的过程都是可以被再现的。不仅如此，对于大部分传统物证来说，任何一个证据都具有唯一性和排他性，但是电子数据则可以做到完全一致和无损耗的复制，这也是

---

[1] 马民虎、张敏："信息安全与网络社会法律治理：空间、战略、权利、能力——第五届中国信息安全法律大会会议综述"，载《西安交通大学学报（社会科学版）》2015年第2期。

另一种意义上的再生性。

（二）电子数据的常见形态

电子数据是一种数字化的记录和信息，是 0 与 1 进位记录，其必须通过屏幕、打印、播放等方式，才能转化为人类所能感知的、认知上意义的证据。因此，在讨论电子数据类证据范围时，先要考虑排除电磁记录外的打印、播放、投射之文件、影像、图片及声音等证据。甚至，相比早期一条一条的电子数据而言，大数据证据则以数据量大为新特色，且可以隐藏其中的规律来证明案件事实。[1]目前，对具体的电子数据类证据可以从以下不同的角度对其进行分类。

最常见的就是把电子数据类证据分成两大类：一是计算机数据类证据；二是通信数据类证据。其中，计算机数据类证据是指在电子计算机运行过程中，其系统生成的以及由于写入或接入而产生的记载相关内容的各类数据。电子计算机运用其存储功能，把需要储存的信息编制成一定的程序并通过输入设备输进计算机主控制系统的中央处理器，由其自身对电信号进行识别和处理后转变成磁信号固定于磁盘，使用时通过输出设备显示于终端显示设备，从而可以为人所感知。通信数据类证据是在电子通信过程中由通信信息构成的证据形态。

1. 计算机数据类证据

从不同的角度还可以将计算机数据类证据作如下分类：封闭和开放计算机系统中的电子数据。

封闭计算机系统中的电子数据是指单个标准化计算机系统中的特定电子数据。封闭计算机系统中的电子数据的表现形式主要有文字、图像图形、音频和视频这几大类。

我们通常把开放计算机系统中的电子数据称为网络数据或网络证据。所谓网络数据是指计算机终端之间通过网络获得的电子数据。[2]开放计算机系统中的电子数据种类繁多，常见的有以下几种：电子邮件（E-mail）、

---

[1] 刘品新："论大数据证据"，载《环球法律评论》2019 年第 1 期。
[2] 杨志琼："数据时代网络爬虫的刑法规制"，载《比较法研究》2020 年第 4 期。

电子资金划拨记录（EFT）、电子数据交换（EDI）记录、网页（Web Page）、电子聊天（E-chat）记录、电子公告牌（BBS）记录、网络日志（Weblog）、电子签名（E-signature）和嵌入式计算机系统（Embedded Computer System）证据。

此外，随着计算机数据挖掘技术的应用广度与深度的不断快速发展，及至当今的大数据时代，将数据挖掘技术引入刑事侦查实践的趋势愈加明显，其机理作用也得到较好的展示机会，并正在侦查领域中进行深度应用。有学者在总结中国裁判文书网 2016 年度刑事案件法院裁判文书的 113 件个案中大数据技术的应用情况，可以发现如下应用趋势：一是大数据侦查的应用对象主要为作案工具，对象为侵财类案件及相关刑事案件；二是大数据侦查的主要目的是发现并锁定犯罪嫌疑人；三是大数据技术在完成收集证据材料方面的作用目前看来还不能得到深度应用。[1]

2. 通信数据类证据

通信数据类证据是在电子通信过程中由通信信息构成的证据形态。常见的通信数据类证据有：电报（Telegraph）记录、传真（Fax）记录、通话记录和短信（Short Message）记录。

（三）司法实务中的数据归类

1. 输入型数据与自动生成数据

输入型数据主要是指电子设备与人交互产生的数据。其中一部分是电子设备作为存储介质，记录人们想要存储的信息，如音频、视频、文字等，这部分数据通常来说可以看作是利用电子形式存储的言词证据。还有一部分是人通过操作电子设备而交互形成的数据，其中既有人主观意识下向电子存储设备进行输入、记录的行为，也有电子设备本身计算、记录的行为，这类输入型数据既有人的操作行为（主观因素）的影响，也是设备本身加工数据的过程。

电子设备自动生成数据的过程中，人的操作对于产生的数据内容不会有直接影响。常见的电子生成数据包括访问日志、通话清单或服务器的访

---

〔1〕　具体样本分析详见程雷："大数据侦查的法律控制"，载《中国社会科学》2018 年第 11 期。

问记录等。人对系统的操作只会在客观上触发这类数据的自动生成，但无法主观地对这类数据的记录内容产生影响。这类证据的产生因为不受人类主观因素影响，因此除去电子数据的特性外，皆适用实物证据的规则，在美国也被称为"实在证据"（Physical Evidence）。[1]

2. 动态数据与静态数据

依据电子数据存在的状态，我们可以将其分为静态电子数据和动态电子数据两类。静态电子数据是指计算机处理、存储、输出设备中存储、处理、输出的数据。动态电子数据是指计算机网络中传输的电子数据。电子数据的静态和动态都只是相对的。放大到足够的时空条件下则根本不存在所谓静态的电子数据，而在特定的时点范围内动态的电子数据也会表现出足够的静态稳定性。

区分静态电子数据和动态电子数据的意义在于根据这两类电子数据各自的特征，在相关证据收集措施的设立及其适用上予以区别对待。

3. 原始数据与复制数据

依照对电子数据是否经过拷贝，将其分为两类，即原始数据和复制数据。这里说的原始数据，主要是指通过各种办公系统、摄像器材、数据传感器和电子仪器等工具生产的原始电子数据，并以电子格式存储下来。复制数据是指原始数据经过拷贝而来的，所以有时候也可以称之为拷贝数据，相对于原始数据而言，复制数据依赖于物理实体而存在。

四、虚实同塑：电子数据取证程序的底限正义

（一）电子数据的证据准入标准

电子数据与传统证据类型相比，具有虚拟性、内容的多样性与复杂性、易被篡改性与稳定再生性等诸多特点，因而侦查机关搜集电子数据并将其固定为法定证据的过程更为特殊，需要适用不同于以往的特殊取证程序方能实现刑事诉讼过程的科学化和法治化。

---

〔1〕 Arshad, Humaira, Aman Jantan, and Esther Omolara, "Evidence collection and forensics on social networks: Research challenges and directions", *Digital Investigation*, 28 (2019): 126-138.

（二）侦查取证程序的通用基本原则引入

在涉及电子数据的案件中，计算机及相关案件占有大量的比例，是在办理相关案件时不得不重视的一个部分。因此学者们在研究电子数据取证时，不约而同地把研究的重点都放到这个问题上来。计算机取证资深专家 Robbins 有过这样的结论：计算机取证是将计算机调查和分析技术应用于潜在的、有法律效力的证据的确定与提取上。[1]我国学者对计算机取证的定义为：计算机取证是"研究如何对计算机犯罪的证据进行获取、保存、分析和出示的法律规范和科学技术"。[2]此定义是将 Robbins 对计算机取证的定义中有关"证据的确定和提取"进一步细化和明确为"获取、保存、分析、出示"这四个环节（还有的学者将其细化为六个环节：确定、收集、保护、分析、归档、法庭出示）。[3]即电子数据取证是依法利用科学技术将一切以电子或者数字化方式存在的、能反映案件真实情况的信息进行获取、保存、分析、出示，形成具备法律效力的电子数据的过程。电子数据取证应当由法律授权的主体依法进行，取证过程应严格遵守程序，使用合法的工具和技术手段，这样才能保证电子数据取证所获证据的合法性、完整性和真实性。[4]

同时需要注意的是，电子数据取证只是和计算机犯罪联系在一起的观点是不够准确的。涉及电子数据取证要求的还可能包括国家安全、军事等多个不同部门。这些部门中取证程序的法律规定可能有所不同，但从技术上来说是相同的。[5]

1. 合法性原则

包括电子数据的取证工作在内，侦查取证工作的最终目的都是要为诉讼活动的进行做准备，即向法庭证明，其收集提取的电子数据是合法完备

---

〔1〕 殷联甫编著：《计算机取证技术》，科学出版社 2008 年版，第 1 页。

〔2〕 麦永浩等主编：《计算机取证与司法鉴定》，清华大学出版社 2009 年版，第 1 页。

〔3〕 王学光：《计算机犯罪取证法律问题研究》，法律出版社 2016 年版，第 10 页。

〔4〕 殷联甫编著：《计算机取证技术》，科学出版社 2008 年版，第 1 页。

〔5〕 戴士剑、钟建平、鲁佑文："检察机关侦查部门电子数据取证问题研究"，载《湖南大学学报（社会科学版）》2017 年第 2 期。

的。一旦电子数据面临取证程序上的不合法质疑，不仅可能会使得数据证据本身面临被排除的可能性，给侦查工作带来巨大损失，还会导致由执法过失带来的新的不公。

电子取证的合法性原则，主要包括取证主体合法、取证程序合法以及取证手段合法这三个方面。[1]取证程序的合法显得格外重要，这是因为主体和手段的合法性都只属于程序合法中的一个环节，需要通过合法程序得以体现。

2. 及时性原则

电子数据取证的及时性原则是电子数据相关案件侦查的效率要求的反映。电子数据本身具有脆弱性，数据内容易于篡改和删除，可以说这给不法分子通过篡改和破坏数据来隐匿罪行提供了可能性。进而，这就要求侦查机关及时有效地对电子数据进行提取和收集；如果这一项原则不能得以保障，侦查取得的证据真实性就无从谈起。而电子数据取证的及时性能否实现，受电子数据本身易灭失性影响，极大地左右了电子数据取证能否实现。

3. 科学性原则

电子取证的科学性原则是在合法性原则的基础上对电子数据侦查取证的流程和技术的科学规范的进一步完善。具体来说，电子数据侦查取证的科学性原则要求侦查人员实现操作科学、取证规范和保密等。从科学性原则规定的目的来说，就是侦查取证既要保证电子数据取证的全面性、完整性和准确性，又要保证电子数据在提取、移交、储存、保管和使用等各个环节都有科学的操作规程和技术标准，要防止因为操作规范不科学造成电子数据的灭失、损毁，或者使电子数据因为发生改变和污染而失去证据能力。从数据以及存储介质的安全性上来说，实现科学性原则在于确保数据和设备的安全、保密，防止数据和存储设备被病毒等感染，进而预防相关的私人信息或商业机密发生泄露。

---

〔1〕 谢登科：“电子数据的取证主体：合法性与合技术性之间”，载《环球法律评论》2018年第1期。

（三）电子数据取证程序的特殊要求

由于电子数据容易被篡改、伪造、删除，并且在表面上不留痕迹，因此需要通过特殊的取证要求来实现对其真实性和同一性的证明。为了确保真实性和同一性，我们必须保证数据在生成、存储及传递的过程中的任何一次改变都是有迹可循、有理可证的，同时我们需要保证数据保管中的连续性。为了达到这个要求，通常在电子数据的取证过程中，要注意以下事项：[1]

（1）不要在原始数据上直接进行操作。证据需要保持原始性是取证的常识，同样，对电子数据的勘验检查要在不破坏原始介质的前提下进行。这就要求我们在对电子数据进行取证以及勘验检查工作之前，首先需要对原始数据进行按位拷贝，然后在这个拷贝的副本上进行操作。

（2）用于勘验检查数据的工具或软件必须保证安全、可信、合法。一方面，如果不能保证分析数据的工具及相应的内置软件安全可靠，那么由此得出的结论也无法保障其真实性。另一方面，如果勘验检查使用的工具软件本身的合法性存疑，那么其结论的合法性也必然要受到质疑。

（3）必须对被取证的对象（包括存储介质和数据系统）的原始状态、周围环境、分析时即将采用的工具手段、操作以及勘验检查后产生的结果等进行准确记录。这些文件都须有操作人员的姓名、操作时间、地点等附加说明。这不仅是侦查工作所需要的制式文书，从证据真实性和可靠性证明的角度来说，这些文件可证明证据的连续性，能够在电子数据或者软件工具无法证明某些环节时，帮助提供有效的法律证明，是获取的电子数据具有法律效力的必备条件。

（4）每一次分析完成，都要进行记录或者备份，可能的情况下要进行全程录像。

（5）必须对获取的电子数据及其存储介质进行妥善保存。

---

　　[1]　[美] Marjie T. Britz：《计算机取证与网络犯罪导论》，戴鹏、周雯、邓勇进译，电子工业出版社 2016 年版，第 320 页。

（四）虚拟环境中的权利保护重心

1. 比例原则的适用

在刑事诉讼程序中，受比例原则影响最直接的就是侦查程序，对于侦查行为的行使，尤其是涉及严重侵犯人身权利的强制侦查行为，不能将其规范化或克制都寄希望于手握权力的侦查机关甚至侦查人员之上，因为权力具有天然的扩张性，必须用法律将权力进行限制，对权限的边界进行明确的划定。如前所述，广义比例原则的三阶理论包括手段的合适性、手段的必要性以及法益的相称性三个方面。这三个方面在理论上实际是相辅相成的，要求侦查机关在办案时克制谦抑，成本收益保证均衡，手段目的实现匹配。

2. 隐私的保障理念

电子数据作为一种独立的证据类型出现，折射出的是数字时代新型权利类型的创生和传统权利的变化，隐私问题也引起了广泛关注。提及电子数据侦查取证中的隐私很多人会立即联想到个人信息的数据保密，其实隐私是一个涉及面相当广泛的概念，同时个人信息在电子数据取证中的保护也与隐私保护有着一定的差异（见第四章）。为了避免问题复杂化，此处可以先将隐私保护的讨论范围扩展到电子数据侦查取证中可能涉及的所有的个人权利保护上。

"隐私"的概念受关注时间最早可以追溯到 19 世纪。在科技环境下，隐私权这一概念的内涵和外延已经发生变化，如通过大数据或人工智能技术处理个人数据对特定主体的干预也已经超越了隐私权本身（由于隐私在我国尚不是一个法律意义上的概念，其在电子数据领域的内涵问题将在第五章详细论述）。

电子数据取证所涉及的隐私问题与传统的隐私保护问题最大的不同体现在，现代意义上的个人隐私和公开的界限可以用政治语境做划分。[1]即

---

〔1〕 还有另一种划分方式是"公民隐私"，这种划分主要是对上文提到的公民的住处、姓名、肖像等隐私权利做确认，与本书探讨的电子数据取证可能涉及的通信、数据等隐私有一定差异。故此处取政治隐私的划分方式，这种划分方式的来源是社会契约论，参见［法］卢梭：《社会契约论》，何兆武译，商务印书馆 2016 年版，第 18~22 页。

通过对公、私领域的划定来规定二者的权利义务的界限。在信息电子化和网络普及之前，即使再发达的集体主义实践体，也只能在相当有限的程度上实现公权力的最大化，大部分的个人隐私在过去传统年代是不可能被公权力发掘的。但是随着科技的发展、网络的普及、权利体制的不断发展完善和对社会控制触角的不断深入，政府和国家对公民个人全部信息的实时掌握和跟踪在技术上是完全可以实现的。尤其在涉及电子和信息领域时，这种界限就再次被电子存储和网络数据信息的体量模糊了。[1]

在保有"隐私需要保护"这一基本概念下，电子数据侦查取证的过程中需要我们进一步探究的关于隐私的问题还有许多。电子数据信息碎片化，意味着未经聚合和整理的信息很难被确认其可用性或者是否侵犯了个人的隐私权。同时，电子数据的可复制性还意味着同样的数据可从不同的渠道获得，这种特点带来的另一个问题就是当个人将私人数据交由第三方保管时，是否就意味着我们放弃了相应的"合理隐私期待"？对于侦查人员来说，当同一组数据可从不同渠道获得，那么我们又应该如何衡量不同渠道所获取的同样证据的合法性或其中的伦理价值问题？

五、常见取证工具及手段

（一）常见取证工具

（1）镜像工具。镜像工具是电子数据取证中少见的仅针对物理性存储设备，主要是硬盘的取证工具。目前，常见的镜像工具主要都是通过对目标硬盘内数据写保护后转移到其他位置以进行分析检验。

（2）写保护工具。一般来说分为硬件写保护和软件写保护两种。硬件写保护是通过对硬件设备进行操作使得数据进行单向传输，软件写保护则是通过文件管理工具对文件本身进行保护。一般来说，司法认证中更加倾向于采信硬件保护的结果。

（3）现场勘验工具。现场勘验可能遇到的数据类型基本分为静态数据和动态数据两类，静态数据在此指的是切断设备电源后进行取证的数据，

---

〔1〕　谢登科："电子数据网络在线提取规则反思与重构"，载《东方法学》2020年第3期。

动态数据则是在设备正常运行（可能联网）的情况下对数据进行提取的方式。因此为了满足不同类型的需要，现场勘验可能需要的工具包括各种数据读取设备、转接设备、在线取证设备和拍摄记录设备。

（4）移动终端取证工具。近年来，移动终端的更新换代频繁密集，因此对于移动终端的数据提取难度也是陡然上升的。目前理论技术上能够实现的移动终端取证技术分为微读、芯片提取、十六进制镜像、逻辑提取和人工提取五个层次，[1]能够实现通过均衡磨损原理将芯片上的删除数据进行恢复的水平。但是在实践中，大部分还都是采用数据线或无线的方式进行逻辑提取，少部分案件可能会采用镜像提取手段。

（5）数据恢复工具。数据的毁坏可能是存储硬件设施被损坏，也有可能是逻辑删除。因此，数据恢复工具一般兼备密码破解、删除恢复、格式化恢复和处理部分硬件损坏问题的数据恢复功能。

（6）数据分析软件。在当今海量数据的现状下，单凭侦查人员人工寻找与案件有关的数据是极为不现实的。数据分析软件可以通过对目标范围内所有数据的搜索、过滤快速定位侦查人员所需要的数据。先进的数据分析软件如FTK，可以实现基于哈希值的模糊搜索发现隐藏数据，或者展示目标对象的最后操作行为。另一些软件还可以实现对不同信息的结构化转化，将碎片化的信息进行关联。

（二）电子数据的常见取证手段

1. 获得性取证

获取性取证一般都是针对电子数据的存储介质（物理载体）进行的搜查扣押与检查检验行为。除与扣押一般实物证据一样的要求之外，电子数据存储介质的扣押还需要及时采取将介质进行断电、关机等隔离手段，以确保存储在其中的数据不会被远程修改和删除。在必要情况下，如原始介质不方便带走或者运送，就需要将其中的数据信息进行拷贝，或者现场进行勘验。

---

[1] 参见美国国家标准与技术研究院（NIST），SP 800-101 Revision 1'Guidelines on Mobile Device Forensics, 2014.

与犯罪有关的电子数据需要提取后再进行分析，不可以在原始存储介质上直接进行分析。[1]电子数据不仅存在于单独的文件中，还会存在于系统日志、数据文件、寄存器、交换区、隐藏文件、空闲硬盘空间、打印机缓存、网络数据、用户进程存储、文件缓冲区、文件系统本身等不同的位置，电子数据遍布存储介质。在对电子数据进行提取之前，必须对存储电子数据的介质进行拍照固定。在具体获取时，需对具体的介质进行写保护。写保护是获取和分析电子数据的前提，通过写保护，才能防止取证人员有意或无意地变动数据，以保证所获取数据真实可靠。

2. 虚拟性取证

虚拟性取证一般是针对数据本身的提取和收集工作，可以进一步分为针对未联网（封闭系统）数据、联网（开放系统）数据以及电子通信数据的取证。

封闭系统是指电子设备没有连接网络，这种环境表现为一种相对的静态。在这样的环境里收集提取电子数据，可以将电子数据视为现场勘验检查的客体之一，将电子数据收集提取纳入现场场所、痕迹、物品的勘验检查之中，在收集提取电子数据时应遵循现场勘验检查规则，按照现场勘验检查的步骤、方法进行。[2]有别于传统现场勘验检查，在对电子数据进行勘验检查时，其准备工作侧重于以下两点：一是初步了解情况时，重点围绕事件性质、嫌疑人情况、网络拓扑情况、设备使用人、设备情况、设备运行状态、操作系统、访问口令、加密情况等展开。二是通过初步了解，决定参与勘验检查人员，选定勘验器材设备，拟订勘验检查具体方案。在勘验检查过程中，先静态后动态、先低处后高处、先易消失后稳定等基本规则是要遵循的。无论是大的犯罪现场，还是小的个体、细目，都要本着先静后动的规则进行；与勘验传统犯罪现场一样，位于低处的先勘验，位于高处的后勘验；在面对不同客体物时，那些容易消失的要先收集、提取。要按照现场勘验的基本步骤开展勘验检查工作。在勘验之初，要围绕

---

〔1〕 刘浩阳编著：《网络犯罪侦查》，清华大学出版社 2016 年版，第 353~367 页。

〔2〕 殷联甫编著：《计算机取证技术》，科学出版社 2008 年版，第 11 页。

现场进行整体的巡视，根据巡视进一步划定现场范围，调查勘验检查方案。在巡视的基础上，把现场分成若干局部，并在局部范围内进行先静态后动态的勘验检查。在勘验具体的个体时，也要本着先静后动的原则，选择恰当的工具、运用合适的技术进行具体化的收集、提取。

开放系统是指电子设备连接了网络。连接的网络包括局域网和因特网。在开放系统中，电子设备所处的空间得到了延伸，有时延伸表现为未知性与无限性。面对此类空间里的电子设备，除要勘验所面对的电子设备及其存储的数据外，还需要勘验延伸空间里的电子数据。开放系统中网络电子数据收集提取的一般步骤、方法大多与封闭系统中电子数据收集提取的一般步骤、方法相同，但开放系统中网络电子数据收集提取有其特殊性，其一般步骤、方法包括：（1）检查待访问的账号；（2）制作作业记录；（3）检查服务利用状况；（4）确认保全对象；（5）实施保全；（6）验证同一性；（7）恢复因保全所作的设定变更；（8）远程取证。其中，开放系统中的电子数据常常处于虚拟空间。伴随着大数据时代的到来，人工智能使得云计算得以普及，从而使得相关的电子数据都从传统的物理存储开始转向云端存储。

对于处于虚拟空间或不能实地接触的云端电子数据，便需要通过远程勘验收集、提取远程目标上的电子数据。[1]同时，基于云计算、大数据，数据的分层、扣押、调取也变得更加困难。因此，远程勘验需由具有专门知识技能的侦查人员借助专门的取证工具、技术实施勘验。

电子通信取证。这里所说的电子通信设备，泛指安装了操作系统，接入了互联网，功能多样且具有丰富的个性化功能的各类移动设备，包括移动电话、可穿戴设备、平板电脑、物联网终端等。其中手机是移动终端设备中最典型的代表。

手机数据收集、提取的准备和计算机数据收集、提取的准备大致相同。准备工作包括人员准备、了解案情、法律文书准备、勘验工具准备等。它们的主要差异就是所使用的取证工具不一样，在取证过程中针对突

---

〔1〕 王中："云环境服务提供商协助取证的困境及应对"，载《科技与法律》2018年第6期。

发情况的具体应对也可能有所差异。目前，市场上销售的手机种类繁多，型号各异，这就使得取证工具难以匹配所有手机。所以，要在当前的技术条件下，尽可能多地掌握各种手机设备的型号信息，提前备好所需的取证工具。在取证之前，为了防止新产生的短信息、电话和程序信息会覆盖现有数据，影响取证工作的开展，必须及时对手机进行断网，避免一切可能产生交互信号的行为出现。电子通信取证主要获取的是手机中的数据及与手机相关联的电信、网络运营商服务器中的数据。这些电子数据能反映出手机使用者通过手机所建立的关系网络以及所实施的过往行为，既包含电话簿、通话记录、短信记录、第三方应用程序用户数据、话单、基站数据等，也包含手机里被删除的数据。[1]至于话单、基站数据通常要履行法律手续到通信运营商处调取。通过对话单、基站数据的分析可以揭示一系列问题。

（三）电子数据的鉴真技术

电子数据的鉴真不仅仅是对真实性进行鉴定，更是能够展示数据变动、更改等一系列更为复杂和里层变动的技术方法。鉴真来源于英美法系国家，在我国刑事诉讼法中尚并没有明确的规定，只有关于证据应当查证属实等类似的规定，但这些规定与鉴真不能画上等号，只能说属于我国刑事诉讼法实体真实要求下对证据真实性的实质要求。在 2010 年《关于办理死刑案件审查判断证据若干问题的规定》和《关于办理刑事案件排除非法证据若干问题的规定》中，我国首次借鉴英国、美国特别是《美国联邦证据规则》中鉴真的规定提出了相关要求。2016 年《刑事电子证据规定》在确立电子数据鉴真方法方面取得了切实的进步，对电子数据"完整性"的要求被视为最大亮点，该文件还基于电子数据自身的特点，确定了若干有针对性的审查判断方式，但学术界并不认同这就等同于鉴真技术在我国的合法性开端。

从鉴真的技术上所能实现的结果来看，鉴真能够为侦查取证提供实质真实性以外更多的信息。

---

〔1〕 刘广三、李艳霞："美国对手机搜查的法律规制及其对我国的启示——基于莱利和伍瑞案件的分析"，载《法律科学（西北政法大学学报）》2017 年第 1 期。

1. 独特性证明

数据的独特性证明的鉴真方式也被称为数据的自我鉴真方式，其基本原理是通过附着于数据上的可信证明证实数据的独特性和同一性。自我鉴真的基础来自比特币市场的相关需求，哈希值本身并不是新型科技，在千禧年左右，哈希值就被应用于以 MD5 为代表的数字摘要计算领域，[1] 而目前通过计算哈希值实现的电子数据存证，方法也是通过将上传文件摘要化、产生一个类似于该文件身份证的唯一数字指纹（哈希值），产生后文件的任何修改都会导致哈希值的自动改变，且哈希值不支持反算。[2] 海量数据的存证虽然不太可能继续依靠单纯由 1 和 0 组成的哈希值，但从理论上来看，建立一个数据 ID 生成中心，由数据所有人通过一定的操作为其认为重要的电子数据申请一个独一无二的"身份证"是可行的。

2. 保管链条证明

"保管链条证明"的基本原理为，如果数据内容受到更改，其时间、缓存、日志等一系列的后台信息都会发生变动，且这种变动本身也会被记录下来。这种改变同样是基于哈希值变化的比对，即侦查人员在取证时对数据生成固定的哈希值，在裁判的过程中，一方当事人就可以对该数据的哈希值再次生成，并通过比对保证数据的同一性。这种技术可以为电子数据的鉴真所用，即如果数据存在不合理的修改等行为，可证明数据不具有真实可靠性。

在自我鉴真和保管链条证明的技术保障下，电子签名制度（DSS）已经开始成规模地被应用于电子商业领域。电子签名和用钢笔在纸质文件上签名在原理上是一样的，因此这种存证在需要鉴别和证明的时候，是可以实现证明该电子数据从产生到质证期间的独特性的。[3] 我国民间的电子数

〔1〕 Deepakumara, Janaka, Howard M. Heys, and R. Venkatesan, "FPGA implementation of MD5 hash algorithm." *Canadian Conference on Electrical and Computer Engineering* 2001. Conference Proceedings (Cat. No. 01TH8555). Vol. 2. IEEE, 2001.

〔2〕 袁飞："哈希值的存证效力及利用"，载 http://www.cqlsw.net/lite/word/2019031331807.html，最后访问时间：2020 年 9 月 12 日。

〔3〕 邢爱芬、付姝菊："中国电子签名立法与实践问题研究"，载《科技与法律（中英文）》2022 年第 3 期。

据认证已经开始推广，并很有可能趁着信息数据化和云端化的社会浪潮迅速发展，目前，不少民间的公司都可以完成电子数据存证的业务，如基于数字签名技术、时间戳技术和防篡改技术的电子合同在线签署业务平台，其他类似的第三方电子存证平台服务也在蓬勃发展，我国已经有超过五十家可以提供类似技术支持的平台，由 Onchain、法大大和微软三方共同在国内创设的"法链"也同样主要对电子合同进行类似哈希值的计算来实现数字存证，并邀请司法鉴定机构、法律院校共同加入项目。

第三章

我国电子数据侦查取证

之规制维度重探

一、取证规制的发展进阶

电子数据的取证，与其他形式的证据不同，在程序法制定的最初阶段是没有被考虑入搜查取证程序的对象的。最初电子数据取证问题出现时，在法律依据上大多都参考通用的法律规范，如《刑事诉讼法》第 136 条[1]关于搜查对象的规定等。因此，尽管目前在刑事领域直接针对电子数据问题作出规定的文件（规则）只有个位数，但是研究电子数据取证程序相关问题涉及的法律文件时，尤其是对于其规范的沿革过程的梳理，是需要追溯到更早的规定文件中去的。

此处笔者按照文件出台的时间进行了三个阶段的划分，第一个阶段是 2005 年以前，在这一阶段并没有单独的关于电子数据的相关规范，而是在其他文件中相应予以提及，或在电子数据问题上同样适用。第二个阶段是从 2005 年开始，公安部连续地出台了两部规则，一个是《计算机犯罪现场勘验与电子证据检查规则》，另一个是《公安机关电子数据鉴定规则》，两者的出台标志着通过部门规则专门对电子数据问题作规定的时代的来临。2012 年进入第三个阶段，修正后的《刑事诉讼法》将电子数据纳入法定的证据形式，后来对电子数据取证等的相应问题就进入了"有法可依"阶段。

（一）初呈现阶段：实践需求在法律规制中的最初体现

2005 年之前电子数据方面的刑事程序立法基本上可以说是没有发展。在这一阶段处理涉及电子数据证据的案件主要依靠执法机关和监督机关自行参考、推导其他证据类型的取证规范来决定其在电子数据领域是否适用。这一时期仅有 1996 年《最高人民检察院关于检察机关侦查工作贯彻

---

[1] 该条是关于搜查对象的规定，即为了收集犯罪证据、查获犯罪人，侦查人员可以对犯罪嫌疑人以及可能隐藏罪犯或者犯罪证据的人的身体、物品、住处和其他有关的地方进行搜查。相关论述同样参见刘铭："公安电子数据取证规范的文本分析"，载《中国人民公安大学学报（社会科学版）》2021 年第 4 期。

刑诉法若干问题的意见》中提到了相关问题，该文件也系首个对电子数据取证问题作出规定的规范性文件。文件第 3 部分第 1 条的规定中，将电子数据纳入视听资料的范围，按照视听资料的相关规定对电子数据的收集进行规范要求，第 2 条、第 3 条对具体的收集方式和取证作了程序性和技术性规定，第 4 条着重强调，需要运用到技术侦查的部分应严格进行审批程序。

这一时期电子化的证据形式刚刚开始出现，样式和内容也相对单一和具象化，采用其他证据类型的取证手法有效收集和提取到这类证据的可能性也相对较大。2005 年，尤其是 2000 年以前，涉及电子数据证据的刑事案件在全世界范围内都是相对少见的，电子化的证据几乎都集中在证券商贸等相关民事领域，而取证行为规范、原则等就更是缺乏。尽管我国的电子信息技术发展在这一阶段也并非处于世界先进水平，但是从上述规范颁布的时间来看，我国对于刑事案件中可能出现的电子数据相关证据形式的关注属于较早的行列（1996 年）。所以总的来说，电子化的证据相关规范和法律在这一段时间的稀缺并未对相关证据的取证造成负面影响。

（二）行业内部规制阶段：自下而上的分散式规范结构

在电子数据方面，这一时期我国的刑事司法实务明显走在了立法的前面。在这一阶段电子数据的法律地位和相关认证、取证问题没有为法律所承认，但最高人民检察院、最高人民法院和公安部在这个阶段陆续颁布了一系列关于电子数据收集、认定的司法解释及规则、规定文件，或者在相关文件中用专门的章节、条款进行了规定。这主要是由于这一时期，尤其是 2000 年后，我国涉及电子数据证据的相关刑事案件呈现出了陡然上升的态势，电子化证据在产生、存储的形式上都变得更加复杂和多样化，其他证据类型的取证规范无法有效适应对电子数据取证的相关需求。同时，域外对于相关问题的研究成果也开始引起我国学者的重视，参考相关电子信息技术发达国家的相关规范，我国公安机关、检察机关开始尝试探索对我国电子数据证据的取证行为和方式进行规范。

2005 年，《计算机犯罪现场勘验与电子证据检查规则》由公安部公布，其中第一章和第二章对电子数据（证据）的检查内容作了罗列，从第三章到第六章分别对电子数据的固定与封存、现场勘验检查、远程勘验和电子数据检查的内容、程序步骤、注意事项和例外情况等作了规范，第七章对检查记录所需要的内容、记录范式等作了具体规范。总的来说，本规则对计算机犯罪现场勘查和电子数据检查的操作从一般性规定到具体的操作步骤都作了详细的规定，在当时可以说是具有较强的指导意义。刑事鉴定同样可以以发现证据为目标，同年公安部出台了第一版《公安机关电子数据鉴定规则》，其中第六章对受理鉴定需要的标准进行了明确，第八章对鉴定程序，即鉴定操作步骤作了详细规范，第九章对鉴定结果形式作了要求。这是公安机关首次对电子数据取证方式之一：鉴定的工作内容、方法作了具体的要求，具有较强的可操作性。

公安部、最高人民检察院先后制定、下发了《公安机关鉴定机构登记管理办法》《公安机关鉴定人登记管理办法》《人民检察院鉴定机构登记管理办法》《人民检察院鉴定人登记管理办法》《人民检察院鉴定规则（试行）》，明确且划分了各级鉴定机构和鉴定人的权利义务及业务权利范围。这为电子数据的鉴定规范打下了基础。

2009年，最高人民检察院出台了《人民检察院电子证据鉴定程序规则（试行）》。从内容上看，最高人民检察院的鉴定程序规则在鉴定内容和程序步骤上的要求上相比公安部2005年出台的《公安机关电子数据鉴定规则》更为具体、细致，但总的来看与公安部规则中的要求没有太大出入，因而可以看作同样具有侦查资质的两个部门各自出台规范对电子数据鉴定进行规范的有效尝试。而勘验程序规则同样也是人民检察院对自侦案件中的电子数据勘验工作程序作出的规定性文件。

2010年6月，最高人民法院、最高人民检察院、公安部、国家安全部、司法部联合发布了《关于办理死刑案件审查判断证据若干问题的规定》和《关于办理刑事案件排除非法证据若干问题的规定》（一般简称"两个规定"）。《关于办理死刑案件审查判断证据若干问题的规定》第29条对电子证据作出了包括提交、内容、步骤和证据关联性等一些审查判断方面的规定，但《关于办理刑事案件排除非法证据若干问题规定》中的相关条款却没有涉及电子数据，[1]导致学者们对电子数据是否应当适用书证和物证的相关排除规定有着较大的争议。同年，最高人民法院、最高人民检察院、公安部颁布了《关于办理网络赌博犯罪案件适用法律若干问题的意见》，其中第 5 条是有关收集电子数据证据复制件的规定，其规定了电子数据证据的收集与保全方法。同时，该意见也规定了电子数据复制件的特殊收集方法。

（三）独立证据规制阶段：系统性体系架构进程

2012 年《刑事诉讼法》将电子数据在第 48 条增列为证据种类之一是大家都熟知的，这意味着在理论上，与电子数据相关的一系列证据认证和取证规则的出台和落实都开始进入"有法可依"的阶段，这也标志着电子数据取证程序性规范的合法化。但除《刑事诉讼法》将电子数据证据化之外，《刑事诉讼法》中显而易见地缺乏与之相关的一系列证据规则规范：其中不仅包括证据认证规则，也包括电子数据的取证规则，如对证据排除的规定中忽略了电子数据问题、相关的侦查程序中也没有提到电子数据证据的适用等问题。同时，鉴于电子信息技术本身也是一个不断高速发展的现代科学技术，新技术的问世和应用也必然带来新的取证程序问题，这就需要后续相关部门规章和司法解释文件不断地对电子数据证据的相关问题进行进一步的跟进规范和细化解答。

2012 年 11 月，最高人民检察院公布了《人民检察院刑事诉讼规则（试行）》。其中，第 9 章第 6 节第 238 条分别对电子数据可否作为被调取、查封，以及被扣押和检查的对象，进行了一定程度的要求，该条规定可以看作是对《刑事诉讼法》中勘验、检查、搜查对象未包括电子数据的突破。[2]2012 年 12 月，最高人民法院《关于适用〈中华人民共和国刑事诉讼法〉的解释》出台，其中第 93 条、第 94 条规定对电子数据的收集、

---

〔1〕《关于办理刑事案件排除非法证据若干问题的规定》第 14 条仅规定：物证、书证的取得明显违反法律规定，可能影响公正审判的，应当予以补正或者作出合理解释，否则，该物证、书证不能作为定案的根据。另参见胡铭、王林："刑事案件中的电子取证：规则、实践及其完善——基于裁判文书的实证分析"，载《政法学刊》2017 年第 1 期。

〔2〕裴炜："论刑事电子取证中的载体扣押"，载《中国刑事法杂志》2020 年第 4 期。

扣押的合法性和规范性进行了规制和要求，这既是对《人民检察院刑事诉讼规则》中相关条款的回应，也是对公安机关尽快出台电子数据取证程序规则的敦促。2012 年 12 月，公安机关也出台了修订版《公安机关办理刑事案件程序规定》[1]，该规定第 62 条、第 63 条是有关收集电子数据证据复制件的问题；第 210 条、第 211 条涉及电子数据的收集程序；第 227 条、第 228 条中，将电子邮件与普通邮件、电报等同列，进而确定为查封、扣押的对象。然而遗憾的是，该规定仍旧缺乏明确的搜查扣押的具体程序。

2014 年，最高人民检察院、最高人民法院和公安部联合发布了《关于办理网络犯罪案件适用刑事诉讼程序若干问题的意见》（以下简称《网络犯罪案件意见》）。关于电子数据的取证与审查在第五部分，主要对电子数据取证的主体、原始介质封存、取证文书、证据的移送和鉴定进行了规范。

2016 年 7 月，公安部出台了新一版的《公安机关执法细则（第三版）》，对电子数据的封存、固定、现场勘验、远程勘验、电子数据检查的方法进行了详细规定。2016 年 9 月，最高人民检察院、最高人民法院、公安部联合印发了《电子数据规定》。该规定通过总结电子数据取证和审查的相关实践经验与技术要求，从电子数据的收集提取、移送展示和审查判断几个方面对电子数据相关规则作了全面的规范，对指导、规范电子数据取证工作具有很大价值。《电子数据规定》对电子数据取证方法的规定基本延续了《网络犯罪案件意见》中的规定，同时又可以看到《计算机犯罪现场勘验与电子证据检查规则》的身影。该文件对电子数据的完整性要求作出了贯穿全文式的强调，[2]但三个部门在其中也都有各自的妥协，导致《电子数据规定》本身尚存一些模糊之处。例如，从文件内容来看，未明确电子数据取证中的强制与非强制侦查措施的区分，也没有对鉴定部分

---

[1]　前三版分别发布于 1987 年、1998 年和 2007 年，但都没有提到电子数据取证相关程序问题，故此处未提及。

[2]　通常所说的证据三性中并没有完整性，或者说完整性在过往都是为了保证真实性而存在的，但是《电子数据规定》考虑到电子数据的特殊特点，对完整性提出了特殊要求并予以了重点强调。参见谢登科："电子数据的技术性鉴真"，载《法学研究》2022 年第 2 期。

进行明确，文件首次提出了电子数据的冻结，但是具体应该如何进行操作并没有作出详细规范。另外，从一些细节上看也还与新《刑事诉讼法》存在些许矛盾。

2018 年 10 月 26 日公布实施的《国际刑事司法协助法》填补了我国刑事司法协助国际合作的法律空白，在电子数据取证的国际司法协作方面，其坚持的首个理念就是"坚持主权原则与合作"，即坚持虚拟的网络空间亦存在主权，回应了美国《澄清合法使用境外数据法》中的网络空间无主权原则。[1]该法律就在网络主权原则下如何进行国际司法协作进行了程序性的规范，包括应对我国境内的数据实现实际控制和保护，排斥他国任何未经同意的数据远程提取行为。2018 年 11 月，最高人民检察院印发的《检察机关办理电信网络诈骗案件指引》明确指出，对于境外证据的合法性审查，就是要确认证据是否从外交文件、司法协助或警务合作所得，并要求相关文件齐全。

2019 年 2 月 1 日起实施的《公安机关办理刑事案件电子数据取证规则》是公安机关单独出台的对电子数据取证的内容、方式、手段进行规范要求的首个文件。作为指导取证人员工作的规则，该文件进一步明确和细化了取证行为的程序方法，其中还在第 4 条提及了对数据的保密工作，提出了及时退还及销毁与案件无关的材料等要求，首次对取证过程中可能面临的数据过度采集等行为提出了限制。总的来说，该文件从公安机关自身的角度出发，对电子数据取证的程序步骤要求作了一些补全，尽管还存在很多关于如何与实体法衔接、行为认定等问题。

《最高人民法院关于民事诉讼证据的若干规定》对电子数据与其他类型证据的关系、电子数据原件的认定以及对真实性的认定作出了新的规定。其中第 113 条第 2 款明确了视听资料适用电子数据规定。从更深层次来说，这一规定可以推论为，任何证据形式，只要以电子的形式存储，都

---

〔1〕 对于这一原则本身来说，2016 年国家互联网信息办公室发布的《国家网络空间安全战略》就明确了"国家主权扩展延伸到网络空间，网络空间主权是国家主权的重要组成部分"。随后 2017 年《网络安全法》首次从法律层面确认了网络空间主权原则。参见宋瑞娟："大数据时代我国网络安全治理：特征、挑战及应对"，载《中州学刊》2021 年第 11 期。

可以适用电子数据的相关规定，即全面确认了数字信息作为证据的能力。同时，本规定还细化了电子数据的分类，明确了电子数据原件的认定标准。在真实性认定上，其确定了认定真实性的七个审查元素，比以往的文件更加具体和具有可操作性。[1]

二、现阶段主要规制内容

当前，电子数据在刑事诉讼中的广泛应用已是不争的事实。修正后的《刑事诉讼法》适应现代信息技术的发展，根据刑事诉讼的新情况和实践需要，扩展了证据的外延。法定证据种类中，纳入了电子数据，这对规范司法实务部门较为有利。通过提取运用电子数据，增加了对案件事实的证明力。为规范电子数据的收集提取和审查判断，提高刑事案件办理质量，《电子数据规定》全面规定了电子数据的收集与提取、移送与展示、审查与判断。

（一）程序性规范：妥协与制衡中的共识

到目前为止，关于电子数据取证的司法解释、部门规章规范等文件在具体内容规范上还有一定的出入，根据 2016 年《电子数据规定》第 30 条的规定，[2]之前与此规范不同的都停止生效。但是笔者认为，这并不能代表《电子数据规定》展现了至今为止电子数据取证规范的最优水准，而更倾向于体现了本规定是目前被最广泛接纳和采用的文件。同时，有一些相关规则在《电子数据规定》中并没有被进行详细规范。因此，笔者此处从学理角度出发，在以《电子数据规定》为主要参照对电子数据取证目前的规范作梳理的基础上，也同样将对现行规范内容的合理性作探讨。

---

〔1〕　2020 年 5 月 1 日起施行的《最高人民法院关于民事诉讼证据的若干规定》对提交的电子数据的真实性认定提出了 7 类判断标准，包括电子数据的生成、存储、传输所依赖的计算机系统的硬件、软件环境是否完整、可靠等，也具有非常大的技术参考价值。但由于其为民事诉讼规范文件，故不在上文作具体罗列。具体参见邹龙妹、宿云达："民事案件区块链存证的逻辑、困境与进路"，载《北方法学》2022 年第 4 期。

〔2〕　《电子数据规定》第 30 条规定："本规定自 2016 年 10 月 1 日起施行。之前发布的规范性文件与本规定不一致的，以本规定为准。"参见龙宗智："寻求有效取证与保证权利的平衡——评'两高一部'电子数据证据规定"，载《中国检察官》2017 年第 1 期。

关于取证的限定范围，《电子数据规定》第 1 条就予以了规定，[1]但相比来看，最新规定中所给出的准予公安机关收集的电子数据范围比《公安机关电子数据鉴定规则》中的划定范围还要小一些，主要是前者排除了案发后形成的数据。这一限制在笔者看来实际上是不正确的，因为案发后形成的数据同样可能对案情产生证明作用。

关于侦查机关初查行为中获得的电子数据，《电子数据规定》第 2 条、第 3 条、第 4 条和第 6 条对其证据效力予以了规定，总的来说，该规定对初查行为中的电子数据证据的关联性，以及其合法性有所认定。[2]

关于电子数据的勘验、检查方面，主要体现在《电子数据规定》第 9 条、第 16 条中，而 2016 年 7 月出台的《公安机关执法细则（第三版）》实际上比《电子数据规定》更加严格和细致，如前者共用了 7 个小节对勘验、检查行为和步骤作出了具体规定，同样从内容上看，前者将录像作为必要的手段，同时多次强调了应保障现场校验完整性，而后者则未提及。但后者则在第 9 条中强调如若相关人员需要采用技术侦查措施，需要有相关部门的审批手续。[3]对电子数据的检查，《电子数据规定》比《公安机关执法细则（第三版）》更加详细和具有可操作性，前者对检查是进行侦查实验的前提进行了强调，并在此处（进行检查时对电子数据存储介质拆封）作了录像要求。

---

[1] 该条内容为：电子数据是案件发生过程中形成的，以数字化形式存储、处理、传输的，能够证明案件事实的数据。参见刘铭："公安电子数据取证规范的文本分析"，载《中国人民公安大学学报（社会科学版）》2021 年第 4 期。

[2] 《电子数据规定》第 2 条规定，侦查机关应当遵守法定程序，遵循有关技术标准，全面、客观、及时地收集、提取电子数据；人民检察院、人民法院应当围绕真实性、合法性、关联性审查判断电子数据。第 3 条规定，人民法院、人民检察院和公安机关有权依法向有关单位和个人收集、调取电子数据。有关单位和个人应当如实提供。第 4 条规定，电子数据涉及国家秘密、商业秘密、个人隐私的，应当保密。第 6 条规定，初查过程中收集、提取的电子数据，以及通过网络在线提取的电子数据，可以作为证据使用。参见谢登科："电子数据网络在线提取规则反思与重构"，载《东方法学》2020 年第 3 期。

[3] 此为第 9 条第 3 款对于网络远程勘验的要求：为进一步查明有关情况，必要时，可以对远程计算机信息系统进行网络远程勘验。进行网络远程勘验，需要采取技术侦查措施的，应当依法经过严格的批准手续。参见裴炜："论远程勘验：基于侦查措施体系性检视的分析"，载《政法论坛》2022 年第 4 期。

关于电子数据的收集和提取，主要规定为《电子数据规定》第 8 条第 1 款，第 9 条第 1 款、第 2 款，第 10 条至第 15 条。在主体上，规定的要求较之前的文件有所放宽，[1]而对于操作步骤和程序进行了更加细致的规范，增设了对电子数据完整性校验的要求和对通过网络获取的电子数据证据的资格问题的规定，但第 10 条却存在为前列条款开"特殊通道"的嫌疑。[2]第 12 条为冻结数据的相关内容，主要规定了冻结的方法，但是具体如何操作还缺乏相应规范，如冻结的时间、具体操作的步骤等。第 15 条对于收集提取电子数据的见证人工作的程序进行了放宽，既可用录像代替，也可以由同一名见证人见证多个系统的取证。

关于电子数据的固定和封存，主要出现在《电子数据规定》第 5 条和第 8 条，在此之前相关的内容主要是由《网络犯罪案件意见》和《公安机关执法细则（第三版）》进行规范。在《电子数据规定》中，该部分主要是围绕保证电子数据的完整性进行了一系列规定，也更加重视技术手段在电子数据固定和封存中的运用，如备份、信号屏蔽等手段。

《电子数据规定》主要在第 18 条到第 20 条规定了电子数据的移送。如今明确要求移送的应是"备份"，并要求可以直接展示的不用打印件，对以往电子数据多用文字形式进行展示的情况提出了指导性意见。同时对移送的材料形式、清单内容进行了要求，为后续的证据审查工作提供了便利。

关于电子数据的鉴定，《电子数据规定》主要在第 17 条作出了授权性规定，而对具体的鉴定程序内容未提出要求或给出指导性意见。对于鉴定的要求，笔者认为还是应当主要按照《网络犯罪案件意见》和公安部、最高人民检察院各自出台的关于电子数据鉴定的相关规则中的要求进行

---

〔1〕《电子数据规定》去除了《网络犯罪案件意见》中对取证人员需要"具备相关专业知识"的要求。

〔2〕《电子数据规定》第 10 条规定："由于客观原因无法或者不宜依据第八条、第九条的规定收集、提取电子数据的，可以采取打印、拍照或者录像等方式固定相关证据，并在笔录中说明原因。"但却没有说明什么是"不宜依据第八条、第九条的规定收集、提取电子数据"的情况。参见吴桐："电子数据搜查、扣押的行为相关性研究"，载《中国人民公安大学学报（社会科学版）》2021 年第 5 期。

操作。

侦查机关取得的材料首先需要经过审查机关的审核，因此在取证的过程中，如何取证、需要完成哪些步骤和手续才能符合审查机关的要求也是侦查机关需要予以关注的程序性要求。而对于审查机关来说，电子数据证据的形式审查主要是对于相关书面证据材料的审查，包括文书是否符合规范、是否具有相关人员的签字、出具的鉴定意见是否是由具有相关资质的鉴定机构、鉴定人给出的等。

（二）技术性规范：标准化与体系化的不断进步

在技术标准层面，由于我国的电子数据取证操作规范的标准化工作起步较晚，到目前为止统一的国家标准仅有三个，[1]但公安部、最高人民检察院、司法部等出台的标准已经超过二十个，[2]并且一般来说，每出现较新的、波及面较广的相关犯罪技术手段和现象，相关部门都会出台相应的取证方法指导，如2012年《网络游戏私服检验技术方法》、2014年《移动终端取证检验方法》等，都是应当时实际需求而产生的。电子数据的司法鉴定技术规范的数量也已经超过十个，这些都保证了各级取证机关、公安、监察和民间的司法鉴定机构能够按照同一套电子数据取证标准进行操作。可以说，在技术规制的层面，电子数据的取证并不存在难以解决的难题，电子数据取证程序的标准化和体系化已经基本实现。

从具体的电子数据提取的操作要求上来说，目前我国对于电子数据的取证要求主要可以从两个方面进行大致的总结。首先，对于有实体介质且可以进行搜查、扣押、封存的，一般都需要先完成对原始存储介质的扣押和封存，并且对于不同的介质终端要求也是不同的，常见的包括电脑、移动硬盘、U盘、手机等，但是应该说明的是，这些封存并不是简单地按照相关规定贴封条，或者断电、断网等，从检察院对证据资格审查的反馈来看，对于相关存储介质的品牌、型号、生产编号、相关序列号、颜色和其他可区分的外形标识、IMEI号、ICCID号的记录同样是有要求的，这些信

---

〔1〕 也有观点认为是四个。
〔2〕 包括已废止的。

息是能够证明"这个介质"的独特性的唯一证据。同时，对于组装的电脑、手机来说，分开记录外机和内存硬件的序列号也是必须的，这是由于在鉴定报告中，如果产品表面印刻的序列号与自动生成的鉴定报告中的序列号存在差异，很明显是会影响证据能力认定的，而这些都是规范中没有要求却在实践中相对重要的，对于这些要求和操作中的具体问题，下文会进行详细探讨。

对于无介质的、或者原始介质不便封存的电子数据，按照规定就需要进行远程勘验。在实际操作中，对实体介质的封存是原则，现阶段只有在无法实现对存储介质进行封存的基础上才可以以"例外"的方式进行远程勘验，远程勘验的方法通常是对公共环境进行数据调取，调取包括与案件有关的机构或者个人的相关数据信息。远程调取或者勘验一般都是通过第三方机构进行数据的提取，这就会要求侦查人员进行类似取证时做到及时、准确。因为通信、网络服务商的数据存留一般都存在时限。

在多平台、社会协助电子数据收集、提取相关问题上，2021年12月31日，国家互联网信息办公室、工业和信息化部、公安部、国家市场监督管理总局联合发布了《互联网信息服务算法推荐管理规定》。本规定对算法推荐服务平台问责体系作出了全面规范。其中在监管机制上，依照权责一致的原则，进行分级分类和场景化治理，要求第三方平台或数据保有者主动承担监管和数据监督检查的工作，推动海量数据时代的协同治理体系建设。

对于电子数据的审查和以收集提取为目的的鉴定，目前我国侦查机关主要采取哈希值计算的方法。目前哈希值的计算方法有三种，每一个文件用一种计算方法计算后会有且只有一个哈希值，在之后相关证据的证据能力检验鉴定和审查判断中，都会需要这个数值来保证电子数据证据的完整性。

在对侦查机关收集、提取到的电子数据的审查上，采用技术手段的实质性审查和上文提到的形式审查一样是必不可少的。电子数据的审查实际就是以"评价证据"为目标的鉴定，主要审查内容为收集提取方法、过程是否规范可靠，检材的原始性和完整性是否得到了保护，检察机关所呈现的结果是否真实无篡改，所得出的结论是否符合鉴定目的和需求。简单来说，电子数据的技术审查实际就是通过对数据材料的"复现"达到评价证据可用性的目的，所以侦查机关在进行前期工作时，同样也需要对这些问题进行审查。

总的来说，近年来电子数据取证程序正在朝着规范化和细致化不断进步，对新型的犯罪手段、技术的应对与研究也越来越及时和深入。但同时，我们也必须看到技术层面的问题同样存在，这种问题不存在于技术能力或技术规范层面，而存在于操作的实现和操作的目的性层面。具体来说，侦查人员在取证的过程中由于人力、技术水平和知识水平等的欠缺而可能出现操作失误，导致证据灭失或者不可用，或者由于不理解监察机关对于电子数据证据能力审核的要点和重点，导致收集的证据无法满足起诉需要等类似情况的发生。这些问题也都将在下文进行详细讨论。

三、现存的规制问题

（一）缺乏审批监督要求

在电子数据领域，虚拟的证据存在状态阻碍了有限现实空间中对证据实质真实的证明能力，却又放大了人的取证能力。在这种状态下，本应存在的对侦查取证工作进行的监督与审批等程序，从相关的法律规定以及实践工作上来看，在新型的技术性领域中实际是缺失的。检察院等部门仅能从公安机关提交的证据结果来反推这些证据的取证程序合法性，无法对侦查人员进行的其他搜查行为进行侵权性判断。同时，大量第三方企业、平台等，因为提供相关数据和技术支持，实际已经成为公安机关取证的助手。

电子数据领域新型取证技术的应用在很大程度上缺失程序性规范，这主要体现在缺乏审批、监督、告知和救济的程序性规定。在我国，侦查行为是否需要手续，审批等监督工作的相关规范内容主要来自日本刑法。日本刑法对相关行为划分的原则则是对私人空间和权益侵犯的大小。[1]尽管

---

〔1〕 李世阳："令状主义的例外及其限制"，载《政治与法律》2020 年第 4 期。

我国在借鉴日本相关规定时未有效地将其背后的法理一并予以说明和体现，《刑事诉讼法》也尚未明确提出一般侦查和强制侦查的概念，但在其中第二编第二章第八节详细规定了技术侦查的适用范围和程序要求。即对于涉及对人、物做强制时，法律对侦查人员的行为权限做了较为严格的控制，可见其背后遵循的理论还是一脉相承的。《电子数据规定》也对网络远程勘验中需要实施技术措施的取证行为作了需要批准手续的要求，从这一点可以看出，其遵循了《刑事诉讼法》中关于技术侦查取证批准制度的相关要求。但是在进行具体规范时，相较于其他证据形式，电子数据的取证所涉及的个人生活隐私更多、数据本身也更容易被损毁、篡改，因此传统侦查中强制侦查和任意侦查的划分标准并不能直接套用于电子数据侦查。比如，根据《电子数据规定》第 7 条的规定，"收集、提取电子数据，应当由二名以上侦查人员进行。取证方法应当符合相关技术标准"。而侦查人员收集、提取的电子数据的定义和范围，已由《电子数据规定》第 1 条作出了界定。[1]分析上述规定中的电子数据信息及载体，其中第一类系网络平台发表的信息，除"朋友圈"系私人空间还是公共空间存在一定的争议外，其余应可作为公共信息，提取此类信息通常不涉及侵权，因此可属于任意侦查行为。然而，第二类信息属于公民通信信息，则受到《宪法》第 40 条关于公民通信自由和通信秘密权规定的保护。第三类信息涉及公民身份同一性认定、电子交易、通信及网络活动，属于公民隐私权保护范围，如系公务人员和社会组织，还可能涉及公务秘密和商业秘密。第四类信息，即各类电子文件，亦涉及公民隐私权及商业、公务秘密。对于上述第二、三、四类电子数据取证，均涉及与公民权利的冲突，其中必然包含部分强制侦查行为，尤其是主动侦查手段在电子数据收集、提取中的应用。

---

〔1〕《电子数据规定》第 1 条规定，"电子数据是案件发生过程中形成的，以数字化形式存储、处理、传输的，能够证明案件事实的数据。电子数据包括但不限于下列信息、电子文件：（一）网页、博客、微博客、朋友圈、贴吧、网盘等网络平台发布的信息；（二）手机短信、电子邮件、即时通信、通讯群组等网络应用服务的通信信息；（三）用户注册信息、身份认证信息、电子交易记录、通信记录、登录日志等信息；（四）文档、图片、音视频、数字证书、计算机程序等电子文件……"参见吴桐："电子数据搜查、扣押的行为相关性研究"，载《中国人民公安大学学报（社会科学版）》2021 年第 5 期。

部分监督审批的程序性要求过于模糊，实际上形同虚设。电子数据取证相关规范中，技术措施的范围与使用程序的规范存在"空子"可钻。首先从范围标准上来说，细究《刑事诉讼法》第 150 条到第 154 条的规定，目前我国只通过法律规定了哪些案件可以使用技术侦查。比如"进行网络远程勘验，需要采取技术侦查措施的，应当依法经过严格的批准手续"。[1]这一条款实际上过于含糊其辞，侦查人员在实践中很容易擅自理解需要手续的技术措施所包括的内容与范围。这就导致实践中按照规定进行审批和监督的较少。目前，侦查机关在使用这类技术时一般都是通过内部报告的方式进行审核，侦查机关的工作向来以实现犯罪侦查为导向，可想而知，这也必定会产生允许提取（监控）的结果。这变相等同于无须审批、无人监督、自定义范围与时间的情况。

针对技术性手段的"需要严格审批手续"的法律规制很难明确。实践中，某一侦查手段到底是否属于技术措施的范畴没有第三方机构能够予以判定，很显然对于电子数据取证程序中涉及手段的技术性的简单类推也不具有任何实际性效力，检察机关在对侦查提交的证据予以审核时也没有任何相应的明确性条款可作为判断某一取证手段是否需要特殊审批许可予以审查的依据。因此实践中侦查机关对于是否采取某一技术性手段完全出于是否能够实现破案的需要。这种情况的发生一方面是出于对技术手段做列举或者范围划定确实存在技术和学理上的困难；[2]另一方面也是为相关技术手段的发展预留一定的空间。但是如果缺乏对技术侦查与侦查技术、技术侦查与秘密侦查的区分，就很有可能造成应该公开透明的侦查手段被故意神秘的"技术侦查化"，而应该被严格审批限制使用的取证方法通过"去技术侦查化"以绕开各种约束和限制，出现部分法律条款被架空的情况。

论起根本，我国刑事诉讼法本身没有从理论的高度对侦查行为的强制

---

〔1〕 李世阳："令状主义的例外及其限制"，载《政治与法律》2020 年第 4 期。

〔2〕 从技术角度来看，任何一个微小的进步都可能突破原有的技术局限，同时技术的飞速发展也不是法律所能跟进的。从学理上来说，一些技术本身，如测谎、DNA 鉴定、信息查询等是否属于技术侦查手段在学术界内部亦存在争议。

性作界定，而电子数据的虚拟属性又使得取证行为的隐私侵犯性很难通过一般性的方式予以界定，衍生出公权力与隐私权保护之间难以明晰界限等问题。[1] 可以说，我国现有的侦查取证程序中，实质上是用手段合规性取代了对这些基本原则的确认。在传统的证据取证中，步骤合规可能可以符合这些原则的显性要求，但是由于电子数据取证手段的日趋丰富，这一问题就不能继续简单地用"符合程序性要求"来解决了。

在操作执行中，实施电子数据取证的侦查机关存在自我裁量与自我监督空间过大、第三方监督与审批不足的问题。基于电子数据的脆弱性、易变性的特征，提取数据的存留开始呈现出合法化、常态化趋势，加之世界范围内对数据安全和数据反恐的重视，对这些数据的提取也常以"安全、办案需要"等理由，在无监督或很少监督的条件下进行。同时，为了预防未来可能发生的犯罪而对数据进行的存留、收集行为是否符合侦查取证手段目的相匹配性的要求，也是值得深思的：电子数据的侦查取证程序规范就是一个"摸着石头过河"的工作，数据提取目标的分散与数据碎片价值的不可估量性都会为侦查中的数据提取带来价值与手段匹配性上的争议，提取任意一个微小的数据都可能在实质意义上突破几道甚至十几道安全保护设置，这就直接牵涉到普通、守法公民的隐私权与公安机关侦破案件之间需求的博弈。如若缺少一定的监督，那么掌握更大权力的一方势必会扩展其权力的应用范围，进而带来一系列问题。

（二）取证要求与审核标准脱节

笔者在同公安机关网侦、技侦，检察院电子数据审查部门的探讨中，有一个非常明显的发现，就是侦查取证人员对于电子数据取证所获得的结果指向与监察机关在对电子数据审查中想要看到的呈现重点内容有着非常大的错位。

笔者将这种错位总结为取证程序设置与取证结果导向的偏差。具体来说，就是现有的程序性规范没有告诉取证人员怎样提取和呈现的电子数据

---

〔1〕　贾宸浩、姚强、韩笑晨："电子证据的演进：从模式思维到制度理性——以司法实践中的发展为考察进路"，载《郑州大学学报（哲学社会科学版）》2014年第3期。

才是满足检察机关对诉讼的要求的证据形式。[1]这看似并不是一个涉及"本质性"的问题，但是却反映了我国同等级别的规范之间"交流"不畅，也反映了我国电子数据取证程序中的规定存在问题。

电子数据作为证据，在整个诉讼中应起到什么作用，公安机关与检察机关尚未达成共识。在诉讼的过程中，电子数据作为证据应起到的作用是辅助证明案件事实，但是对于电子数据来说，最困难的部分就是如何将虚拟的数据与现实的人或物（抑或案件）进行关联。这些问题看起来似乎都是检察院和法院的工作，与侦查取证无关，而事实上，尽管我们一再强调侦查、起诉和审判的独立，反对流水作业，但诉讼作为一个环环相扣的流程是无法否认的。取证的过程中不对案件的情况做主观臆断固然重要，但是如果对证据以何种形式呈现最能符合诉讼的需要、最有利于实现对犯罪嫌疑人的定位都未规范的话，只会导致资源的浪费和对案件真相查证的失败。

对于检察机关来说，电子数据的审查要点总结下来只有一个：对电子数据完整性的确认。[2]就电子数据的完整性审查来说，首先，除去侦查人员操作的不规范之外，相关文书制式的空白、具体程序操作的缺失等问题非常严重。其次，除了侦查人员取来的数据无法满足证据要求不能使用，还有检察机关需要看到的关键证据（数据）没有取来、能够证明证据（及其载体）唯一性的记录缺失等问题存在。这些问题看似是规定不够细致、对细节缺乏关注的小问题，却实际反映出电子数据取证程序的设置和运行的机制上有着不合理之处。近年来，我国电子数据取证领域的程序性规范出台频率大大加速并不断细化，但是这种细化还远没有达到满足实践需求的地步。尚且不说相比发展较为完善的国家在原有证据领域延伸出电子数据取证的原则性规则，目前我国在较为基础的程序性规范领域都尚未实现

---

[1] 裴炜："比例原则视域下电子侦查取证程序性规则构建"，载《环球法律评论》2017年第1期。

[2] 主要是对证据三性中真实性的确认，但是对于电子数据来说真实性验证的方法就是完整性校验，故此处单独提出。参见褚福民："电子证据真实性的三个层面——以刑事诉讼为例的分析"，载《法学研究》2018年第4期。

步骤性和流程性的细化规定。这实际反映了在制定这些规范时，尚未明确电子数据作为证据应该是怎样呈现才能符合诉讼的要求。可以说，电子数据取证的程序性规范的制定和完善还有着很大的进步空间。

（三）现有规制和理念落后于侦查面临的实践情况

目前，随着互联网技术的发展，一些行为本身的违法性定性问题也给公安机关启动侦查程序造成了困难，不少行为是不是犯罪在公安机关内部也存在较大争议：如贩卖验证码等行为，需要积累到一定数量才有启动侦查程序的价值，但往往时效内取证的价值不大，有取证价值时却又超过了取证时限。[1]如果侦查人员不对这些行为进行侦查取证，会有"不作为"的质疑，但如果在没有达到明确的立案标准的情况下贸然取证，有可能会陷入过度取证、过度执法的尴尬境地。

收集、提取不同的电子数据存储介质需要不同的取证规范。个人使用、工作使用和其他用途的移动终端可能涉及的信息存储量和内容差异也是巨大的。一方面，部分存储介质信息单一、明显涉及隐私的可能性低，从理论上来说需要审批和监督的需求不高。最典型的例子就是诈骗或者垃圾短信群发案件中被称为"傀儡机"的手机，这些手机仅作为信息发送器使用，存储的信息数据单一且量少，但是设备数量巨大，在某些案件中可能多达几百台甚至上千台。[2]对于这类设备，按照现有的规范进行挨个查封、检查的必要性低，涉及隐私的可能性低，所以需要严格审批申请的意义不大，如果完全借鉴部分国家相关规范可能会给本就紧张的侦查人力资源造成巨大的困难。另一方面，对于个人私用或者工作使用的移动终端来说，则可能涉及个人隐私和商业秘密的问题，理论上，应该对这类终端的检查或者数据调取设置更加严格的审批手续，对于可以提取和查阅的数据信息的范围也应该有更加明确和严格的规定。如果条件允许的情况下，对于涉及大型商业数据和完全个人使用的终端也应设置不同的授权和取证程

---

〔1〕据笔者了解，大型的非国有数据运营商，由于数据存储量大、资源丰富，在提供数据时较为谨慎，一些超过时限的数据即使有存留也一般不予以提供。

〔2〕马忠红："以电信诈骗为代表的新型网络犯罪侦查难点及对策研究——基于 W 省的调研情况"，载《中国人民公安大学学报（社会科学版）》2018 年第 3 期。

序要求。进一步来说，技术的发展和人为的操作能够使得部分存储介质的数据加密性远胜于其他设备，那么在这类终端的规范中，应予以准许能够采用的技术手段的使用程序以及范围应该和普通存储介质有所不同。

（四）实体规则与程序规则衔接不畅

1. 以量定罪与以量取证难以衔接

对犯罪行为的定性和后果缺乏可量化的衡量标准，是电子数据侦查取证后的诉讼环节面临的一个大问题。严厉打击危害计算机信息系统安全犯罪，并对信息网络安全的保护力度不断加大之后，处理危害计算机信息保护系统的案件，在适用刑法当中的一些规定时，还是遇到一些问题需要进一步明确。《刑法》第 285 条、第 286 条涉及的"情节严重""情节特别严重""后果严重""后果特别严重"等规定缺乏具体的认定标准。因为办案部门的认识不够统一，所以在操作上也出现了困难。为了解决危害计算机信息系统安全犯罪的定罪量刑标准、有关术语范围及法律适用疑难问题，2011 年 8 月，最高人民法院和最高人民检察院正式对外公布了《关于办理危害计算机信息系统安全刑事案件应用法律若干问题的解释》。根据司法实践的情况还有刑事政策上的要求，对于数量还有数额的标准也作出了有关规定。[1]

我国现行刑法对计算机网络犯罪的量化标准，在帮助司法部门准确打击犯罪的同时，也与电子数据取证程序有所脱节。这导致一线侦查部门开展电子数据取证程序时出现一些问题，例如，如果是以数据的重要性来对非法获取计算机信息系统数据的人作为定罪标准，那么非法支付还有证券交易以及期货交易等，这些都是要求认证信息 10 组以上即可构成犯罪，而如果是按照非法获取他人身份信息的罪名进行定罪的话，则需要 500 组以上才能构成犯罪，同时还要求根据司法实践的具体情况酌情认定。此外为考虑惩治以及震慑非法控制计算机信息系统犯罪的需要，法律将非法控制计算机信息系统罪的入罪标准定为 20 台以上。若是 10 台以上不到 20 台智能手机则不被允许适用该罪名，而应当依照《刑法》中的破坏计算机信息

---

[1] 喻海松：《网络犯罪二十讲》，法律出版社 2018 年版，第 18 页。

系统罪来定罪，[1]但实际上二者除计算机数量上的差别外，在行为实质上没有任何不同，却被定以不同的罪名。

以量定罪与以量取证的衔接问题根源在于，电子数据取证程序相关法律制度的空白、留白和不完善。例如，在严厉打击危害计算机信息系统安全犯罪的过程中，囿于技术手段的滞后和法律规范的不足，司法侦查部门往往为了惩治犯罪嫌疑人并满足入刑标准而将不符合证据标准或没有相关性的数量归入其中，甚至产生非法证据的取证和保全，抑或为了纵容犯罪嫌疑人并使其不满足入刑标准而隐匿侵犯数量。法律与实践的操作不应当脱节，《刑事诉讼法》对于公安机关的取证活动进行了有关规定，公安机关在取证时可以做到有法可依。不过公安机关在进行取证工作时，如果过分追求所谓的取证成功，那么就有可能出现不按照法律取证的情况，而这些取证行为也有可能会导致同样的行为，由于取证行为甚至力度的不同，而使犯罪嫌疑人被定以不同的罪名进而产生不同的处罚结果。

2. 犯罪行为难以通过取证结果体现

我国《刑法》当中，如果是计算机网络犯罪，那么法律并不要求一定要有物质性或有形的犯罪结果，可以将实施的行为作为入罪的标志。而这些行为并不代表一旦着手就可以完成或既遂，其也可以是一个实行的过程，过程中一旦达到了某种程度，也可能达到定罪的要求。例如，根据《刑法》第 285 条第 2 款的规定，如果是利用非法控制计算机系统的方法，入侵系统或者是利用其他技术手段，只要对计算机系统的存储信息进行处理，有删除或者是修改操作的，那么只要是未经授权的，利用技术手段控制他人的计算机信息系统，其本质也属于未经授权或者超越授权，否则就无所谓"非法"。因此，非法控制的本质在于未经授权或者超越授权。并且，控制的后果需是控制计算机信息系统执行特定的操作。需要注意的是，这里的控制是指使用了控制权的行为，如取得网站管理员账号密码后

---

〔1〕　参见《关于办理危害计算机信息系统安全刑事案件应用法律若干问题的解释》第 3 条。参见俞小海：" 破坏计算机信息系统罪之司法实践分析与规范含义重构"，载《交大法学》2015 年第 3 期。

实施了登录行为，在计算机上植入木马并控制这些计算机反向连接到某个中心控制服务器（如僵尸网络）或者控制这些计算机实施点击网站等操作。仅仅持有控制权，即控制权的"持有"状态，如取得网站的管理员和账号密码，攻击者随时可以登录该网站上的行为，就不能认定为"控制"。

刑事实体法对于计算机网络犯罪的行为要件规定较为完善，但要求电子数据取证结果足以证明计算机网络犯罪行为由犯罪嫌疑人主观明确实施，对电子数据取证工作提出了较高的要求。[1]实际情况是，一方面部分"证明该行为确实如犯罪嫌疑人预期般发生"的要求在技术上确有困难，如对于植入式病毒或远程攻击计算机系统，需要证明该人用何种特定的手段（软件）在何时对哪些远程计算机系统进行了何种攻击。这要求侦查人员在较短的时间内及时掌握、提取相关数据及一定的监控等线索，同时要求侦查机关能够证明该犯罪嫌疑人明知、主观想要做的就是这个行为，而不是一个误操作，即证明一个人在操作计算机时主观在想什么，这也是非常困难的。因为从操作计算机的行为本身来说，其很难直接判断行为的主观目的，这与传统的犯罪方式有着根本上的差异。

另一方面，由于电子数据取证部门人员法律素养的不足以及技术手段的落后，往往出现取证结果难以满足定罪需要的情况。例如，（1）由于电子数据时间超过了法定保护期而导致证据丧失。（2）侦查人员往往只会对电子数据本身所蕴含的案件信息给予重视，而对于数据的真实性还有完整性往往会有所忽视。所以犯罪嫌疑人一般是可以直接在计算机上遗留下一定的信息，而这些信息可能会导致电子数据出现虚拟性，也使得它可以并不直接指向具体的作案人。（3）侦查部门在进行搜查、扣押时，为了对信息进行保密，一般不会带领技术人员参加，也不会邀请相关专家来参加。因为部门的协作合力还没有形成，如果在办案期间出现电子数据遗漏的情况，那么可能会导致案件的法律效力受到影响。（4）网络犯罪过程当中，作案人如果对数据信息进行修改并不会留下多大的痕迹，而使用电脑程序

---

[1] 刘建杰、王琳："网络犯罪中电子证据取证相关问题探析"，载《学术界》2013年第S1期。

来进行侦查犯罪本身就有较大的难度。[1]由于电子数据具有易破坏性的特点，而且在销毁时也是十分迅速的，因而犯罪分子在作案时可以通过一些预先设置好的破坏性程序来对证据进行毁灭。

3. 非法取证排除规则、补正条件不明

尽管我国《刑事诉讼法》已经将电子数据单独列为一种证据形式，但是对相关的取证、认证以及补正标准等一系列问题还没有规范清楚。

首先，电子数据应该适用何种排除与补正规则尚未明确。从我国现行法律规范中关于非法证据排除对象的规定来看，电子数据不属于"应当排除的非法证据"，刑事诉讼法对于可补正的证据类型也限制于书证和物证，相关司法解释也没有对其进行扩展解释。严格来说，电子数据的取证合法性到目前为止是没有法律和规范能够明确予以监督和排除的。实践中，目前通常的做法是，对不符合要求的电子数据证据通过补正与合理解释可以作为证据进行使用，即将电子数据证据理解为"可补正"的证据类型。但从理论上来说，口供的严格排除和书证物证的裁量性排除依据的是可能对人身权利侵害的严重性，依据电子数据侦查取证中的隐私侵犯性来看，电子数据的非法证据排除明显不应适用一般书证物证的排除规则。但是由于《刑事诉讼法》尚未对电子数据适用何种排除规则作出明确规定，一般来说都按照"非言辞"证据的特点将其并入非言辞证据的裁量性排除规则中，即将其视为可补正的一类。

其次，电子数据非法证据皆可补正这一一般规则本身存在问题。实践中司法机关是将电子数据按照书证和物证的排除规范进行管理，且不说这种参照书证和物证的证据排除规则是否合理，[2]《关于办理刑事案件严格排除非法证据若干问题的规定》中实际上已经将非法证据排除的范围扩展

---

〔1〕　新华网："最高法修改民事证据规定　明确电子数据范围和审查认定规则"，载中国人大网，http://www.npc.gov.cn/npc/c30834/201912/7d58c32e3ff14f85923c26a7999c6ce5.shtml，最后访问时间：2022年7月7日。

〔2〕　电子数据并非传统意义上的"物证"，目前的分类仅仅是依照其"非言辞"的特性将其划入了另一个种类中进行管理。但实际上，从非法取证排除背后的原理（保护合法权益不受侵害）来看，电子数据的排除规则并不适用一般物证的排除规则。参见万毅："关键词解读：非法实物证据排除规则的解释与适用"，载《四川大学学报（哲学社会科学版）》2014年第3期。

到了可能影响审判公正的非法物证和书证，[1]按照这个思路，如果电子数据的取得是明显违反法律规定的，也应当剥夺其作为定案根据的资格。但实际工作中，大部分情况下非法取得的电子数据都是可以补正的。根据《刑事诉讼法》第 56 条第 2 款的规定来看，非法证据排除规则的设置意在威慑侦查人员按照规定进行取证，但通过《人民检察院刑事诉讼规则》第341 条关于检察院自行进行补充侦查的规定和第 342 条关于退补侦的规定，对已经排除的非法证据，是可以通过上述条款重新被收集的。

非法取得的电子数据排除后果不明主要带来了两个问题：一是实践中形式合法标准的弱化。例如，对于提取到的电子数据，有的不仅需要打印清单、拍照，还要求当事人进行签字确认，有的却不需要签字，但审查中这两种情况都可以含糊地被认定为合法的证据呈现形式。二是对取证行为合法性关注的弱化。即如果被排除的电子数据可以通过补正的手法再次成为合法证据，就可能致使取证人员在取证过程中不注重自身行为的规范性，甚至过度、越界取证，从而侵犯当事人甚至是无关人员的隐私信息。

电子数据的补正程序、方式不明。瑕疵证据也属于一种证据，不过是存在一定问题并且效力待定的一种证据，它并不能像非法证据一样不能使用，也不可以当作合法证据来使用。可以推知司法机关之所以将电子数据视为可补正的数据类型主要是由于大部分非法取得的数据都可以通过合法手段被再次收集。我国《刑事诉讼法》已经把电子数据纳入其中，而在其瑕疵补正的问题上却没有配套规定。《电子数据规定》也对电子数据瑕疵的情况进行了规定，但主要是对电子数据取证的书面记录等规范瑕疵进行的补正规定。电子数据的收集、提取程序存在瑕疵，所以一般来说实践中也允许进行补正及合理解决，这也都是可以理解的。[2]但如果司法实践中所出现的瑕疵也允许进行补正，那么就不应只是在书面记录上进行补正，实际的补正及合理的解释还需要在取证的整个程序上和实质内容上进行完

---

〔1〕 参见《关于办理刑事案件严格排除非法证据若干问题的规定》第 7 条。
〔2〕 谢登科："电子数据的技术性鉴真"，载《法学研究》2022 年第 2 期。

善，而且补正制度也需要进一步完善。

由于侦查机关在警力上还是十分缺乏的，司法实践当中有关网络诈骗案件的电子取证被退回的情况还是时有发生。补正的原因往往就会涉及许多程序以及证据的关联性。2017 年，某省的考试系统在被攻击之后，有犯罪分子就实现了网络诈骗犯罪，而警方在收集了犯罪嫌疑人的网络案件证据时，向有关检察院提交了其电脑被扣押之后的所有文档以及证词。检察院认为，公安机关所提供的证据并不完善，需要对此人的上网记录进行补全，还需要证明是在指定的时间段内对此省考网站进行的访问，由此才可以把证据串成证据链。其实从法律的严谨性角度来看，事后的补正以及解决，对于证据的证明力作用就不会很大了。再加上数据具有实时性，以及容易被篡改等特性，所以就算是正常的补正在合理范围内解决，也会使得这份证据看上去有瑕疵，记录的内容难以得到客观和完整的表现。所以这种特殊的取证情况也根本无法适用于相关的证据规则，而这也会使得对证据的判断出现困难。[1]

四、法律规制发展进路之障

（一）技术规范进步迅速但程序规范相对滞后

进入 21 世纪以来，包括我国在内的世界各国电子数据取证技术本身和取证技术性规范都得到了长足的发展。这种进步尤其体现在对取证步骤、细节的要求和规范化程度上，各类的数据挖掘和分析技能人才也越来越多地能够服务于侦查工作的需要。

1. 对程序规范的相关争议

业内人士对技术性规范争议少，对程序性规范争议多，争议焦点简单来说可以总结为程序性规范的发展相对较为缓慢。这种缓慢并不体现在起步或者数量上——2005 年，公安部公布了《计算机犯罪现场勘验与电子证据检查规则》，但是第一份行业技术标准出现在 2008 年，从之后出台的数

---

〔1〕　石玲："瑕疵电子数据的合理适用及其限度"，载《河南财经政法大学学报》2022 年第 3 期。

量来看二者也并不存在质的差异。在笔者看来，这种缓慢体现在制定规范的理念和对规范的落实中。

首先，程序法定的意义于取证中需要体现在侦查机关对电子数据的取证需要和保护公民个人权益上。目前，我国已有的程序性规范文件，要求侦查人员如何做的多，限制侦查人员行为的少；强调收集数据全面准确的多，指出保障数据和信息安全的少。尽管其中对于侦查取证行为的要求也同样包含着对于行为规范性的要求，但是其更多的还是体现出公安机关在办案中对于工作人员行为"上限"的要求，即应当做到什么，而缺少对"底限"正义精神的体现和要求，缺少对不能做什么的明确规定。[1]这就可能导致在追求全面和准确的过程中，出现超越"合理"这个隐形边界的取证行为的产生。

其次，尽管程序的重要性已经被越来越多的人重视和认可，但其似乎在理论与实践部门中有着大相径庭的理解。学者对于侦查程序的理论研究已经深入哲学层面，对于相关合理性、权利保障等方面的研究也并不缺乏，不少学者都指出了立法部门在实现取证目的与保障权利中的两难，也提出了包括比例原则在内的一系列框架性的执法建议，以试图保障侦查取证中收集证据和维护权利的平衡。但在实践部门来看，面对越来越繁多和细致的技术规范和操作手册，直截了当地按照其中的步骤和要求进行执法就是已经满足了程序性的要求，而这一切都与程序要求本身设置目的和限度性无关，取证程序更加类似于一种直白的按图索骥式的执法行为标准。[2]这一方面导致了取证过程中的死板，同时在当前我国现有的较为粗犷的程序性规范体系下，这种"不违背规则即是合理"的思想也会导致实践工作中诸多问题的产生。

2. 程序规范滞后带来的问题

电子数据取证程序法律规范的相对滞后在笔者看来主要会带来两个方

---

〔1〕 万毅：《程序正义的重心：底限正义视野下的侦查程序》，中国检察出版社 2006 年版，第 88 页。

〔2〕 具体见下文对于调研的整理总结。

面的问题。第一，法理方面的，按照我国宪法规定，如果司法者认为程序法存在问题或者需要完善时，应当只有立法者可以进行这个步骤，司法者，包括我国的法官，本身不享有立法权，即无权通过司法解释、实施规则等方式对程序法的内容予以改变。"两高一部"和其他部门尽管近些年一直在制定一系列的电子数据取证规范，但严格来说这些规范仅仅是《刑事诉讼法》中侦查程序相关规定的细化或者解释，这些规范应当是融入，而不是超出《刑事诉讼法》的规定范围。但我国司法部门在处理电子数据证据问题时，却不得不通过自行对电子数据的证据资格、认定和取证规则进行认证的方式来满足司法实务的需要，或者填补相关的空白，这严格来说在法理上是欠缺正当性的，会导致相关的规范和司法解释的法律效力受到法理的质疑，产生潜在的混乱和无序的现象。

第二，这种滞后性也会给电子数据取证的实务工作带来问题。司法机构和部门出台的规范性文件属于法律效力较低的文件，其效力范围仅限于本系统之中，在一些关键性问题中缺乏上位法的统一权威规定，各部门和各地在立法性规范文件中就难免"各取所需"。例如，现行的公安机关取证规则中就以勘验、检查和鉴定的方式替代强制处分的搜查行为，这给相关部门人员在办案时带来沟通和协调上的不少问题。典型的如侦查机关取得的证据无法通过检察机关的审核，上文提到的侦查机关自行决定取证对象、范围等也是反映了同样的问题。也正是因为部门规则的涵盖范围较小，检察机关很难直接依据相应的规则判断电子数据的合法性，这一方面可能造成同样类型的案件取证范围和内容不同进而造成"同案不同判"的问题；另一方面也会使得侦查和监督人员将有限的司法资源浪费在本不必探讨的问题上。

同时对于电子数据来说，其比其他证据类型更易涉及公民个人信息及隐私的保护这些敏感和法律规制尚不健全的领域，现有的诉讼周期又决定了对于相关存储介质和数据的封存冻结时间相对较长，如果在对接第三方、移交检察院等环节上，取证带来证据能力和证明力问题，甚至可能会产生所需证据灭失的情况，因此相关取证程序的法律规范滞后带来的问题就显得更为严重。[1]

技术性规范和程序性规范有着较为原则性的差异：技术性规范提供的是新型的取证手段、步骤和技术，而程序性规范则是更多地展现着取证工作中侦查机关的立场、理念和态度。技术层面的发展和进步无疑体现了我国在电子数据取证领域的钻研和进展，但是面对虚拟空间和无国境网络社会，如何将现有的程序性规范与之相适应、如何应对这种新的环境和模式、如何与国际相关取证工作要求进行接轨，可能是相对于技术性工作更加根本的命题。

（二）技术规范发展受制于程序规范不足

从单纯的技术层面来说，电子数据的取证并不存在难以解决的困难。从当今的状况来看，技术性规范的进路可能受到的阻碍主要来自两个方面。

第一，部分技术的使用存在无相关法律许可作为依托的现象，使得这些技术本身的合法性受到质疑。同时，原则性法律许可的缺失还会阻碍未来其他相关技术规范的发展。这一情形最有代表性的例子就是上文提到的关于电子数据鉴真的规定。可以说，我国电子数据的鉴真技术本身作为司法证明的应用条件已经较为成熟，但是作为合法的证明方式，鉴真在我国主要还是依赖侦查过程中对笔录和记录类材料的审查，技术层面的鉴真还未被裁判者予以接受。目前能体现电子数据鉴真要求的规范都主要集中在对数据完整性的要求上，且不说不够全面，整体上还处于较为原始的水平，如在《电子数据规定》第 8 条中规定为封存原始载体，强调的是对封口、封条的处理规定，对于无线通信的工具要求的是"信号屏蔽、信号阻断或者切断电源等措施"。[2]这些要求仅能解决现场取证方面的问题，说是推定电子数据的完整，不如说更像是单纯地要求证据载体封存完好。这些封存方式一旦被技术检验人员开封、开机、联网检查，其保真作用就会

---

[1] 程龙："论大数据证据质证的形式化及其实质化路径"，载《政治与法律》2022 年第 5 期。

[2] 相关论述参见裴炜："论刑事电子取证中的载体扣押"，载《中国刑事法杂志》2020 年第 4 期。

消失，进一步来说，随着科技的发展，已经出现了在电子设备关机的情况下，通过实现植入系统或者远程桌面连接远程对该电子设备进行遥控操作的技术，封口断电等的措施本身的安全性本身也面临着挑战。而针对这种现状，我国立法和相关部门规范则是缺少对技术应用的重视，不少存在性证明、数据签名等技术，其实可以很好地实现对电子数据同一性的验证需求。在这种情况下，无论学者怎样解读相关规范表达了对数据鉴真背后的法律意义的重视，也无法在实际意义上为鉴真手段的使用提供法律背书。

第二，规范本身的粗略和模糊。这类问题主要影响与他国处理司法合作与协助等相关事宜。目前我国不少规范中存在定义不清、指向不明等问题，会严重影响合作的进展。尽管 2018 年我国已出台《国际刑事司法协助法》，为跨境数据取证问题指明了基本原则和方向。但是这部法律文件仅是一个较为框架和原则性的进路，更加具体的问题，包括与他国进行司法协助时，冻结、调取等行为具体是指什么样的技术操作、其流程是怎样的等问题，却没有被明确说明。这就导致在司法协助法下具体技术操作的可实现性较弱。

我们同样需要警惕技术发展所带来的新挑战。新型犯罪手法的应用势必会带来新的取证技术问题。进一步来说，法律为了应对这些问题，相应的罪名也会越来越复杂和繁多，这也要求更多更为细化的程序性规范与之相匹配。

（三）法律规制尚未形成体系

近年来，电子信息类犯罪逐步呈现出"烽火狼烟四起"的高发态势，使得中国刑事诉讼法律制度面临着严峻的时代挑战。尽管当前我国有关网络法律法规的数量并不少，但其中对于证据认证、提取技术研究的多，对于侦查取证程序问题研究的少，且较为分散，先进完备者也是少数。

第一，我国三大诉讼法中，难以找到有关于电子数据取证工作程序的规定。尽管国内外有关人士对电子数据取证的研究取得了一定的成就，但由于电子数据取证问题极其复杂，可以说，目前对这一问题的法律规范仍然处于初级阶段。大量的基础问题并未得到很好的立法解决，主要表现在：若干基本概念并未得以明确；取证环节依据不足；认证规则并未得以确认；取证标准并未得以统一；取证工具和技术并未得到有效的权威性认证；电子数据的收集、提取并没有具体的依据可循；如何对电子数据进行审查判断并没有有力的规范支持；在面对不同环境中的具体电子数据时，侦查人员常常无从下手。[1]其结果是，技术与立法、侦查与规范的结合还不理想、不到位。我国相关规范总体来说还处于较为粗犷的阶段。英国、美国等国家通过判例等方法确定下来的一系列原则、在法国、德国等国家通过司法令状审核进行严格把控落实的一系列相关准则，值得我国借鉴和推广。

第二，在电子数据领域，我国的法律规范落后于部门规范，导致相关规定较为零散，且存在冲突。早在 1996 年最高人民检察院就开始注意并试图通过审查的方式规范电子数据的取证问题。直到 2012 年《刑事诉讼法》修正时才将电子数据列为合法的证据形式，而对于电子数据的取证程序行为和证据后果规范直到 2023 年《刑事诉讼法》也未见相关规定。目前我国《刑事诉讼法》关于搜查扣押程序的相关规定一共有十条，即第 136 条到第 140 条是关于搜查程序的规定，第 141 条到第 145 条是关于物证和书证的查封、扣押程序的相关规定，可以说对电子数据这种独立的证据类型的取证关注程度严重不足。从搜查对象上来看，我国《刑事诉讼法》规定，搜查扣押的对象为人的身体、物品、住处和其他有关的地方等有体物，扣押的对象则是指物证和书证。也就是说，尽管 2012 年《刑事诉讼法》第 48 条确立了电子数据法定证据的地位，但现行的取证程序，尤其是搜查扣押等程序从严格意义上来说都不适用于电子数据。[2]而就电子数据取证实务中较常用的手段来说，我国现行的侦查取证程序的规范对象总体上还是较为传统的模式，对电子数据的规制大体来说还是存储介质这种有形物体，而对于电子数据中真正起决定意义的虚拟数据这种无形物体的

---

〔1〕 廖斌、刘敏娟："数据主权冲突下的跨境电子数据取证研究"，载《法学杂志》2021 年第 8 期。

〔2〕 吴桐："电子数据搜查、扣押的行为相关性研究"，载《中国人民公安大学学报（社会科学版）》2021 年第 5 期。

取证程序，包括远程勘验、云端取证等则几乎处于空白状态。同时，其他一些在电子数据取证过程中常用的手段，包括勘验、检查和鉴定等也都未曾提到。[1]

第三，从更深层次来说，法律规范的滞后还涉及相关法律原则模糊的问题。毋庸置疑，法律的出台速度永远无法满足取证实践的要求，新型的取证技术无法及时找到相关的法律依据，这是法律制定领域中长久存在的问题。这类问题、探讨的解决，不仅需要各部门对相应问题及时作出规范，还需要法律从更加原则性和宏观性的角度对一个阶段内可能产生的新问题作出预测性的规范要求。但目前我国整体来说尚缺少从法律层面对电子数据取证行为进行框架性构建和整体性制约的制度，再加上我国本就对于隐私权等个人权利的保护意识不够，导致实践中一些取证行为的合法性较为模糊等问题产生。这种现状实际反映的是，法律滞后等现象的背后，其实是我国对于电子数据取证中应遵循的原则和价值导向定位不清等实质缺陷。

第四，我国法律长期秉持宜粗不宜细的总方针，日新月异的电子数据取证规则亦是如此，尽管这种"粗"在一定程度上增加了规范覆盖范围，虽然相关规定的层次划分也有很多，不过还未形成规范的体系。总的来看，我国关于电子取证的制度还是比较分散的。有位阶较高的《电子签名法》《道路交通安全法》《电子商务法》等基本法，也会有位阶很低的地方性法规，这也反映了国家意志的法律和地方立法者的部分主张。我国现有的电子数据相关的部分规范和程序规定颁布较晚均属于我国法律体系的一部分，而且具有较强执行力。但我国现有的电子数据法律存在一个十分明显的法律缺点，即没有成为体系，并且也没有解决电子数据的可采性和证明力这两个难点。因此，也没有建立明确的电子数据取证基本原则。除此之外，我国社会中电子商务案件还有计算机案件等逐渐增多，而我国法律中关于电子取证的规定已经较为落后了。

---

〔1〕　刘波："电子数据鉴定意见质证难的破解之道"，载《重庆邮电大学学报（社会科学版）》2018 年第 1 期。

第五，对于"如何做"的程序性法律体系的构建不应限定于具体技术操作的如何做，还应包括对于现有规范规定"如何做"背后的价值架构的落实，即对"如何做"背后的"为什么这么做"进行普及推广，这才是保障"如何做"规范落到实处的根本。笔者在与实践部门一线民警的交谈中发现，尽快完成破案任务的思想仍然是目前侦查办案人员的主流工作方式，但技术发展过快导致法律规范长期处于滞后的状态在短期内不可能出现扭转，二者叠加之下，就会形成对技术使用的门槛过低，以及一线侦查人员工作中常有困惑之苦。"电子数据"被写入《刑事诉讼法》后，它的收集提取和审查判断等就成了侦查工作中的热点和难点。调研时，各地公安机关侦查部门均反映：如何应对电子数据是目前侦查工作中最令人头疼的事情之一。而这些问题主要是由于上位法规范留白之处较多、立法技术较为粗糙所致。如果要让这一局面得到根本性的改变，那么必须要在立法方面有所作为。因此，在规范电子数据时，一定要有取证的法律体系，这才能使得真正的电子数据可以在诉讼当中发挥真正的作用。

第四章

我国电子数据侦查

取证之实务工作探析

一、虚拟证据形式对原有侦查方式构成挑战

（一）适格侦查主体与取证实践需求偏差

电子数据的复杂性和高技术含量性意味着收集电子数据需要专业人员和技术知识做保障。2012 年最高人民法院《关于适用〈中华人民共和国刑事诉讼法〉的解释》第 93 条第 1 款第 1 项指出，电子数据的提取和复制需由两人以上进行。紧接着第 2 项要求电子数据的收集程序、方式符合法律及有关技术规范。从这两项规定来看，最高人民法院《关于适用〈中华人民共和国刑事诉讼法〉的解释》实际上是要求取证主体应满足人员数量和技术资质两个方面的要求。2014 年最高人民法院、最高人民检察院和公安部公布的《网络犯罪案件意见》第 13 条规定，收集、提取电子数据的侦查人员应具有相关专业知识。这一规定将取证人员的合法性同取证人员的技术资质进行了联系，即如果收集数据的主体不具备相关专业知识，就意味着取证主体不合法，反之亦然。《电子数据规定》印发前，有过关于"具备相关专业知识"衡量标准的讨论，有人指出此"具备相关专业知识"的标准较为模糊，认为对于取证主体应具备何种专业知识不易作出准确判断和衡量，但毋庸置疑的是，在电子数据的取证中，具有相关技术水准是保障取证符合相关技术程序标准和满足证据证明要求的必要标准。《公安机关办理刑事案件电子数据取证规则》第 6 条要求，必要时，可以指派或者聘请专业技术人员在侦查人员的主持下进行取证。这说明公安机关在实践过程中也注意到了这一问题。

在实践中这些理论上的要求较难实现。基层侦查机关承担大量的刑事案件处理任务，人员技术水平和经费水平有限，再加上电子信息技术本身的发展速度较快，这就在取证主体合法和取证技术合法两者之间造就了两难的局面。[1]一方面，如果放开对取证主体的限制，就容易对被调查对象

---

[1] 谢登科："电子数据的取证主体：合法性与合技术性之间"，载《环球法律评论》2018 年第 1 期。

包括隐私权在内的基本权利造成侵害。另一方面，如果一味地限制取证主体的身份资格，又可能因缺乏相应专业知识导致对电子数据的破坏甚至毁灭。而且从 2012 年之后的相关法律规范的要求来看，无论是取证权限不合法，还是技术资质不合法，都会损害电子数据取证主体的合法性。

在电子数据的取证中，取证主体实际呈现出前所未有的多元化可能性，对传统的取证主体组成带来很大挑战。涉及其中的除侦查人员和司法人员这两类传统取证人员类型外，还包括网络运营商和其他各类相关技术人员。根据法律规定，侦查权只能由公安机关、国家安全部门等国家专门机关的工作人员行使，其他人员无权进行搜查、扣押等取证工作。可是在司法实践中，具有侦查权的侦查人员无相关专业技术，掌握相关专业技术的人员无取证权限的问题在电子数据取证过程中一直出现，而且越是复杂和隐蔽的数据存储，越需要更多和更专业的技术人员进行发掘和收集，这就对传统的侦查主体观念提出了新的要求。

（二）部分取证工具、技术使用的合法合理性存疑

在对电子数据合法性的规制和审查中，较为受到重视的是取证人员是否能够按照规范要求进行取证操作，但对取证手段本身的合法性却不太关注。近年来，人肉搜索式信息获取受到的关注和争议不断增加，[1]新型的远程操控、木马、黑客技术不断发展，犯罪门槛逐步降低。同时，有的侦查取证部门的技术人员鉴于个人工作的便利性，相较于公安机关内部自行开发类似的远程取证工具软件，倾向于"借用"不法分子编写的木马或黑客软件。

一般来说，使用这类技术和软件可能存在的合法合理性问题主要包含以下几个。

1. 取证工具合法性问题

从合法性的字面意思上来说，在取证过程中使用未经批准的工具或者技术是否违法，本身就是一个模糊地带。法律规范没有规定这类工具软件本身的违法性，但是一般公民开发和使用这类工具的行为是被定性为不合法

---

[1] 王燃："大数据证明的机理及可靠性探究"，载《法学家》2022 年第 3 期。

的，因此，侦查取证人员使用这类手段和工具的行为是否违法存有疑问。

产生这种不确定性最根本的原因就是类似的手段或者工具具有隐私侵犯性。[1]从法理上来说，具有隐私和公民权利侵犯性的取证行为是需要严格审批的，而公安机关使用这些手段和软件来辅助侦查，从根本上来说是缺少必要许可的。而且，对于公权力使用的方式和边界的规范到现在还是较为模糊的，需要对相关概念、行为方式等一系列问题进一步明确。

另一原因是取证工具自身的安全性问题。软件的安全、可靠与否也关系到整个电子数据取证过程的安全性。目前公安机关使用盗版软件、破解软件，远程取证中，不乏木马软件，这些基本都是网络黑客开发的，很多网络黑客通过售卖这类软件换取不法收益。但是很多这类软件本身的安全性也没有保障，一些人在出售软件的同时夹杂新的木马或者病毒程序，通过"黑吃黑"获取更多收益。如果侦查人员使用这些软件，就可能产生新的风险。

2. 以鉴真为代表的部分取证技术效力问题

电子数据的鉴真规定并未出现在我国刑事诉讼法中，因此严格来说不属于我国法律规定术语。与之接近的规定，仅仅见于证据应当查证属实等几条，可以说，这些规定难以等同于鉴真，只能算作针对我国刑事诉讼法要求证据具备真实性的实质要求。但是在相关办法、规定中，电子数据的鉴真应用已经开始普及：2010年《关于办理死刑案件审查判断证据若干问题的规定》和《关于办理刑事案件排除非法证据若干问题的规定》首次提出了鉴真类似的方法。从2016年《电子数据规定》第22条关于电子数据真实性的判断[2]和2019年《公安机关办理刑事案件电子数据取证规则》

---

〔1〕　李强："毒品犯罪案件侦查中电子取证存在的问题及对策"，载《云南警官学院学报》2018年第2期。

〔2〕　具体内容为："对电子数据是否真实，应当着重审查以下内容：（一）是否移送原始存储介质；在原始存储介质无法封存、不便移动时，有无说明原因，并注明收集、提取过程及原始存储介质的存放地点或者电子数据的来源等情况；（二）电子数据是否具有数字签名、数字证书等特殊标识；（三）电子数据的收集、提取过程是否可以重现；（四）电子数据如有增加、删除、修改等情形的，是否附有说明；（五）电子数据的完整性是否可以保证。"参见谢登科："电子数据的技术性鉴真"，载《法学研究》2022年第2期。

第46条关于电子数据的检查规定[1]中的要求来看，尽管我国的鉴真制度通过针对电子数据特性有了长足的进展，但总的来说我国的鉴真要求仍是以保障数据真实性为出发点的。

从司法解释的规定来看，我国现有的鉴真制度总的来说主要有如下特点与问题：（1）依赖笔录类证据实现鉴真。例如，对合法来源和收集程序的判断，主要是对审查勘验、检查笔录、搜查笔录、提取笔录、扣押清单进行判断，注重对笔录类证据的形式审查。（2）不需要相关人员作为证人出庭作证。对于收集程序合法性的证明，虽然引入了相关人员的确认，但并不要求这些人员（取证人、制作人、持有人、见证人）出庭作证，这与英美法系的传闻规则的要求不同。

另外，如果违反了鉴真的规定有何后果亦不明。目前的相关法律主要是从外在形式和内在载体两个角度对电子数据的排除规则进行了规范，但是这些规则存在不少问题，一是大多为裁量性排除，实际上是可补正的；二是仅针对电子数据的真实性进行了要求，并没有对违反鉴真规则的取证程序的后果进行规定。[2]

3. 使用某些工具和手段的合理性问题

目前对于侦查机关使用这些类似的技术手段是否恰当本身也是存疑的。这种"暧昧"态度不仅存在于法律和理论界，同时也存在于取证实践工作中。从技术人员提交的相关勘验、检查报告中可以看出：公安机关对于这类手段或者软件的使用都是避而不谈的，一般用"经检验，发现……"来含糊带过，而法律和相关规范中又缺少对于这类技术和软件使用的规定，从而使得这类技术变成了"灰色地带""不能说的秘密"和"隐形方法"。甚至在法院的审理结果中，对这类取证方式的具体手段和使用工具也是避

---

[1] 具体内容为："电子数据检查应当保护在公安机关内部移交过程中电子数据的完整性。移交时，应当办理移交手续，并按照以下方式核对电子数据：（一）核对其完整性校验值是否正确；（二）核对封存的照片与当前封存的状态是否一致。对于移交时电子数据完整性校验值不正确、原始存储介质封存状态不一致或者未封存可能影响证据真实性、完整性的，检查人员应当在有关笔录中注明。"参见刘译矾："论电子数据的双重鉴真"，载《当代法学》2018年第3期。

[2] 参见《电子数据规定》第27条、第28条。

而不谈的：笔者以"远程取证"为关键词在中国裁判文书网刑事案件文书中进行搜索，在 79 个案例中[1]尚未见到任何一份判决文书中对具体采用了何种远程数据调取方式或者工具进行明确说明，也未见任何一个辩方对该问题的合法合理性提出过质疑或者异议。可以说，在公、检、法等所有的办案实务部门中，目前对于远程取证技术的手段和工具的使用问题都是采取默认和回避探讨态度的，而其他当事人对于侦查人员使用这些技术手段的情况要么不知情，要么并未引起足够的重视。

寻求某些技术使用的合法合理性较为困难是这个问题产生的重要因素。从《刑事诉讼法》第 150 条规定来看，目前可以使用包括远程数据调取在内的"技术侦查措施"的犯罪类型较为有限，而且按要求需要进行"严格的审批"，从《刑事诉讼法》第 152 条规定来说，技术侦查能够实施的"措施种类"是需要经过批准的。如果严格按照这两条规范，远程调取数据需要在特定案件中进行，并且需要经过审批采用允许的手段才能实施。按照这种标准，黑客攻击式、木马植入、人肉搜索等一些争议较大的数据获取方式很有可能都是不合法的。[2]但如果仅仅因为有争议而放弃采用这些技术，进而导致案件无法破获，又与目前我国侦查机关的工作导向和民众期待不相符。同样，在需要调取境外数据的案件中，国际司法协作尚不能满足取证人员直接实现境外取证的要求。对绝大部分储存在境外的电子数据，国际上通行的做法还是采用远程取证和在线取证的方法，尤其是面对域外由于法律体制不同等原因受到他国司法保护的数据，绝大部分国家还是会包容黑客技术类的远程跨境搜查手段，这就意味着类似的技术和手段在法律规范的规定和实践需要之间存在巨大的落差。

我国将大部分法律适用的细化和解释权留给了部门规则和司法解释，造成了部门权力过大、自定义技术合法性的现象。我国法律规制中对一些难题采取了妥协、回避或者留置的态度，可以理解这种粗犷是出于对我国各地电子科学技术应用水平的不均衡的考虑，也为日后电子信息技术发展

---

〔1〕　参考网址为：http://wenshu.court.gov.cn/，检索时间截至 2022 年 7 月 10 日。

〔2〕　刘芳："计算机犯罪取证程序中个人信息之保护"，载《学习与实践》2022 年第 7 期。

预留下了充足的法律扩展解释空间。[1]但这可能造成部门法规权力过大。公安部、最高人民检察院和最高人民法院在根据刑法制定相关电子数据的取证、审查和审判的工作规范时，很容易站在自己的需要和立场进行思考，而在联合发布的文件中，对于有争议的问题往往会选择留置、回避的方法。在侦查取证的行为中就会出现侦查人员仅仅按照法律规定的最低要求或者按照本部门规章来规范自己的行为。如目前学术界对于微信群、QQ群、朋友圈这种半公开网络平台的信息公开性有不同的见解和意见，然而侦查机关在使用监控或者记录提取技术对这类场合进行取证时，一般都是通过内部报告的方式进行审核。目前来说，其步骤以及申请程序，都是以公安机关或者是国家安全机关、检察机关等颁布的内部规范性文件来作为依据的，这是一种内部的授权程序。[2]公安机关所提交的搜查申请报告，也一定是经由市一级还有市一级以上的公安机关负责人批准的，并无外部的监督，也不存在基于合理性和对个人信息隐私侵犯性的必要性审查。这种做法容易屡屡发生按照法律来说没有严重违规，但实际对当事人的隐私造成了侵害等现象。

（三）侦查取证复杂度升级引发侦查行为扩张

侦查取证能力的上升和控制意识的薄弱造就了侦查行为的扩张。在传统的侦查取证中，常见的问题是技术手段的不足限制了公安机关对证据的收集和提取能力。随着信息技术的发展，在电子数据取证领域中，取证能力随着技术的发展呈现爆炸性的提高，取证能力完全可以满足取证工作的需要。但是随着取证技术的提升，对侦查行为的有效控制却没能在过去取证不能的问题解决之后得到重视。

电子数据本身的复杂性是引发侦查行为无意识扩张的因素，或者说，电子数据收集、提取难度的增加引发了侦查行为的应对式扩张。一般来

---

〔1〕 欧丹："大数据时代下的互联网广告监测电子数据取证规则"，载《学术探索》2018年第8期。

〔2〕 卢莹："数字时代刑事取证规制研究——以个人信息保护为视角"，华东政法大学2020年博士学位论文。

说，静态的数据适应搜查、扣押这类传统的取证手法。对于这类的数据，只是将程序规则针对数据这一特殊的虚拟存在形态在取证的技术手段层面上做一些调整，其他方面与传统的取证并无本质上的差别。对于在线的数据，侦查人员则需要在扣押的过程中对数据的存储介质进行断网、密封等措施确保他人无法远程对数据进行修改或删除，但是对于动态数据来说，因为其为正在形成或者正在传输中的数据，就需要采用如实施拦截、监听、截取和监控等措施。[1]这些方法很多都是秘密进行的，从本质上来说，是未经当事人允许对当事人隐私的一种窥探，对公民个人隐私的侵犯和通信自由的干涉远远超过传统的搜查扣押等方法。侦查人员可能在应对越来越隐蔽、复杂的取证环境时，有意无意地扩展了自身信息收集和获取的范围。

对可疑人员的监控、对海量数据的获取限度和技术手段的应用等多个方面的要求都对原有的侦查取证行为模式提出了挑战。首先，电子数据的脆弱性和易变性对电子数据的保存和保全有较高的要求。网络服务商和公权力机关都在强化和构建自己的信息数据库。而同时，电子数据本身还存在超大体量、存储方式多样、来源重复性高且存储分散的特点。尽管不可否认数据存储和保全工作对刑事司法的顺利进行这一正当目的有着直接的帮助，但是如果目标信息或者相关数据的体量庞大分散或者是在被隐藏、云端存储的状态下，在侦查行为具体执行前明确取证范围就将是一件非常困难的事情，取证人员不得不通过大量提取数据来满足对证据提取的全面性需求。[2]其次，电子数据的可复制性意味着同样的数据可从不同的渠道获得，因此也对从何处取证、如何取证才是合法的这一问题引申出了新的挑战。[3]最后，单份证据中可能包括不同类型的数据，不同类型的数据涉及的侦查强制措施和可能侵犯到的公民权益的程度也不同，也决定了同一

---

〔1〕　郭旨龙：“通信记录数据调取的形式合法性”，载《国家检察官学院学报》2021 年第 6 期。

〔2〕　谢登科：“电子数据网络在线提取规则反思与重构”，载《东方法学》2020 年第 3 期。

〔3〕　裴炜：“论个人信息的刑事调取——以网络信息业者协助刑事侦查为视角”，载《法律科学（西北政法大学学报）》2021 年第 3 期。

个行为可能产生不同的后果。[1]

侦查行为的扩张会引起对于取证行为合理性的探讨。相较于法律规范的合法性，取证手段运用的合理性是一个更加关乎根本的问题，即该取证行为是否是必要的。在欧美国家中，非法证据排除的出发点就是评价取证行为是否存在合理性和必要性（下文第五章将会详细论述），即取证合法性是建立在取证合理性的基础上的。但是在我国，取证的合法性本身仅依据法律的规范和侦破案件的压力与迫切性，而与行为对案件的合理性关联较弱。从这个思路来看，在技术的加持下，对电子数据的获取能力扩张，加之无"合理性"理念的约束，就不奇怪会带来侦查行为扩张的结果了，这是值得我们警惕的。

二、实践操作规范度有待提高

（一）不规范取证行为时有发生

侦查机关在对电子数据进行取证的过程中经常会因专业知识不够丰富、人手不足、操作失误或者处理不恰当等问题导致取得的电子数据的证据能力产生问题。尽管侦查人员在取证后有提交前内部"自审"的环节，但是在后续的诉讼环节中依旧被发现存在各种问题的情况也并不鲜见。可以说，在对电子数据的侦查取证中，尽管已经取得了不小的技术进展，但是对于大部分取证人员来说，这仍是一个较为新鲜的工作，稍有不慎就会产生一系列的错误。

在此，笔者对部分经济发达地区人民检察院审查电子数据过程中发现的主要问题，按照扣押封存、勘验检查和冻结调取三部分做了总结整理。[2]具体结果及详细分析详如下述。

---

[1]　张崇波："侦查权的法律控制研究"，复旦大学 2014 年博士学位论文。

[2]　整理总结的问题主要来源于访谈和讲座。对象来自 B 市 C 区、H 区人民检察院和 H 市人民检察院，具体数据不便公开。

1. 电子数据的扣押封存

表 4-1　电子数据取证中扣押封存的常见问题

扣押封存中的常见问题	1. 缺少对存储介质唯一性特征的记录
	2. 对扣押封存的物品外形、特质无法做到准确、全面的记录
	3. 对电子数据存储介质没有实现物理、虚拟全面的封存

总的来说，目前较为常见的电子数据封存扣押中的问题有三个：唯一性特征缺失、记录不全面和封存不完全。

第一，唯一性特征缺失是指按照公安机关对相关存储介质的记录，不能实现对存储介质"有且仅有"的认定。一般检察机关在对侦查取证人员提交的电子数据进行审查时，首先会对相关文书进行形式和记录内容的审查。笔者通过了解发现，在对电子数据扣押封存的证据书面的第一道审查中，公安机关提交的扣押决定书就经常出现唯一性标识的问题，这些问题主要表现为决定书中唯一性标识缺乏或标识混乱两种情况：（1）标识缺乏，表现为不标或者少标，如对扣押的优盘、手机仅记录外形、容量等一般特征，而缺乏对序列号、IMEI 号等唯一性特征的记录，因此竟曾发生过作为证据的优盘丢失，而取证人员按照型号自行购买新优盘并拷贝相关数据的情况。（2）标识混乱，这个问题则主要发生在对于细节描述的缺失上，如介质外壳本身存在的具有识别性的剐蹭磨损痕迹等未被记录的情况，导致缺乏对存储介质可识别性和唯一性的相关认定关键元素。

第二，扣押封存的物品外形特质缺乏准确、全面的记录。对于存储介质的全面、准确记录缺乏现象一部分发生在对于外形特征并不那么鲜明的存储介质的记录中，如一些品牌商标被剐蹭，或本身未标明品牌的山寨介质，会被取证人员笼统记录为"杂牌手机/优盘"，或简单粗暴的"数据线/天线"等。从审查的角度来看，即便不能对物品的品牌、编号等信息进行明确，但是相关物品的颜色、尺寸、新旧程度等外观信息同样也是区别该物品与其他物品的重要特征，也是必须记录的。而另一些问题则是由于缺乏相关经验和专业知识所导致的，如目前一些二手或山寨的电脑、手机存在组装、返修的情况，致使机器外壳所标注的序列号与内存条/卡上的编号不一致的情况时有发生，最典型的如苹果手机，其返修机的 IMEI 号在外壳上的号码和用软件读取的就是不一样的。取证人员可能无法意识到这种差异及其中的重要性，但后续的鉴定为专业技术行为，多由程序软件自行运行和产生结果，报告中的编号、对物品的描述皆为内存软件序列号，较为准确和清晰，且不可更改，这就会导致扣押决定书中对物品的描述和后续移送鉴定结果报告中的存在差异，影响该物品作为证据的使用能力。

第三，对电子数据存储介质没有实现物理、虚拟全面的封存。从技术层面来说，扣押封存已经可以实现利用屏蔽袋等高科技设备杜绝远程黑客攻击等行为对介质中存储的数据做修改等的行为，但是在实际工作中，大部分侦查取证人员连基本的关机和切断电源等工作都很少做，扣押的手机、电脑多是放置到自动关机。也就是说，大部分取证人员对于这些电子数据存储介质的封存扣押还是延续着对普通物证扣押的"贴封条""盖章"层面的理解。从现阶段来看，各地检察机关尚未发现通过远程控制对公安机关扣押封存的介质中的数据进行修改的情况，但是从理论上来说，这些都是有可能实现的。退一步来说，最基本的关机断电等要求也是在《电子数据规定》中明确提出的，公安机关在侦查取证过程中有能力，也应当做好类似的基本工作。

上述这些问题在笔者看来，除少数基本操作不过关的问题之外，大部分都可以直白地总结归纳为我国缺乏统一的扣押文书格式要求。由于专业知识、人手和经费不足等问题，目前我们尚无法实现要求参与电子数据取证的每一位侦查人员都做到掌握相应的技术知识的程度，但是对于扣押封存存储介质这类相对模式化的程序，则完全可以通过详细的操作手册和统一的扣押文书格式要求实现完整的扣押封存步骤，硬件软件编号不一致、"杂牌手机/电脑"这类问题也是完全可以通过统一的文书格式等要求来实现规避的。

2. 电子数据的勘验检查

表 4-2　电子数据取证中勘验检查的常见问题

勘验、检查中的常见问题	1. 相应笔录混乱
	2. 缺少必要的过程录像
	3. 完整性校验不完善
勘验中的常见问题	4. 勘验中的时间问题
检查中的常见问题	5. 检材的保护问题

在勘验检查环节，笔者共总结了三个勘验与检查共同存在的问题，以及二者各自突出的问题。

第一，二者都存在相应笔录混乱的现象。目前，我国公安机关内部没有统一制式的电子数据勘验笔录和检查笔录格式。部分经济发达地区公安机关可能会内部统一勘验、检查的笔录格式，但是大部分地区均是依靠办案人员"依经验"制作勘验和检查笔录。这种情况带来的最直观的问题就是笔录的内容不全面，一般来说最容易缺少的就是数据持有人、见证人或相关人员的签字盖章，其中有一部分原因是取证人员疏忽大意等问题，但是也有一些原因是勘验检查过程中本身就缺少合法见证人参与，侦查机关为了规避无见证人或见证人身份不符合法律规定等问题，直接采取了不签字的手段。从技术角度来说，这可能并不会影响数据勘验检查的质量，但是会影响取证程序的合法性，同时也会存在侵犯公民信息隐私权的隐患。

第二，缺少必要录像。勘验过程录像和电子数据存储介质拆封过程录像是证明取证行为公正合法的重要凭证之一。根据《电子数据规定》第10条、第14条、第15条和第16条规定，在条件允许的情况下，勘验检查环节应该进行录像，也就是说，录像应该是常规操作，没有录像是例外情形。同时从实际角度来看，现阶段如果侦查人员取证过程受到质疑，过程录像无疑是最直接、最高效的处理争议点的依据。但目前公安机关在取证的过程中明显还没有形成相关规范。

第三，勘验、检查的完整性校验不完善。在电子数据的勘验检查中，哈希值是保障数据完整性的关键点。文件的哈希值是证明数据修改与数据完整的最重要特征，也是证明"该数据就是那个数据（唯一性）"的最佳方法，对电子数据完整性的校验方法就是对哈希值的计算。而目前我国侦查机关对于电子数据完整性校验的水平还亟待提高，其中最大的问题就是提交的文书中无哈希值标识。调研中检察机关表示，几乎很少能够见到公安机关提交的文件中在数据特征栏中标识出文件的哈希值的情况。电子数据的存储介质的唯一性是一方面，其内在的"数据"的特征，更应该是记录的核心。严格来说，如果没有对数据完整性校验的记录，公安机关提交的材料可以说是有严重缺漏的。即使在能够意识到需要提交电子数据完整性的情况下，相应数据也仍旧存在不少问题。比如，在软件的使用上，目前哈希值计算工具大致上有八种，其中较常用的有三种（MD5，SHA1和SHA2-256），不同的计算方法所产生的哈希值数字是不一样的。而在实践中，技术人员由于习惯或者疏忽大意，完整性校验结果与标识的算法不对应的问题也是屡有发生。

一般来说，对电子数据的现场勘验和检查是一个连续一体的步骤，其中可能存在的大部分问题也是贯穿始终的，但是除去上述勘验和检查过程中共同存在的，二者各自也有其突出的问题，尤其是对于远程勘验这种新型的取证方法来说，其中的问题尤其显得复杂。

勘验中时间的校验以及勘验发生时间顺序的错误问题。对于勘验来说，勘验的时间节点是证明电子数据完整性的重要证据之一，同时，勘验在整个取证中发生的时间顺序也有着重要意义，但实践中勘验人员忘记将软件系统时间与北京时间进行比对校正的问题却时有发生。除去这类低级错误，另一个问题就是勘验行为发生的时间顺序不对。从《电子数据规定》第9条的要求来看，在条件允许的情况下应尽量扣押查封电子数据存储介质，再带回实验室进行勘验，现场勘验一般是在条件不允许的情况下才能进行的，这是在制定《电子数据规定》时考虑到侦查取证的强制性程度所作出的一个取证优先度顺序的安排。但是据笔者了解，由于存储介质数量大运送不便、防止被勘验方远程删数据、实验室条件不允许或者取证习惯等各种原因，实践中公安机关习惯先做勘验，确定电子数据可对案件事实进行证明后再对存储介质进行扣押，以节省相应的人力物力成本。但后期在提交书面材料时，却又刻意避免勘验在前的事实，导致了勘验笔录的记录时间和软件工具记载的数据提取创建时间的矛盾，使得电子数据的证据能力受到了影响。

缺少对于待检查电子数据的备份操作。对于检查来说，检查封存、扣押的存储介质中的电子数据是一个技术性过程，根据《电子数据规定》第16条，检查电子数据应当通过写保护设备介入检查设备中进行。但是实践中，检察机关工作人员表示几乎很少见到能够按照要求进行备份的情况，绝大多数检查都是直接在数据文件原件上就进行了，这样一旦操作失误或有其他意外发生，整个数据都将受到损害或者污染，导致证据不可用，可能严重影响整个案件的诉讼活动。

总的来说，在勘验检查操作中存在的问题大部分是由于侦查人员工作不到位以及规定程序和实际操作需要有偏差所造成的。[1]可见，为了方便或缩短勘验检查所需要的时间及人力物力而缩减规定的程序步骤的问题实际反映了取证人员的程序合法意识尚不足，因此，在进一步明确具体勘验检查操作步骤和记录规范的基础上，加强侦查取证人员严格按照要求进行操作的意识显得尤为重要。

3. 电子数据的冻结调取

表4-3　电子数据取证中冻结调取的常见问题

冻结、调取中的常见问题	1. 相关文书随意性强
	2. 冻结调取电子数据不及时或不完整
冻结中的常见问题	3. 使用方式不明确
调取中的常见问题	4. 对可调取的电子数据的种类、范围和时限认知模糊

第一，冻结调取没有统一制式的相关法律文书格式，导致提交的文书记录随意性极强。冻结和调取应有的签字、盖章等缺漏严重。冻结是《电

---

[1]　戴士剑、钟建平、鲁佑文："检察机关侦查部门电子数据取证问题研究"，载《湖南大学学报（社会科学版）》2017年第2期。

子数据规定》中新提出的取证方法，[1]但对于应如何冻结和操作等还缺乏具体的指导意见，其中第12条提出的冻结通知书应如何制作和下达，包括公安机关和检察机关在内的各司法部门也都是不甚清楚。

第二，冻结调取数据不及时和不完整的问题严重影响了对于电子数据的使用。冻结和调取数据不及时或不全面的原因首先在于侦查机关采取相应行动的时间：从公共环境中调取或冻结数据需要快速和及时，大型的电子数据运营商、供应商及提供网站租赁的第三方平台等，一般都是按照付款时间期限提供服务，到期如果不进行续费的话相关数据就会被清除导致证据灭失。目前，部分涉及电子数据的案件案情较为复杂，办案周期长，很多涉案的相关数据冻结调取不够及时导致关键证据灭失的情况也时有发生。同样，由于经验不足等原因，补充冻结调取的情况时有发生，这也会导致部分数据灭失。

但就这个问题来说，第三方服务平台的数据调取周期过长或服务限制也是影响取证工作的因素之一：在数据调取方面，最常见的公共云服务平台，阿里云的数据调取周期是三个月，也就是说如果侦查机关不能在续费到期前调取到证据，相关网站服务平台很可能会在数据调取期间内就因服务时间终止而被删掉数据，因此对于这一类的数据，直接进行远程勘验要优于采用冻结调取的方式。可反过来看，侦查机关含糊随意的文书也给从大型第三类平台调取数据带来了一定麻烦。随着我国对于信息安全和数据保密意识的不断提高，数据存储平台也将数据调取的审核不断正规化和严密化。据笔者了解，目前我国地方公安机关想要从大型网络服务平台调取数据的门槛和难度都在不断提升，仅凭一纸协助调查函几乎很难取得需要的数据，其中如何进一步协调公安侦查工作与平台数据保密也是需要各方面不断探索的。

电子数据冻结（非赃款账户）是最新出炉的取证手段，缺乏明确详细的规定要求。到目前为止关于电子数据的冻结具体应按照何种步骤流程进

---

〔1〕 万春等："《关于办理刑事案件收集提取和审查判断电子数据若干问题的规定》理解与适用"，载《人民检察》2017年第1期。

行操作、需要哪些文件才能够对数据进行冻结、相应的通知书应如何制作都尚未有明确的规定，再加上第三方对于冻结数据账号的配合度相对较低，这就使得侦查机关有意无意地选择绕开这种方法，一般来说除高级别督办的大案要案之外，侦查机关很少选择冻结数据。因此如何推行和合理使用冻结电子数据，不使之成为一个空转条款，还需要更多更具体的规范和典型案例给予支撑。对于电子数据的调取来说类似问题同样存在，侦查机关对于哪些数据可以调取，需要多长的调取周期、想要调取不同类别的电子数据需要哪些手续等问题的认知都较为模糊，这些都妨碍了取证人员快速及时地获取电子数据。

可以说，想要解决电子数据的冻结与调取问题，对于相关数据和案件的熟悉度的提升是重要的方法。除此之外，我们也可以看出，对于新兴的技术领域的规范跟进对于侦查取证工作同样重要，规范的完善不仅可以保护普通公民的合法权益不受侵犯，同时也可以保障取证工作顺利高效地进行。

4. 其他常见问题

侦查机关的证据提交、展示方式老旧。在调查中笔者还发现，尽管技术手段不断完善，大部分的勘验、检查和鉴定结论都可以直接自动化生成电子报告，但侦查机关仍旧习惯使用和提交纸质材料，一些在《电子数据规定》中并未强制要求的文书，如勘验结果报告等一般被要求以纸质材料的形式进行提交。有学者通过数据分析指出，大约有 60% 的案件的电子数据最后是完全转化为检控方的书面材料而在法庭上予以呈现的。[1]但是从实践反馈来看，材料越多，出错的概率越大，如细节的缺漏、不同材料中对于同一问题描述的误差等，反而会影响电子数据作为证据的使用。另外，书面材料的更正、更新和补充等都更加不便，这也会影响诉讼效率以及造成司法资源浪费。

对于取证实践部门来说，电子数据总的来说还属于较为"新兴"的数

---

〔1〕 胡铭、王林："刑事案件中的电子取证：规则、实践及其完善——基于裁判文书的实证分析"，载《政法学刊》2017 年第 1 期。

据类型，取证过程中难免有不理解、掌握不了的知识点，甚至有抓住犯罪嫌疑人后依然不能理解其交代的犯罪技术手法的情况存在，这些都会间接影响对电子数据的取证的准确性和全面性。

（二）对"技术侦查"和"搜查"的规避

1. 对技术侦查的滥用

尽管电子数据侦查取证中的技术侦查在绝对意义上是没有被法律明确的，但其实际是可以通过相关规范进行推知的。技术侦查的范围被规定为"记录监控、行踪监控、通信监控、场所监控等措施"，[1] 即将可能通过技术操作进入他人私人网络空间的，或者可能对这类空间进行远程监控措施的，涉及突破传统勘验的非侵权性的行为划归于技术侦查措施，需按照要求在批准后进行。按照这个理解，在目前电子数据取证可能涉及使用的手段中，部分远程勘验和监控行为应该属于技术侦查。具体来说，对微信、QQ 聊天记录的提取和后续聊天记录的监控、对手机定位或 IP 地址的提取、对微信群聊天记录的提取和监控、对微信朋友圈和微博好友圈这类半公开场合信息的提取等行为，由于需要使用远程数据提取、在线监控、私人数据提取等技术，应当都被归于技术措施的应用范围。

侦查机关内部实际并未落实审批手续。在实际取证中，尽管《刑事诉讼法》第 150 条和《电子数据规定》第 9 条都提到技术侦查需要经过严格的批准手续，但刑事诉讼法本身没有具体的方法规定，公安机关就更不可能在这个基础上进一步自我严格相应程序。这可能严重涉及对他人信息的查阅的技术手段使用，不能说没有执行审批制度，但完全是内部申请、内部审查、内部批准，没有任何中立的外部监督和必要性审查，可以说和理论意义上的"严格"没有关系。而从具体的程序规定上来看，按照《刑事诉讼法》第 151 条规定，技术侦查的使用期限是三个月，但是遇到复杂疑难案件可以延长。一般来说，电子数据的远程勘验或者数据调取周期受第三方存储期限的限制，不太可能超过三个月，但是远程监控的期限如果长期处于公安机关内部自我裁量的情况下，还是有可能造成对当事人隐私的

---

[1] 参见《公安机关办理刑事案件程序规定》第 264 条。

过度侵犯，例如长期的远程秘密监控等。更不用说这类的批准手续如何进行救济。例如，如果造成了对当事人甚至无关人员的权利侵犯，如何对相应证据予以排除或者对相关人员予以救济也是不清楚的。

2. 对"搜查"的规避

在各个国家，对于搜查行为都是需要严格的审批手续才可进行的，但在电子数据取证程序的实践工作中，却缺乏类似的程序。从字面上来看，电子数据取证中没有使用任何属于"搜查"的侦查手段。但实际上，很多学者已经指出，电子数据的取证反而是涉及强制手段最多的取证领域之一，而不选用"搜查"二字实际是对审批和监督手段的规避。

就电子数据侦查取证行为的实质来看，对电子数据的搜查扣押等行为在本质上与普通搜查并无区别。[1]比较《电子数据规定》第14条、第15条对于电子数据收集、提取的规定与《刑事诉讼法》第136条至第140条关于搜查的规定就可以明显地看出，电子数据收集、提取的材料、记录及文书要求是比照传统证据的搜查要求制定的，可以料想在最初制定相关规则的时候，相关部门是意识到了电子数据取证中可能使用到的相关技术手段的权利侵害性的。也就是说，无论从实际的手段侵犯性分析还是从规范设立的方式方法来看，电子数据取证相关规范所使用的收集、勘验或者检查等取证手段实际上等同于普遍意义上对人身权利具有侵犯性、需要经过严格审查审批的搜查的。

从法律规定来看，也同样应对搜查采取更加审慎的态度。可能是考虑到电子数据本身的易损性与变动性，《电子数据规定》并没有强行对审批予以直接要求，但"两高一部"在制定规范的时候多少也是考虑到了取证行为的强制程度，对取证的优先级做了一个排序，即先扣押封存，然后才是勘验检查。

实践部门似乎没有"领会"到法律规制的用意，先勘验再封存的情况

---

[1]　2001年通过的欧洲理事会《关于网络犯罪的公约》第19条b规定，这里的"搜查"是指搜寻、读取、检查或检阅计算机数据，其含义与传统搜查相似。参见梁坤："跨境远程电子取证制度之重塑"，载《环球法律评论》2019年第2期。

反而占了多数，且电子数据取证的规范和实际审批都绕过了对"搜查"二字的使用，从而规避了一系列复杂的审批和监督程序。不论背后有多少实践需求和法律与理论漏洞导致了这种现状，如果任其发展是非常令人担忧的。电子数据特有的虚拟性以及使用的广泛性，就意味着海量的信息。如果对电子数据的获取方式不加以严格管束，就等同于将公民的全部生活不加限制地暴露在公权力面前，其所引发的深层次的问题不仅仅是对个体隐私权的侵犯，还将是公权力不受限制的扩张。[1]

习惯性办案方式给电子数据的侦查取证工作造成了一定的困扰。尽管取证行为偏差类的问题实际是电子数据取证程序问题中看起来最表面和易解决的一类，我们也应注意到，每个机关部门和办案人员都有一套自己积累下来的办案经验和习惯方法，这一套方法可能是积累了十几年的经验习惯，本身就很难更改，在面对电子数据取证不断快速更新的技术手段和几年一个甚至一年一个的新出台程序规则时，几乎不可能完全及时按照规范改变自己的办案习惯。对于这种情况，我们也应理性看待和理解，不能期待取证程序在一朝一夕就完全实现规范化，但是应用逐步严格和完善的制度加以适当的约束和引导。

（三）应对问题规范的"隐形程序"

正如上文第三章所说，目前我国对于电子数据侦查取证的法律程序规制还处在一个比较初级和粗糙的阶段，一些规范还属于照搬传统证据的相关要求，导致了法律规制要求与侦查实践需求产生了脱节与错位。在侦查实践中，就体现为"上有政策下有对策"，继而产生一系列应对这些不好落实的规范的"隐形程序"。

在线数据的提取常遇到跨地域跨时空的问题，但取证行为受到刑事诉讼法规定的权限限制，导致办案时间和破案意愿不足。具体来说，网络犯罪案件常跨越众多省市地区，而协调多地办案又需要较高层级的公安机关进行，其间存在大量的等待时间，更有甚者，有时有的数据需要进行补充

---

[1] 吴桐："电子数据搜查、扣押的行为相关性研究"，载《中国人民公安大学学报（社会科学版）》2021年第5期。

调取，但退补侦的期限只有一个月，如果案件跨越多个省市和地区，就几乎相当于不可能完成。这也导致了跨地区小案的侦办意愿严重不足。跨地区案件协调需要较高的级别，基层民警权限不够无法处理，而上级又没有足够的司法资源和时间处理，导致这类案件被架空和搁置的问题时有发生。

要求侦查人员明确电子数据领域内什么信息属于不可随意取证有困难。比如，仅对特定人群开放的朋友圈等半公开空间的隐私性本来在法律上就有争议，那么想要进一步在侦查取证中确定是否应对这类场所进行侦查办理缺少一个准确的法律说明。[1]尽管从法理上解释，不少虚拟空间都不符合严格意义上的公开，但是侦查机关还是对此进行了扩张解释，以避免法律上本就纠结的现状。

现阶段取证时间的紧迫和手续的复杂使得公安机关如果通过繁杂手续和审批再去取证的话会导致大量数据灭失。就电子数据来说，远程篡改不是一个技术性难题，删除、彻底粉碎、覆盖也不少见，[2]但是按照规范要求进行真正意义上"严格"的审批可能需要耗费几周甚至更长的时间，严重耽误本可以快速实现的取证。进一步来说，侦查行为的出发点是通过对信息的收集提取情报，从而获取犯罪证据，而刑事侦查工作往往依赖大量实践工作积累的经验和基于常识的推断，甚至大胆的假设和猜想，并且通过排查所有的可能性找到一个确定的答案。在电子数据的技术侦查过程中，由于电子数据具有时效性和易被篡改的特征，它的取证工作还需要争分夺秒来尽可能赶在证据被更改删除前完成。因此如果将需要审批手续的取证范围以防止侦查人员"主观臆断"的理由进行规范甚至扩张解释，就会因为相关手续的繁琐导致侦查人员工作起来束手束脚，甚至延误最佳取证时机，因此，就出现了侦查机关在对相关问题采取回避的态度的情况。

通过规避电子数据证明的罪名以降低取证的难度与标准的情况时有发

---

〔1〕　谢登科："刑事电子数据取证的基本权利干预——基于六个典型案例的分析"，载《人权》2021年第1期。

〔2〕　裴炜："论远程勘验：基于侦查措施体系性检视的分析"，载《政法论坛》2022年第4期。

生。可能涉及电子数据的罪行一般来说可以分为两类，一类是一般犯罪中涉及电子数据这种证据类型，如部分证据以电子数据进行存储等，这类犯罪的定性不主要依靠电子数据。另一类是以涉网类为主的犯罪，这一类犯罪则主要是依靠电子数据进行定性的。对于后者，就出现了通过规避该类罪名降低取证的难度与标准的情况。在许多涉及电子数据的案件中，数据证据没有在法庭上予以呈现——有一部分只被用于侦查阶段，另一部分则被转化为包括鉴定结论、笔录、口供、证人证言等其他形式的证据。[1]这奇怪的现象背后其实说明，一些侦查取得的电子数据按照法律规制的衡量标准来看实际上不能满足现行的电子数据标准，进而影响后续诉讼工作。同样的行为，因为涉及证据类型的差异，可能会被定为不同的罪名，电子数据成了影响罪名成立的因素。这也反映了对于某些犯罪行为，立法者提出了过高的电子数据证据证明标准，导致侦查人员即使知道该行为的定性，但是却苦于无法拿到足够的数据证明，而不得不转化为其他类型的证据的尴尬现实局面。目前法律对于涉电子数据，尤其是涉网类案件定性较为随意，很多案件中的证据开始按照电子数据取证，中途却因为数量不足、质量不好等各种问题，最后以传统罪名进行了判罚。此处有一个较为典型的案例：一青年A因对经常上网的网吧老板有意见，遂从他处购买了黑客软件对该网吧五十多台电脑进行了远程黑客攻击，致使该网吧电脑瘫痪。按照破坏计算机信息系统的定义来看，青年A的行为完全符合该罪的定义，但是控方（当地检察院）需要足够的证据证明青年A使用了相关黑客软件（包括软件的装载记录、攻击的数据记录等），但被攻击的五十台电脑中的数据由于刷机未得以留存，最后判决的罪名为破坏生产经营罪。

三、法治理念在实践中的落实有待进一步提升

（一）个人数据的价值定位尚不明确

首先，我国个人数据范围界定尚不清晰。就隐私权与侦查所需的个人数据来看，二者应该是有交叉但并不完全重合的，即二者仅是客体存在一

---

〔1〕 奚玮："我国电子数据证据制度的若干反思"，载《中国刑事法杂志》2020年第6期。

部分竞合。就电子数据侦查取证领域来说，个人数据面临的是不加限制地被收集、使用的窘境，而隐私权则更多关系到当事人未知状态下、侦查机关对当事人与案件无关的信息悉知甚至分析的行为。我国目前基本是将信息数据等同于隐私权利，现行的相关司法解释中主要是对反映自然人的一些活动情况的个人数据进行限定，其实从内容上来看反而是对隐私权的一个较为直白的描述。

其次，我国法律对于公民对个人数据的保有是不是一项权利尚没有定论。从民法来讲，是没有把公民信息保护权作为一项权利规定下来的，民法只是将其规定为法律保护的对象。实践中司法机关在处理相关问题时，目前还认为它不是一项权利，仅仅是一个对象或客体，这就造成了侦查机关几乎不会考虑"收集个人信息是否合适"这种问题。[1]换言之，目前普遍认为公民个人数据是公民从事社会行为所留下的痕迹，但公民对其个人数据是否享有排他性的权利，争议较大。司法机关进行电子数据取证的实际活动中，通常会向归集公民个人信息的金融机构、科技公司等单位提取相关数据，并不会征询每个当事人的意见。比如，尽管美国1986年《电子通信隐私法》第二章（通常又称为《存储通信保护法》）强调了对存储通信提供保护的本质，但时至2006年1月20日，Google仍因拒绝提供相关数据而被美国司法部门控告。原因则是Google拒绝向政府提供Google数据库中的关于色情内容的搜索结果及全面的相关资料，以确定关于色情内容的搜索有多活跃。[2]该案经过听证后，联邦地区法院的法官James Ware裁定，Google不必应美国司法部的要求向其提供5000个用户的搜索查询记录，他认为政府可以根据所提供的网址收集这些信息。Ware指出，提供查询记录将令Google失去部分用户的信任，他还对搜索记录能否提供潜在的敏感信息提出质疑。

信息数据价值定位不明带来的直接问题就是：其受保护的范围到底是

---

〔1〕　孙瑞英、李杰茹："我国政府数据开放平台个人隐私保护政策评价研究"，载《图书情报工作》2022年第12期。

〔2〕　Orso, Matthew E., "Cellular Phones, Warrantless Searches, and the New Frontier of Fourth Amendment Jurisprudence", *Santa Clara L. Rev.* 50（2010）：183.

什么？参考现行的民法，其在总则中规定，以个人隐私为代表的个人信息是一个受保护的权利，但是对于其具体范围的划定目前还是不清楚，也没有一个明确清晰的界限。我国《网络安全法》中也用相关的概念表达了个人数据受保护的理念，采用了"包括但不限于"这样一个表述，[1] 实际上也没有清晰地进行范围限定。2012 年《全国人民代表大会常务委员会关于加强网络信息保护的决定》也没有说明个人信息的范围到底是什么，粗略来看只是说能够识别自然人身份即可。但严格来说，从 2012 年《全国人民代表大会常务委员会关于加强网络信息保护的决定》到《网络安全法》中的相关规定，都没有明确说明公民个人数据的内涵和外延到底是怎样的。价值定位的不明确以及保护法益的不统一，为后续电子数据取证程序中权力行使与权利保护之间的矛盾埋下了深层次的隐患。

对于侦查取证来说，数据价值的不明晰代表了个人数据收集存在灰色地带和随意性。哪些公民个人信息是受到保护、不可随意收集的等问题规定得模糊不清，因此，哪些侦查行为需要审批监督、对哪些信息收集提取是超过合理边界的、对于哪些数据信息的提取收集是应被视为具有强制性或应被界定为搜查而不是收集提取的……这一系列问题仍没有明晰的规定或得到解决。尽管学术界一再探讨侦查权的适用、侦查行为的边界与合理性，讨论司法的谦抑与比例原则的应用，但是如果作为探讨这些应用的基本出发点：需要保护的对象的范围都无法明确和清晰的话，那么这些控制性理念的落实可以说必定会是虚无缥缈的。

（二）隐私权保护尚停留在不违反法律规制的水平

电子数据的不可分割性使得查获犯罪证据与保护合法隐私之间存在矛盾。这可以说是电子数据侦查取证领域隐私保障难等问题产生的基本原因。电子数据取证技术手段的关联性运用与人权保障法律目的的冲突切实存在，如果不加限度地允许技术手段的使用，就很可能会侵害公民的合法权益，如对电脑硬盘进行自动搜索筛选时很有可能会窥探到与案件不相关的信息。

---

〔1〕 参见《网络安全法》第 76 条。

侦查人员在网络环境中取证时，相关材料与不相关材料、相关主体与不相关主体会被紧密地联系在一起，区分难度大，不好避免对无关信息的知悉，会造成对合法权益的侵犯。但若单纯地以保障合法权益完全处于不受侵犯的状态为目标，技术手段将受到严格的限制，甚至无法使用，那么打击犯罪的诉讼目的又难以实现。

在 Katz 诉美国案[1]中，案件庭审中的论点在于电话窃听行为是否侵犯了宪法保护的个人隐私权。肯定者认为，公用电话亭圈起的范围属于宪法保护的个人隐私领域，对于当事人在公共电话亭圈起的封闭空间内对通话的监听行为侵犯了电话亭使用者的隐私权。在该案的判决中，法官指出，是否具有隐私权的判断主体应该是隐私期待者本人，而不是第三人。这就意味着即使在一定的公开场合之中，只要本人认为交流内容属于个人隐私并存在不被他人知晓的合理期待可能性，那么其谈话内容就是受到宪法保护的。否定论者则坚持搜查行为必须有物理的侵入。宪法第四修正案第 1 款规定"人身、住宅、文件和财产不受不合理的搜查和扣押"。[2]这说明修正案保护的对象是有形的。在当时的情况下，按照法律约束的范围里说无形的谈话不属于修正案保护的范围。否定者认为法官不能过于随意地解释宪法第四修正案的适用范围，而且窃听行为不仅古已有之，也是侦查工作必需的、需要及时实现的一项工作。从这个角度来说，制定这一法律条文时立法者早已明了窃听行为的存在，如果他们准备禁止或者限制这一行为在侦查之中的适用，应当用合适的语言表达出来。[3]

尽管这一案件从现在来看，其中对于在线监听本身的争论已经过时，但是其背后反映出的关于平衡取证需要与保护隐私的理念值得我们深思：侦查人员应明确，侦查的立场与对诉讼目的的理解有着根本联系，即使作为公权力代表的侦查人员，也不能单纯地将打击犯罪、查清事实真相作为刑事取证的唯一目的。而这却恰恰是目前我国侦查机关的一线单位中最为

---

〔1〕　Katz v. United States, 389 u. s, 347（1967）.

〔2〕　原文为：The right of the people to be secure in their persons, houses, papers, and effects, against unreasonable searches and seizures, shall not be violated, and no Warrants shall issue.

〔3〕　庄乾龙：《刑事电子邮件证据论》，社会科学文献出版社 2013 年版，第 14 页。

重视和强调的目标，这意味着实际面对案件，仅仅停留在理论层面的隐私保障很容易被切实地打击犯罪的动力挤压到毫无实际意义，变成一种对依规形式的道德标榜。

归根到底来说，技术手段的发展运用是否赋予了公权力更大的权限，抑或压迫了私权利的生存空间，才是法学理论界电子数据取证时对实践工作中隐私保障担忧的根本问题来源。在电子数据侦查取证领域，隐私保障问题最突出地体现在针对电子数据的搜查、扣押环节中。[1]第一，搜查扣押相关数据很可能涉及对于存储电子数据终端的扣押，而这些终端通常同时存储着大量与案件无关的其他个人数据。第二，对于网络空间或者终端中电子数据的提取经常会涉及技术侦查手段，尤其是其中的秘密侦查手段，如远程监控、黑客攻击式取证等，通常是在当事人不知晓且无第三人监督的情况下使用的。第三，侦查过程中当事人如何获得相应救济来保障虚拟财产和信息的安全亦是当今司法所未能解决的问题。传统侦查中扣押手段、相关技术的使用，以及取证范围的合理性等一系列同样会引起对于人权保障问题的探讨，而在电子数据取证领域这些问题尤为突出，其中的原因一部分是出于对新型取证手法本身合法性的疑虑，另一部分则是出于对电子数据所能表达的庞大信息量的担忧。

（三）刑事司法过于前置

刑事司法在涉及电子数据的案件中介入过早。对那些严重性不强的犯罪，如果刑事司法过早介入，就会导致行政法等法律失去了其本来应具有的前置化的功能，违背了刑法的最后手段性。如果是非严重性的犯罪，往往早期情节比较轻微或者危害性不明显，如果此时刑事司法已介入，独立成罪的话，就存在不当侵犯人权的问题。这样会导致过于偏重刑法维持社会秩序的现象，进而导致法律适用的失衡。网络性犯罪可能造成每年的经济损失数额巨大。在这类问题尚轻微时，尽管此类案件背后的技术性较强、较为复杂，也应优先考虑行政手段予以解决，而非对所有涉及电子数

---

〔1〕 吴桐："电子数据搜查、扣押的行为相关性研究"，载《中国人民公安大学学报（社会科学版）》2021 年第 5 期。

据的案件，仅凭着"高发"等时代特征一律适用刑事司法手段予以解决。

按照个人信息保护理论，在遇到行政行为、司法行为及公共利益的需求时，对个人信息的保护可以进行一定的保留，[1]不同的权力主体、不同程序对于调取数据的权限也不一样，应当进行一定的区分。例如，《互联网电子邮件服务管理办法》第3条规定："公民使用互联网电子邮件服务的通信秘密受法律保护。除因国家安全或者追查刑事犯罪的需要，由公安机关或者检察机关依照法律规定的程序对通信内容进行检查外，任何组织或者个人不得以任何理由侵犯公民的通信秘密。"第10条规定，对于互联网电子邮件的发送或者接收时间、发送者和接收者的互联网电子邮件地址及IP地址这类数据，在国家有关机关依法查询时应当予以提供。

数据调取能力在民事、刑事案件中的差异实际蕴含了刑事司法不宜过早介入的要求。公权力机关调取数据的权限大于公民个人，刑事侦查及国家安全事务中公权力机关调取数据的权限大于民事诉讼、行政诉讼、行政执法中公权力机关调取数据的权限，这些要求已经为刑事司法的介入时机提供了一定的依据。同时应当在公权力机关之间进行权力顺位的分配。[2]具体而言，对于不同主体的调取权限与数据类型之间应当如何协调匹配，还需要结合网络平台及司法行政的实际需求进一步研究。实际上，目前电子数据取证中，本可以用行政法处理的问题却要求刑法的介入现象一直存在。电子数据取证逐渐演化为刑事侦查程序前置的情况，行政机关需要进行电子数据取证时，也要求侦查机关协助，不仅造成了公权力分配的交叉重叠，还浪费了宝贵的司法资源。

---

〔1〕　例如，1995年欧盟《个人数据保护指令》第3条不适用于与公共安全、防务、国家安全及刑法领域中有关的数据处理活动；第8条规定，成员国为了重大公共利益，可以在禁止处理敏感数据的规定之外作出例外规定，可以限制与犯罪、刑事有罪判决或者安全措施有关的数据处理活动；第13条还规定，成员国基于国家安全、防务、刑事犯罪、预防、调查、侦查、起诉等目的，可以采取一定的限制措施。参见方芳、张蕾："欧盟个人数据治理进展、困境及启示"，载《德国研究》2021年第4期。

〔2〕　陈星："论个人信息权：定位纷争、权利证成与规范构造"，载《江汉论坛》2022年第8期。

第五章

域外电子数据

取证程序的考察

信息时代背景下，电子数据取证的困境层出不穷，而立法对之的回应却总是捉襟见肘，"前门拒虎，后门进狼"成为当前电子数据取证立法的一种写照。无论是早已存在的网络黑客、网络攻击、网络诈骗，还是最近几年浮出水面的网络金融犯罪、大数据保护等，都在不断向各国立法、侦查机关提出新的命题。[1]互联网冲击传统刑事侦查体系的现象几乎存在于所有的国家。在信息化时代，不仅传统刑事侦查法律规范之于互联网空间是脱节的，甚至全球范围的立法都面临着电子数据取证立法与现实相脱节的尴尬与窘境。相对而言，发达国家在电子数据取证方面走在了世界的前列，美国及欧洲一些国家均制定了电子数据取证规则，其立法和研究成果值得我国借鉴。

一、电子数据领域隐私的内涵范围之比较考察

（一）隐私界定标准的法制化：明确法律对个人信息的保护

西方社会的学术界及司法实务界普遍接受隐私权的边界在不同的立场下是有所变动的。隐私权的法律概念最早来自美国，Warren 和 Brandeis 将普通法中知识和艺术的产权抽象扩展为隐私本身的应受保护性。[2]但从之后一段时间内对两人观点的批判来看，隐私的界定及其保护意识在西方的崛起也同样是充满不确定性和争议的。[3]在一个多世纪的发展中，西方国家对隐私的界定始终也是松散且较为含糊的，这反映了对隐私认知的多样性和在共识之外对隐私外延存在较大争议性。在西方文化背景下，隐私的界

---

〔1〕 于冲主编：《域外网络法律译丛（刑事法卷）》，中国法制出版社 2015 年版，第 2 页。

〔2〕 Warren, Samuel D., and Louis D. Brandeis, "The Right to Privacy", *Harvard Law Review* (1890)：193–220.

〔3〕 比如，对隐私保护的可行性和必要性的质疑，见 Moreland R. "The Right of Privacy Today", Ky. LJ, 1930, 19：101. 反对隐私的大众传播是侵权行为和否认部分隐私权已经在普通法中得到保护的观点，见 12. Post, Robert C. "Rereading Warren and Brandeis：Privacy, property, and appropriation", *Privacy*. Routledge, 2017. 125–158.

定可以用两个向度进行衡量：自我意愿可能性（Volition）及可逆性，[1]即只有在有选择是否将信息进行公开的余地时，隐私才会存在。如今，总体来说，对于隐私的界定主要有以下六种不同的描述方式：不受人打扰的权利，[2]对他人知晓、接近的限制，[3]秘密，[4]对（他人的）个人信息的控制，[5]不可侵犯的人格权，[6]以及个人对私密信息的划定。[7]这种界定视角上的差异就导致了对隐私保护范围划定的变动性：比如，如何区分隐私与自治、政治语境下公领域与私领域的划分界限在何处、人在独立个体和公民等不同身份下的隐私权利是否有区别等问题，这都是西方国家在不同语境下不断探讨的焦点。因此，尽管西方社会少有国家在宪法层面明白无误地承认隐私权，[8]但是从判例及大部分隐私权的组成面向（如通信秘密、肖像权、姓名权、个人处所保护等）的法律保护规制来看，隐私权的保障在这些国家的司法体系中是受到重视的，且有一个较为系统的、具有核心共识的司法权益。在对证据的有效性审查中，取证过程中是否对可能涉及隐私的权利进行了适当的保护也是重要的评价因素。

隐私概念本身的非固定性决定了在电子数据的法律语境下需要单独对隐私权的保护边界进行确定。美国未在宪法中明确承认隐私权的地位，为了确立隐私保障的法律地位，美国联邦最高法院通过判例和解释修正案两种方式进行了确立。在解释宪法方面，美国联邦最高法院通过两个步骤将

---

[1] Pernot-Leplay, Emmanuel. "China's approach on data privacy law: a third way between the US and the EU?", *Penn St. JL & Int'l Aff.* 8（2020）：49.

[2] Warren, Samuel D., and Louis D. Brandeis, "The Right to Privacy", *Harvard Law Review*,（1890）：193-220.

[3] Garrett, Roland, "The Nature of Privacy Philosophy", *Today*, 18.4（1974）：263-284.

[4] Jourard, Sidney M, "Some Psychological Aspects of Privacy", *Law & Contemp. Probs.* 31（1966）：307.

[5] Westin, Alan F., and Oscar M. Ruebhausen, Privacy and Freedom. Vol, *New York: Atheneum*, 1967, p.1.

[6] 此观点基础为 Warren, Samuel D., and Louis D. Brandeis, "The Right to Privacy", *Harvard Law Review*,（1890）：193-220. 在此基础上其他学者后来发展出了隐私实为一种人格权的理论。同时见 Rubenfeld, Jed, "The Right of Privacy", *Harvard Law Review*（1989）：737-807.

[7] Solove, Daniel J, "Conceptualizing Privacy", *Cal. L. Rev.* 90（2002）：1087.

[8] 目前仅有荷兰、葡萄牙和西班牙在宪法中直接承认了隐私权。

隐私保障的概念"植入"了宪法之中，首先，联邦最高法院将宪法第三、第四和第五修正案中不得自证其罪的规定解释为隐私保护的手段，因此凡与之相关的规定都被解释为对隐私的保护。继而联邦最高法院将宪法解释为包含了一项无所不包括的宪法隐私权，将宪法中的自治权创造性地解释为该项权利的组成部分，这样隐私保障的概念又被延伸到了宪法第一和第九修正案中，即衍生自这些条文提供的保障中。[1]隐私的本质在美国法律中是一个涵盖面广阔的概念。

在美国，宪法第四修正案是帮助电子数据侦查取证中界定隐私权受保护范围的基础。宪法第四修正案的根本目的在于通过限制侦查人员的权利杜绝无所不在的任意搜查和可能产生的所有不合理搜查问题。因此，隐私被赋予和公民财产同样的地位，在美国有关数据交换的隐私权益问题总是被放在宪法第四修正案的框架中予以审视。宪法第四修正案视对数据信息的"搜查"为比"扣押"权利侵犯更加严重的取证行为，是因为搜查中含有"秘密非公开"的可能性，对隐私的威胁更甚。但是，侦查活动需要一定的灵活性，美国联邦最高法院也无法完全否认这种灵活性的需要，因此针对搜查和扣押进行了灵活的解读，又通过事后的救济行为对在侦查活动中可能产生的不法侵害行为进行了补偿（见后文）。根据宪法第四修正案，在电子数据取证中，不合理的搜查扣押行为侵犯了隐私权保护行为，应予以补偿。

美国联邦最高法院也在维持隐私权保护与维护司法需要之间的平衡。尽管美国宪法第四修正案保护个人的隐私信息不被政府侵犯，但美国联邦最高法院也建立了与之相对应的"第三方例外的原则"（Third Party Doctrine），即当我们"自愿"将个人的隐私信息披露给"第三方"时，我们就丧失了对该隐私信息的合理期待。比如，在 Miller 诉美国政府案中，政府执法人员向 Miller 账户所在的银行送达传票，要求银行上交所有涉及 Miller 账户信息的文件记录。美国联邦最高法院判决认为，宪法第四修正

---

[1]　宪法第一修正案保护宗教信仰、表达、集会和向政府请愿的自由。宪法第九修正案则指出宪法对特定权力的列举不得解释为拒绝或者蔑视人民保有的其他权利。

案不阻止获得信息的第三方把该信息披露给政府执法人员。[1]针对如何确定存储在第三方的隐私信息是否享有"合理的隐私期待"时，为了保护传输或存储的数字隐私信息，第三方最好的选择当然是采用保密性更高的数字加密技术，[2]如美国苹果公司对其手机用户信息的保护，导致美国联邦调查局也不得不向法院申请搜查。

美国联邦最高法院通过宪法第十四修正案中正当程序的保证扩展了对信息的保护。它是在一系列"隐私权"案件的司法程序中创建的，包括Griswold 案和 Roe v. Wade 案。[3]但最后这类虚拟信息的隐私通常是最难定义的。网络空间中的地域隐私几乎是无形的，传统上它是通过建立特定空间或区域的入侵边界来确定的。因此，电子监控问题在传统法规的适用性处理上一直都有些随意。

欧盟则主要是以法律形式从人权保护类法规及电子数据取证规范两个方向共同促进实现公民的隐私权保护。1995 年 10 月，欧洲议会和欧洲理事会以保护个人信息的处理及流转为目的颁布了《个人数据保护指令》，这与 2022 年欧盟《数据法案》构成了欧盟基于个人与非个人信息数据的保护体系双核心。2002 年 7 月，欧洲议会和欧洲理事会颁布了用以规范电子通信网络通用服务和用户权利的第 2002/58/EC 指令，该指令主要规定了电子通信领域个人数据处理和隐私保护，旨在保护网络消费者的隐私权益不受侵犯，以及协调欧盟各国对该问题的处理方式及力度差异。2012 年1 月，为了应对日趋更新的信息技术和不断加速的网络发展，欧洲委员会又提出了《欧盟数据保护规则》草案，以取代部分规定过时的欧盟《个人数据保护指令》。2018 年 5 月，欧盟正式出台实施了《通用数据保护条例》，旨在针对大数据时代的数据保护挑战。据消息称，欧盟 2021 年还出台了一项更为严格的隐私法律——《电子隐私条例》，通过对数据类型进行分级分类来专门维护电子通信信息的保密性。2022 年欧盟《数据法案》

---

[1] United States v. Miller, 425, U. S. 435, 443（1976）.
[2] 谢登科："论电子数据收集中的权利保障"，载《兰州学刊》2020 年第 12 期。
[3] 63. 381 U. S. 479（1965）; 410 U. S. 113（1973）.

则专门针对非个人数据，要求第三方数据保有者分享更多其所掌控的商业和工业数据，还需要遵守从用户数据中获益的各种限制。同时，该法案规定非个人数据与个人数据一样，不受外国政府监控，用以对抗美国《澄清合法使用境外数据法》的影响。欧盟同时还从不同角度出台了相关法律：（1）在隐私保护角度，欧盟国家主要依赖 1950 年出台的《欧洲人权公约》，其中的隐私保护权力来源于之前的《世界人权宣言》中对隐私权的保护；（2）在电子数据领域，欧洲各国在规定或者判例中都主要引申《世界人权宣言》第 12 条和《欧洲人权公约》第 8 条关于对个人私生活和通信（信息交换）不受侵犯的权利的基本规定。[1]

对比来看，欧盟和美国都是从外部入手定义隐私权的保护范围，欧盟相关公约和法令对于隐私权的保护是从对权力的界定角度入手，美国宪法第四修正案用"搜查"和"扣押"两个词明确地划定了该修正案保护的隐私权的范围。这是两种侧重不同的方法，从修正案出台的原因上可以简单地理解这一点：它通过的直接目的不是保证隐私权总体上的安全，而是进一步清晰搜查和扣押令状的签发条件。

（二）美国宪法第四修正案下的合理隐私期待在电子数据领域的适用修正

上文指出根据美国宪法，不合理的搜查扣押行为被认为是侵犯隐私的，那么继而需要探讨的就是，什么样的数据搜查扣押行为是合理的。针对这个疑问，美国也作出了一系列相关规定（指令）。

美国宪法第四修正案下的隐私保护是为了结束笼统的搜查状态，那么对于电子数据取证来说，就需要明确有哪些隐私是在"合理期待"范围之内的。在宪法第四修正案的语境下，隐私有独处和私密两个衡量标准，即正当和合理期待的条件：正当的和合理的期待。对于以电子形式进行的数据交换等行为来说，美国联邦最高法院认为"搜查"和"扣押"必须达到

---

[1]《世界人权宣言》第 12 条："任何人的私生活、家庭、住宅和通信不得任意干涉，他的荣誉和名誉不得加以攻击。人人有权享受法律保护，以免受这种干涉或攻击。"《欧洲人权公约》第 8 条："人人有权享有使自己的私人和家庭生活、家庭和通信得到尊重的权利。"参见师索、陈玮煌："犯罪侦查中网络通讯数据留存制度的欧洲法审视"，载《西南政法大学学报》2018 年第 6 期。

干预数据交换秘密的程度。[1] 这一程度对于隐私的保障大致看来还是相对较为宽松和友好的，但是无论如何公民的个人权利总是屈服于时事的变化和政策的需求的。美国从 1998 年开始，就试图推动第三方数据服务商和数据存储商等私营行业与政府的数据共享，在维护网络安全的考虑下，1998 年通过了《第 63 号总统决策指令》（PDD-63），其规定联邦调查局下设的国家关键基础设施保护中心（NIPC）负责政府和第三方数据行业之间的安全信息共享，并设立了私营行业的信息共享和分析中心（ISAC）。2015 年通过了《网络安全信息共享法案》，进一步通过推动企业责任豁免鼓励共享信息。2018 年，美国《澄清合法使用境外数据法》签署生效，进一步扩展了其政府可以直接提取的数据范围。

美国联邦最高法院在技术与隐私期待的融合问题上一直坚决保持沉默，这方面的宪法法律框架一直都未建立。因此，将宪法标准应用到法律问题时存在不一致的现象。这些问题中很多都只与宪法第四修正案有关，另外还有一些则涉及证据排除法则。2001 年《爱国者法案》极大地改变了法律环境，造成了电子监控的显著增加。执法部门支持者对新兴立法持欢迎态度，但隐私倡导者却对此表示担忧，他们认为宪法保护已明显减少，甚至完全消失。例如，与传统的座机电话不同，移动电话类似于计算机，其通信可能是通过听觉或视觉方式进行的。通信内容可能包括照片、视频、歌曲、语音或文档等。虽然这些通信中很多都可以通过社交网络应用来访问，但也有一些通信通过各类加密手段受到了保护。遗憾的是，美国联邦最高法院并没有就移动电话的各类问题作出裁决。因此，美国下级法院的裁决出现了相互不一致的情形，这与早期电子邮件隐私讨论中出现的情形非常相似。法院一般都会裁定用户对其电话具有基本的隐私期待，但通常对其通信内容的无证搜查持认可态度，这就导致隐私期待问题成为争论的焦点（详见表 5-1 列举的案例对比）。大多数这类案件中，无证搜查都会以"紧急情况"或"逮捕附带搜查"的理由获得支持。

---

[1] 吴桐："电子数据搜查、扣押的行为相关性研究"，载《中国人民公安大学学报（社会科学版）》2021 年第 5 期。

表 5-1　英国、美国两国关于电子取证中隐私安全保护的判例对比

国家	英国	美国
案例	欧洲人权法院 2008 年 S. and Marper v. the United Kingdom 案〔1〕	为实现侦破恐怖主义犯罪案件的目的，设计专门软件是否是一个合理的理由。2016 年，美国苹果公司与 FBI 在此问题上引发了矛盾〔2〕
案情	申诉人因犯罪受到指控，警察对其指纹和 DNA 样本以及 DNA 电子信息做了记录。其后，申诉人被撤销指控时，对于毁掉相应样本，以及清理相关电子信息记录，英国警方表示了拒绝。欧洲人权法院认为，虽然英国政府提交了数据和案例，尝试说明其理由，即存储 DNA 信息目的是助力侦查人员稽查犯罪，然而解释不了 DNA 信息库对于协助警方破案有多少帮助，也无力对采取其他方式难以查明这些犯罪进行合理论证。所以，尽管英国政府有自己的宣告，但由于无法具体论证案件中，存储的 DNA 信息如何打击犯罪，最终的结论是，欧洲人权法院判决，该信息存储触犯了《欧洲人权公约》第 8 条	虽然指控成立，然而该案件显示出在电子取证过程中，两种权益的冲突，即社会安全及秩序与个人信息安全的维护之间的冲突。更进一步而言，假设该解锁或系统后门在随便一部个人苹果手机上皆可应用，则会激发更加激烈的冲突

　　美国国会通过的 1968 年《综合犯罪控制与街道安全法》为大多数通话提供了保护，同时承认在特殊情况下，执法机构可以使用电子监控。这种多层保护在随后几十年中被反复强化，隐私倡导者认为美国《爱国者法案》虽然没有完全取消这种保护，但却使之大大减少。同时，该法案的支持者认为该法案包含了早期立法中所缺乏的重要隐私保护。因此，关于电子取证与隐私权保护的争论和挑战一直在持续。

　　"隐私期待"不是一个笼统的概念，而是与案件特征密切相关。虽然

---

〔1〕　S. and Marper v. the United Kingdom, No. 30562 /04 and 30566 /04, ECHR December 2008.

〔2〕　David W. Opderbeck & Justin Hurwitz, Apple v. FBI: Brief in Support of Neither Party in San Bernardino Iphone Case.

美国宪法文本中没有明确的表述，但立法机构仍试图将"隐私期待"扩展到特定情形下的美国公民（如《美国法典》第 18 篇第 2511 节、《电子通信隐私法》、1968 年《综合犯罪控制与街道安全法》第三章、1978 年《外国情报监控法》、1984 年《综合犯罪控制法》等美国隐私保护立法）。然而，几乎所有这些法规都受到了挑战，美国联邦最高法院不得不试图建立隐私的客观标准。总体来说，他们已裁定，虽然宪法第四修正案禁止不合理的搜查与扣押，但这并不表示宪法规定的隐私权具有通用性。实际上，他们注意到宪法的其他条款主要保护个人隐私不受其他形式的政府入侵，如宪法第一修正案对政府在限制结社自由和结社隐私权方面进行了约束，宪法第三修正案规定在和平时期，未经房主同意，士兵不得在民房驻扎，宪法第五修正案在一定程度上反映了宪法对个人在其私人生活领地权利的关注，而对个人一般隐私权的保护，与对其财产和生命的保护类似，主要依赖于各州法律。这种隐私权只受隐私期待的限制。

电子数据，尤其是电子通信的某些特征可能会破坏隐私期待。例如，那些通过通信被泄露给第三方的事务不受宪法第四修正案保护，[1]但有些即使在公共场合也需保密的事务则可能受到保护。[2]遗憾的是，究竟何为信息披露目前仍不明确。例如，根据美国宪法第四修正案，银行存款不能索赔，因为"储户的事务有泄露给他人的风险，这些泄露的信息有可能会通过此人传播到政府"[3]。

（三）隐私期待与合理提取数据之争——以 Carpenter 诉美国案为例

2011 年，在没有取得搜查令的情况下，美国政府获取了底特律一起刑事抢劫案件中几名犯罪嫌疑人过往大约四个月的手机定位数据信息。根据记录显示，其中一名嫌疑人 Carpenter，被提取了四个月共 12 898 条手机位置信息，平均每天 101 条。在 Carpenter 收到有罪判决后，在第六巡回法庭进行了上诉，美国律师协会等机构帮助他一起提交了一份诉状，认为政府

---

[1] Lewis v. United States, 385 U. S. 206 (1980); United States v. Lee, 274 U. S. 559 (1982).

[2] Rios v. United States, 364 U. S. 253 (1960).

[3] United States v. Miller, 425 U. S. 435 (1976).

在没有取得搜查令的情况下获取 Carpenter 的无线设备定位信息违反了宪法第四修正案的规定。

第六巡回法庭的一个分庭裁定，根据宪法第四修正案政府获取收集数据定位和路线信息不需要申请搜查令。2016 年 3 月，第六巡回法庭驳回了 Carpenter 的第一次起诉，此时法院的意见书中认为，GPS 数据定位信息和基于手机基站的定位信息的个人隐私侵犯性是不同的。[1] 而对于原告意见的驳回主要依据为，数据交换中的交流内容（Content of Communication）和能够传达内容的信息即路线信息（Information Convey It）是不同的，交流内容是属于宪法第四修正案保护的范围，但路线信息显然不属于其中，这一意见来自 Katz 诉美国案的判决书。

之后美国公民自由协会（ACLU）成为 Carpenter 的辩护共同律师，向美国联邦最高法院提出复审申请。美国联邦最高法院于 2017 年 11 月 29 日收到了这起案件的诉状。2018 年 6 月，美国联邦最高法院以 5∶4 的比例作出决定：根据宪法第四修正案，美国政府需要在搜查令的准许下才能对个人手机中位置信息历史进行获取。首席法官 John Roberts 在决定书中写道："政府对于手机定位的获取几乎等同于完美的监视，这种行为类似于将监视器放置在手机用户的身上……通过对位置信息的获取，这个'时间—地点'数据绘制的地图是对个人生活的深入窥探，它不仅代表着个人生活中特定的时刻，更是向他人展示了个人的家庭、政治、职业、宗教等一切社会关系。"

Carpenter 诉美国案反映了电子数据领域公权力与个人隐私的一次直接的碰撞。法院最终选择将宪法第四修正案的适用扩展到了一个前所未有的深度，但在这个过程中，法官意见的差异以及其背后所代表的对于个人隐私受保护的边界的争议却是值得关注的。

西方有不少学者指出，尽管公民隐私保护的意识不断增强，但可以窥探个人信息的技术也在不断增多，这就使得技术和以隐私为主的个人权利

---

〔1〕　手机基站仅能够确定在一定半径范围内，某手机曾在特定时间出现过。本案中，通过基站确定为位置信息大约被限定在 2 英里的范围内。

的碰撞更加尖锐。现有的隐私权保护法律都在其中规定允许政府在"必要"的情况下从数据服务商处提取数据，批评者认为，尽管这一趋势有政策考量的因素（自"9·11"事件以来，美国出于对国内安全维护的考虑，明显压缩了对隐私的保护标准），但这种规范本身就是对公民个人隐私的极大侵犯，因为据此执法人员可以以公权力的名义对个人数据进行访问和获取，而这些旨在与公权力对抗、保护公民个人隐私的法律规范实际上并没有做到对司法权力的有效限制，反而是公权力通过这些隐私保护法进一步确立和扩张了其合法地位。进一步来说，随着数据信息的爆炸式增长，传统的数据截获技术不再能够完美地胜任海量数据实时甄别的工作。因此，深度检测、实时存储、数据回溯等新型的技术应运而生，这些技术在以英国、美国为首的一些国家已经开始得到司法应用的许可和推广。部分技术人员指出，如果没有对对应的取证边界的进一步限制，这些新型技术的司法许可将会给个人隐私保护带来新的挑战。一般来说，网络服务商只提供非内容数据及有限的内容数据，这在过去仅能够满足对 IP 地址等的定位，但是通过最新的数据回溯和深度检测技术，侦查人员完全可以通过网络服务商提供的非内容数据中的端口信息实现对目标终端的深度挖掘，而这些都是不受网络服务商控制的。尽管被指出这并不是对所有信息内容的监控，而是从技术角度保障所有数据的可获得性，但仍有人认为，这实际是一种将所有公民置于网络监控环境下的行为。[1]

在笔者看来，这一争议在实质上反映的是公民个人权益与国家司法公共权力在电子数据领域的冲突。新兴技术给了执法人员更多的可能性来实现对事实的发现，但是同样也威胁到了公民个人的权利，但从电子数据取证规范的演进历程来看，对数据的保护始终没有被忽视。2014 年 Google Spain 案判决和 2018 年 GPS 定位搜查令判例都在不断证实着这一观点。不难想象，个人权利（隐私）的保护和司法的冲突还会继续存在，但这是由于技术的发展而非法律的沿革所造成的，新型技术投入使用必然会进一步

---

[1] 刘广三、李艳霞："美国对手机搜查的法律规制及其对我国的启示——基于莱利和伍瑞案件的分析"，载《法律科学（西北政法大学学报）》2017 年第 1 期。

拓展取证能力的极限，进而引发对于权利保障范围的探讨。在今后不短的一段时间内，世界上大部分国家出于对维护本国安全利益的考虑，不太可能大规模限制新兴技术的使用，因此对于公民信息数据的保障措施就需要从技术和法律两个层面同等进行加强，用以限制超越必要限度的监控和信息收集，以及对已收集到的数据的非法再次使用。

（四）基本原则与第三方监管义务的比较性考察

1. 取证行为的基本原则

一是令状原则。令状原则是美国根据宪法第四修正案作出的一项原则性规定："侦查机关在实施可能侵犯公民权利，特别是宪法性权利的侦查行为之前，必须取得司法机关签发的令状，并严格根据令状的要求实施侦查行为。"[1]在电子数据取证问题上，对于电子数据存储介质的扣押搜查行为可以适用传统搜查令状签发审查流程，而对于存储介质内电子数据本身的搜查，尽管从理论上来说同样需要签发令状，但是对于是否需要单独申请许可，抑或对存储介质的扣押搜查许可令状就包含了其中的数据令状。美国在积累了大量的相关案例经验后，认为侦查人员在申请扣押存储介质时，应说明对其中包含的涉及哪些方面的数据进行提取和检查。众所周知，电子数据的存储是一个虚拟的状态，存储介质中往往涉及侦查目标案件相关的数据，其中就可能包括侦查人员之前未发现的其他犯罪行为的数据。因此，美国法院要求，一般来说，侦查人员应当通过特殊方法仅针对令状上的案件进行信息收集，如果真的发现其他犯罪行为侦查机关应当就新发现的犯罪申请一份新的令状。[2]

二是一目了然原则。该原则规定："警察在合法搜索时，违禁物或证据落入警察目视的范围之内，警察得无令状扣押该物。"[3]在电子数据领域，如果侦查人员在对特定犯罪行为在电子数据系统中进行搜索时，发现了可能证明其他犯罪的信息，同样可以对该信息进行收集。同样，如果取证人

---

[1]　陈永生："论电子通讯数据搜查、扣押的制度建构"，载《环球法律评论》2019年第1期。

[2]　ACPO, "Good Practice Guide for Digital Evidence", http://www.acpo.police.uk/documents/crime/2011/201110-cba-digital-evidence-v5.pdf. last visit：15/09/2018

[3]　王兆鹏：《美国刑事诉讼法》，北京大学出版社2014年版，第245页。

员在进入系统后发现未在搜查证中予以确认的其他信息系统同样可能存储与本案相关的数据信息，就可以将对该案件数据证据的搜查扩展至其他系统。这看起来与上一原则中提到的重新申请令状是有所冲突的。实际上理论认为，如果侦查人员能够明确搜查范围，就需要在搜查证中予以特定。实践过程中，司法人员发现想要在存储介质中实现仅对特定数据信息进行搜索是比较困难的，因此通过一目了然原则进行扩展。而在具体案件中是采用令状原则还是一目了然原则，就需要具体案情具体分析了。

涉及一目了然原则的计算机案件中最有名的是美国诉 Carey 案。[1] 此案的适用范围极窄，不会对类似问题起决定性作用。这是由于该案案情妨碍了其裁决的推广。在本案中，警方搜查的最初目的是寻找贩毒证据。一名执法人员自己承认，在搜查计算机文件时发现了大量的 JPEG 文件，其文件名明显与色情相关。因此，他打开了其中一些图片，确定了它们确实是儿童色情作品。看到第一张图片后，执法人员就改变了搜查方向，把儿童色情作品列入了搜查范围，因此随后的"发现"是有意的。政府将搜查目标比作文件柜。但法院驳回了这种观点，指出检查目标是文件内容，而不是文件本身。另外，美国联邦最高法院指出，由于文件处于关闭状态，因此并不是"一目了然"的。美国联邦最高法院很快指出，这一特定裁决并不适用于所有计算机案件。

此外，有一位法官还提出了另一种观点，他认为正是由于被告的证词才使得该案的情形不可能适合一目了然原则。实际上，如果警察没有明确透露其意图，该案的证据可能就不会取缔（罪犯有理由将证据隐藏起来，因此警方有必要确定其内容）。美国诉 Carey 案之后，当法院认为代理人的行为与原始搜查令的条款相符时，他们对根据一目了然法则在计算机中的发现已持认可态度。美国联邦最高法院裁定，警方不考虑文件名或后缀名而对文档进行系统搜查是合理的，证据可能隐藏在被告的任何一个文件中（警方假设文件扩展名不能充分反映文件内容特征）。[2]

---

〔1〕　United States v. Carey，172 F. 3d 1268.

〔2〕　United States v. Gray，78 F. Supp. 2d 524（D. VA，1999）.

　　三是最后手段原则。最后手段原则是针对电子数据实时获取、监控等不经过当事人准许的情况下对数据进行收集的秘密侦查手段所制定的原则。该原则要求侦查机关务必先尝试一般的、公开的、对公民个人权益侵犯程度较小的方法，在这些方法都确认无效后，才能实施这类最后手段。最后手段原则可以看作是必要性原则或比例原则在电子数据取证中部分手段上的一个具体要求，它意在保障公民的权利不受到过分或者不必要的侵犯。

　　2. 第三方监管义务

　　域外电子数据领域的第三方（网络服务商）监管主要是指第三方的监管和数据保管、注意义务。大部分域外国家都会在法律中直接要求第三方对执法人员的取证工作提供必要协助，但是不同国家对于第三方在网络信息领域承担的责任不同，这就极大地影响着电子数据取证中第三方的角色，进而影响着执法人员公权力的边界和取证程序设计。

　　以美国为首的国家主张不施加过多的监管义务给互联网第三方。美国1996 年出台的《通信规范法》第 230 条被美国联邦最高法院解读为互联网企业无须为了政府承担言论审查的工作。该法案不仅包括第三方无须对发表在其网站中的内容事实和版权归属做审查，也包括对发表在其网站上的言论的合法性不负审核、主动追踪或者汇报义务。但包括《爱国者法案》等在内的针对信息获取的法律规范都要求第三方电子通信服务运营商和数据保管者为执法人员提供相应的协助，并为他们的行为免除了民事责任，同时按照规定，对于发生在提供设备和技术支持中产生的费用，相关第三方可以获得一定的补偿。[1]

　　在欧盟、日本和韩国，互联网经营平台则负有不同程度的"注意义务"。在欧盟，2000 年《电子商务指令》规定互联网平台负有检测组织特定的违法活动义务，2022 年生效的《数据法案》则对第三方平台使用个人数据进行了更加严格的限制，同时也对平台对外开放数据进行了更严格的管控。韩国《电信框架法》也要求第三方主动对用户在线行为进行检测。

――――――――

　　〔1〕　高波："第三方平台数据的有序利用与大数据侦查的隐私权问题——以美国'第三方原则'为视角"，载《天津大学学报（社会科学版）》2022 年第 2 期。

在电子数据取证的过程中，美国的网络服务商具有按照执法人员提出的要求酌情进行资料提供的配合义务。从信息量的角度来说，美国互联网平台能够提供的信息内容较少，主要需要执法人员自行发现。这或许有利于互联网产业的发展，但是同时也给予警方更多的机会和权利自行运用技术手段对数据信息进行挖掘。而欧洲、日本、韩国等国家或地区的第三方相对地能够为执法人员的取证工作提供更多的信息和数据，简化警方取证程序，却也能够抑制公权力在不透明的状态下对数据挖掘技术的使用。

而在欧盟、日本和韩国，即使没有执法人员启动侦查取证工作，互联网服务商也需要自行对数据进行一定的提取和分析工作。如果在这个过程中发现违法犯罪情况，就需要主动为警方提供线索数据和技术支持。

二、程序规范的域外考察：基于可采性的规制体系

电子数据取证行为的规范性规定在域外国家属于证据可采性规范的一部分，大多在规定证据能力时一并对侦查取证行为进行规范。实际上，国内学者对于域外电子数据取证程序的研究也不少，笔者翻阅了不少文献，发现国内对于取证程序的理解似乎被限制在了取证步骤的规范上，以至于提到域外电子数据的取证程序，大部分人都会直接联想到一步式、两步式取证，而提起程序性规范，就会提到警官协会等取证程序性规范指导。美国在侦查的规范问题上似乎更倾向于通过操作性手册来帮助侦查人员明确取证行为，这可以最大限度地确保证据的合法性。我国的相关规定多是由最高人民检察院、最高人民法院或者公安部出台，以规范文件的形式进行规定。但是在域外，尤其是欧美大多数国家，其电子数据取证程序则更多地在学说、法律和判例中予以确定。具体来说，是由法律设置取证的限制性条件，由具体判例对个案后果予以确定，这种更倾向于从实践中探索和总结规律的程序规范方式使得法律更贴合实际的要求。

（一）域外取证规则发展趋势：对隐私保障的收缩

1. 主要立法与沿革轨迹

对于电子数据取证程序规范，各国主要存在两种主流的立法模式，一

种是通过单独出台法律规范的形式明确电子数据的取证程序规范行为，另一种则是在通用的刑事侦查取证程序性规范中针对电子数据的收集提取规范作出特别规定。

美国一直以来都是法院（尤其是联邦最高法院）通过解释宪法和判例对相关问题（主要是通信的截听等）进行规范。这对之后电子数据领域相关问题的规范起到了很大的借鉴作用。第一部直接对电子数据问题进行规范的法律规范则是1986年出台的《电子通信隐私法》。该法主要是对执法部门在通信中的监听行为进行了规范。直到现在，一般的传票都是引用《电子通信隐私法》第2703（c）（2）条的规定获取一般性数据信息，而法院令的法律依据则主要来自第2703（d）条的规定。1994年颁布的《通信协助执法法》则是对电子通信中第三方的责任义务与执法人员的技术设备进行了要求。说明之前针对窃听行为的法律规范，都相对更加抑制公权力的扩张，是一个不断明晰和巩固电子数据取证中公民个人隐私的范围和保护的历程。在这一阶段公权力与私权利拉锯的过程中，美国政府代表的执法和司法力量实际是被限制的，联邦最高法院显然认为问题出现在电子信息数据交换和通信上。[1]

2001年"9·11"事件的发生促使美国更加重视国家安全和反恐怖目的的信息情报收集工作，美国政府出台了一系列相关法律规范确保对于信息收集工作的顺畅。2001年之后，在美国新出台的电子数据取证和信息监听截取之类的法律规范中，公民的个人信息隐私保障范围受到了一定程度的压缩，而美国政府的权力得到了空前的扩张。2001年出台的《爱国者法案》在跟踪和截取通信方面赋予了执法人员更大的自由度，即只需要向法官说明其需要搜查的信息和数据，而不需要为该行为提供足够的理由。2006年通过的《爱国者法案增补与再授权法》在此基础上进一步强化了警方的执法权限。

从判例来看也同样呈现出这样的变化态势。从对信息通信的监听截获

---

〔1〕 孔庆江、于华溢："数据立法域外适用现象及中国因应策略"，载《法学杂志》2020年第8期。

问题出现之初到 2001 年之前，美国法院都倾向于通过判例加强对取证行为的约束，同时通过判罚和解释宪法来保障和明确公民个人隐私权利的范围。后来随着形势的需要和电子信息技术的不断发展，美国联邦最高法院不断解释了一些例外情形，如 2011 年，美国通过判例确认了对手机等个人移动终端上的电子数据进行取证时可以不申请搜查令的三种情况。可见，美国通过立法和判例不断地维持保护权利和打击犯罪两种目的在电子数据取证问题上的平衡，而这种平衡又持续受到时事和政策的影响，在一段时期内，规则和判例可能呈现出更倾向于某一方的判断。总的来说，保护个人权利和打击犯罪都是不可或缺的重点。

2. 主要技术性规范

从技术本身来看，美国与包括我国在内的其他电子信息技术较为发达的国家的取证技术手段并无太大差异，值得我们研究的差异主要存在于针对技术手段的技术性规范上。

美国的电子数据取证技术发展较早，目前至少有 7 成的法律机构都有自己的独立实验室。当有涉及电子数据的案件被提交时，侦查取证人员就会按照规定的步骤对现场或者远程的电子数据进行提取，一般来说，带回实验室进行检查勘验，达到重构犯罪行为的目的。总的来说，美国的国家标准与技术研究院、司法部、联邦调查局下属的数字取证科学组和图像技术科学组、美国实验与材料学会等相关机构都制定了一系列的电子数据取证的技术标准。

美国的国家标准与技术研究院主要针对技术进行研发发展。其出版的SP800 系列属于电子数据取证技术的指南系列，不具有强制性，只做参考使用，目前已出台三份，分别是针对 PDF 文件、手机勘验和整体检查技术的取证技术指南。[1]IRs 系列为向资助者在内的特定人群报告相关技术发展的研究性报告，目前已出台 6 份，内容涉及 PDF 文件、手机检查工具和计算机云数据方面。此外，美国国家标准与技术研究院还参与了计算机取

---

[1] 郭旨龙："移动设备电子搜查的制度挑战与程序规制——以英美法为比较对象"，载《法学杂志》2020 年第 3 期。

证工具开发测试等一系列技术工具的研发，帮助建立了一套关于电子数据取证的方法和取证工具的使用体系标准，目前涵盖恶意工具、磁盘镜像、取证介质准备工具、写保护设备、数据恢复、移动终端取证和数据分析搜索工具。

美国司法部从 2001 年后，陆续颁布了 7 部针对执法人员的取证指南。其中包括侦查取证人员到达现场后所需要做的工作、步骤，如何全面地收集电子数据，以及如何正确地使用相关工具和如何在法庭上将这些行为恰当地展示和说明。而隶属于联邦调查局的数字取证科学组和图像技术科学组主要负责针对不同的调查部门需要，如国防部、国税局、海关等，按照各自不同的需要和取证需求制定一系列电子数据获取与分析的规范流程和质量监管体系标准，共出台了超过四十份相关指南与技术标准。

这些部门出台的技术性规范要求从不同的角度共同构成了美国电子数据取证的技术规范框架，侦查人员可以完全按照相关操作步骤进行取证工作。相比于我国，美国可以说在技术层面并没有体现出跨越式的领先，但是从技术性规范的细节度、可操作性上来说，美国相关的指南更有利于侦查取证人员学习和使用。我国的电子数据取证实践也正是面临着侦查人员操作不精确或取证不到位的问题，因此这一点是值得我们借鉴的。

（二）跨境数据收集规制比较：数据权之争

数据的流动和传输基本不受政治国界和边境限制，[1]但是司法机关对于境外数据的获取却是受到司法主权变更的影响的。电子数据的跨境取证问题可以说是电子数据取证的程序领域中最无法避免也是最难解决的一个问题。

数据的存储是大部分国家应对数据跨境司法难题的第一个办法。目前包括我国在内的世界上不少国家都对境内网络服务商的关键数据的存储作出了要求（见表 5-2），以尽可能地减少跨境取证的需要。

---

〔1〕　梁坤："美国《澄清合法使用境外数据法》背景阐释"，载《国家检察官学院学报》2018年第 5 期。

表 5-2　域外不同国家和地区的数据存储要求

数据存储要求	国家（地区）
明确或相当于明确要求数据需要存储在境内的服务器上	文莱、中国、印度尼西亚、尼日利亚、俄罗斯、越南、欧盟
在跨境传输前需要首先征得数据主体的同意	白俄罗斯、印度、哈萨克斯坦、马来西亚、韩国
部分限制跨境传输	阿根廷、巴西、哥伦比亚、秘鲁、乌拉圭
仅在特定领域限制数据跨境传输（医疗、电信、金融及国家安全领域）	澳大利亚、加拿大、新西兰、土耳其、委内瑞拉
无明确数据存储要求	美国等

　　国家可以通过立法强制网络服务商将数据存储在国内，但是个人数据以及跨境交易的数据同样会面临跨境数据调取的需要。世界上不少国家都通过各种方式，将远程勘验、搜索和强制（网络服务商）披露数据的方式替代司法层面的合作。但这并不能代表避免跨境数据调取的需要，司法层面的合作也是必不可少的，尽管我国和部分西方国家在网络主权问题上持有不同意见（我国主张承认网络主权）。

　　目前世界上最大的网络数据保存商所在地，和世界上最强烈认为网络空间无主权的国家就是美国。美国最早的关于涉外信息的法律规定是1978年颁布的《涉外情报监控法》。由于产生自水门事件和之前1968年《综合犯罪控制与街道安全法》被认为赋予总统对涉外信息监控的特殊权力（不需申请令状等）是不合理的，该法案立场鲜明地主张严格限制对美国公民和居住在美国的他国公民的通信截取。但是当然，该法律同样为战争期间特殊情形下的涉外情报截取设立了例外规定。[1]同时，这也是第一次要求行政当局以他国情报信息为目的对他国实行电子监控时，需要受到来自成文法典的规范。但值得注意的是，这部法律中的"涉外"的对象仅是完全的外国力量之间的信息交换，而不包括美国公民或者在美永久居住的外

---

〔1〕　根据规定，战争期间总统可以实施为期15天的无法院授权命令的截听。

国人。

2001 年《爱国者法案》取消了在美国境内获取涉外情报的限制，在其中第二部分对《涉外情报监控法》进行了大幅度的修改，为执法部门创设了之前不曾有过的权力，包括：（1）扩大了可以任意截听的范围；（2）延长了搜查令状中截听的有效期限和可以截听的范围（包括虚拟网络中的范围和实际地域上的范围）；（3）将通信记录和追踪装置的使用权限扩展到了电子通信中。2007 年出台的《保护美国法》力图使《涉外情报监控法》恢复其原本宗旨，但又同时希望不影响执法部门获取他国情报信息，因此重新申明了法院的审查角色。

2018 年出台的《澄清合法使用境外数据法》针对执法机构跨境数据获取问题作出了规定。按照该法，只需凭美国法官颁发的传票即可允许联邦调查局索要公民在境外计算机上的电子邮件及其他个人信息。该法确认了执法机构能够为远程获取存储在境外的电子数据内容取得有合理根据的搜查令。[1]通过该法，美国政府能够无视国界的限制获取世界上任何地方的任何数据，其中包括私人数据。在此之前，美国一直援引 1986 年《电子通信隐私法》中并未将搜查条款应用于国外的情况，得出根据该法发布的搜查令不适用于海外的信息勘验为由否认搜查令对境外数据的效力。而美国政府通过该法，将原本许多国家一直实际实施的、通过远程勘验、跨境搜查、强制披露等替代跨境司法协作取证的行为进行了合法化。该法也鼓励美国同境外其他国家在保障尊重隐私权和公民自由的前提下签署跨境刑事调查的双边协议。同时，根据美国宪法规定，该法不得超越或违背《电子通信隐私法》，亦在修订中以进一步加强维护公民的个人权益。

美国《澄清合法使用境外数据法》以"数据控制者模式"取代"数据存储地模式"，对国际上跨境电子取证的既有制度实现了实质性的突破。该法虽然由"微软诉合众国案"[2]直接触发，但是从更为广阔的国际发展

---

〔1〕　梁坤："美国《澄清合法使用境外数据法》背景阐释"，载《国家检察官学院学报》2018年第 5 期。

〔2〕　Microsoft Corp. v. United States，584 U. S. _（2018）.

背景来看，是传统的刑事司法协助机制及跨境远程提取电子数据之单边方案存在明显缺陷且运行不畅后优胜劣汰的结果。

对于欧盟来说，设置跨境司法协作法律规制则是更可行的办法。尽管其成员国在打击网络犯罪等一些问题上存在着共同利益，但现阶段想要制定一部在全欧盟通行的刑事证据法还是不现实的，因此欧盟选择采取了在制定打击网络犯罪公约、尊重成员国国内证据立法的基础上，单独就跨境电子数据刑事取证问题进行立法的方案。欧盟成立以前，成员国之间的跨境刑事取证经历了从相互协助到相互承认的宏观变迁。欧盟也开始积极采取行动解决电子数据跨境获取问题。2018 年 4 月 17 日，欧盟委员会发表声明表示正在制定新的立法（*Improving cross border access to electronic evidence*），以便执法及司法当局更快速地获取电子数据，不论该数据存储于欧盟境内还是境外。目前该立法尚处于立法建议阶段，但欧盟委员会已对其主要内容作出了介绍。该法案主要是通过建立欧洲数据提交令规则、保存令规则、指定法定代表规则，强制要求欧盟境内的数据服务商对欧盟任何一成员国的数据请求在 10 天（紧急情况 6 个小时内）作出响应，[1]并确保该规则受到所有欧盟成员国国内刑事诉讼程序的保障。按照此法，欧盟国家对涉及本国的电子数据的管辖权将不受存储位置的限制，[2]但具体的案件是否符合该法案将由各成员国通过主管法院的审查程序予以明确。对于与欧盟之外的其他国家在数据刑事案件领域的交换立场，欧盟在该法案中并没有明确提出。

（三）底限手段之远程数据实时收集

数据的实时搜集可能是会对隐私权造成侵害最大的取证手段之一，因此世界上绝大多数国家都对其施加了多重限制性规定，力图将这种取证行为的人身权益危害性降到最低。这是因为计算机数据实时搜集或在线截获是在信息流通的过程中对电子数据的收集，这种方法不会明显干扰数据的

---

〔1〕 现行的欧洲调查令规定的响应期间为 120 天，司法协助程序为 10 个月。

〔2〕 但需要满足以下需求：（1）被要求提交的数据为刑事诉讼所需；（2）被要求提交的数据与服务提供商在欧盟境内提供的服务有关。参见李剑、王轩、林秀芹：“数据访问和共享的规制路径研究——以欧盟《数据法案（草案）》为视角”，载《情报理论与实践》2022 年第 7 期。

传输，从技术上来说，在线实时收集数据就是对传输中数据的一种监控与复制。

在美国，最早与实时信息（非电子化数据）截取行为相关的规范可以追溯到 1934 年《联邦通信法》，其对窃听（截听）[1]问题进行了规范。尽管从技术上来说，窃听与电子数据的实时截取具有一定的差别，但是二者都是在当事人不知情的情况下，以不干扰信息传输的方式对信息内容进行了获取。从法益侵犯性上来说，二者是有相当的相似性的。该法律第705 条规定，包括私人和探员在内的任何人，不得未经信息发送者的同意，而对通信进行截听。直到 1961 年 Sliverman 诉美国案[2]，美国联邦最高法院始终认为这种违反法律的窃听（截听）行为需要有物理行为上的侵犯性。直至 1967 年 Katz 诉美国案[3]中，美国联邦最高法院开始意识到有无有形的侵犯性与是否对公民受保护的隐私造成了损害并不是必须关联的，宪法第四修正案保护的是信息交换（原表达为交谈）的内容而不是地点或方式。因此，窃听等行为并不需要产生物理空间上的侵犯性才能被认定达成。

1968 年《综合犯罪控制与街道安全法》也对这种观点予以了确认。因此，关于对无线设备的数据实时截取的相关搜查令及判例最初援引的主要是 1968 年《综合犯罪控制与街道安全法》第三部分"窃听与电子监控"部分的规定。该法律规定在经过法院授权批准，并且在受授权法官的监督和控制下才能实施实时窃听行为。同时它还规定，只有在其他所有调查技术都已尝试过且收效甚微，并已采取预防措施能够确保"无辜"会话排除在分析范围之外的前提下才可以采取窃听手段。此外，美国联邦最高法院在 1972 年的 Keith 案[4]中进一步明确了在任何情况下，对于交换中的信息的截获行为都需要有明确的令状。

但 1978 年《涉外情报监控法》收紧限制了对涉及美国公民以及居民

---

〔1〕　部分学者指出，截听（intercept）同时包含存留、复制电子信息的意思。

〔2〕　365 U. S. 505（1961）.

〔3〕　389 U. S. 347（1967）.

〔4〕　United State v. U. S. District Court, 407 U. S. 297（1972）.

的通信信息进行拦截的权力（详见上文）。同时 1986 年《电子通信隐私法》第一部分规定了对通信进行截听的相关事项，取代了 1968 年《综合犯罪控制与街道安全法》中相关部分的规定，同时正式将电子通信的实时监听纳入了规范范围。

1994 年《通信协助执法法》主要对第三方协助侦查人员进行通信实时监听的义务和方式，以及侦查人员运用设备进行实时监听的具体方法进行了规范。在美国，由于侦查人员很难完整具备截听所需要的所有技术设备和技术，所以一般来说都是由第三方的通信运营商负责帮助执法人员按照需要提供相关帮助。该法案规定了第三方数据服务商在其中的协助义务、范围和相关的法律责任问题。其中第一部分要求设备商为警方的监听在设备架设过程中预留出必要"通道"。但是客观来说，这个法案的初衷是美国认为数字电话推广会给执法机构的窃听工作带来新的障碍。通过这项法案，通信公司可以给新型的通信方式增设新的兼容接口，国会也能够在有法律支持的条件下为这类网络改造提供经费支持。因此，第三方数据存储和服务商为政府的监听截听工作进行技术服务和支持并不是自这部法律才有，该法案更多是为了应对电子信息技术的发展作出的扩张性解释规范。到 2001 年为止，美国关于数据实时截取的相关法律规范的出台可以说大多是在为必要侦查活动预留空间的基础上，不断完善和健全公民个人隐私保障的过程。

2001 年《爱国者法案》在当时的社会背景及政策需要下，大幅度扩张了执法机构在美国境内外的执法权限，逐步将监听、监控的范围扩大到实时数据的截获和收集的层面。根据 1994 年《通信协助执法法》第 108 条、第 201 条、第 202 条及《爱国者法案》的规定，网络服务商应当在有法庭命令或其他合法授权的前提下，为侦查人员进行的拦截、窃听、识别、屏蔽数据等行为进行必要的技术协助。同时，2018 年 6 月，美国联邦最高法院规定对于手机定位的实时追踪需要事先取得搜查令，[1]进一步将实时数据截获的行为受规制范围进行了扩大。

---

〔1〕 Carpenter v. United States，16-402（6th Cir. 2018）．

欧盟主要通过《网络犯罪公约》对实时采集的技术适用范围作出一定的限定。对于实时数据收集和截获的规定主要在《网络犯罪公约》第20条、第21条。其中第20条共用四款规定了往来数据实时搜集的内容、服务提供者的保密义务和实施本条应遵循的条件和保障。按照该条的规定，实时搜集的对象须是服务提供者的主要经营场所在成员国境内且为成员国境内的往来数据，但没有在技术上作出更多要求或者限制性使用规定，这主要是考虑到欧盟各成员国内部技术发展的差异。从第20条来看，对于往来数据的实时搜集措施可以对所有犯罪适用，但第21条规定，要求成员国根据国内情况，确定严重犯罪范围并针对内容数据制定实时搜集措施。《网络犯罪公约》第21条主要是规定了对往来数据的实时截获，该条规定主要对境内（欧盟）采用技术手段截获信息的范围作了划定和限制，总的来说，欧盟认为实时信息的截获是一种无计可施时才可以使用的技术手段，对于这种方式的使用较为审慎，也因此制定了一些限制性规定。考虑其中的技术限制和隐私权问题，《网络犯罪公约》把这两种技术措施的适用范围留给缔约方国内法来确定，因此一些成员国内部在此基础上还规定了更多的保障性措施，包括监督体制、对通信的监听或者数据复制的对象、内容和实践进行限制，以及规定了当事人的请求赔偿权等。

（四）电子数据鉴真：证据的可采性制度考察

在美国，鉴真是一个主要集中在庭审预备阶段的证据可采性问题，主要涉及手段合法性的验证。然而在我国，电子数据的鉴真问题反而更多地涉及证据的收集环节，有必要进行一定的研究。

"鉴真"一词翻译自英文 authentication，《美国联邦证据规则》第901条规定了证据的鉴真与辨认，其中第901条（a）款概括性地定义了鉴真：作为证据可采性的先决条件的鉴真和辨别，可以足以支持提出人所主张的事实确与待证资料所显示的内容相符合的证据，来使人相信该证据的形式是真实的。陈瑞华教授解读为，鉴真就是证明某一证据确属提出该证据的一方所声称的那一证据，也就是法庭上的证据与控辩双方所主张的证据具有同一性的意思。[1]即简单来说，美国鉴真的目的有三个：第一，验证证据的同一性；第二，确定证据的形式真实性；第三，确定证据的可采性。

除规定了一般原则外，还规定了十种鉴真的方法；第 902 条规定了证据自我鉴真的方式；第 903 条规定了署名见证人的证言。针对电子数据的鉴真，尤其是特殊的鉴真，联邦最高法院通过解释联邦证据规则 901 条 B款，主要是第 901 条（b）（4）款"与众不同的特征及类似特点"以及第901 条（b）（9）款"关于过程或者系统的证据"。就具体程序而言，美国电子数据的鉴真可以分为庭前鉴真和庭中鉴真，由于电子数据的鉴真有保障证据可采性的目的，所以大多数鉴真程序都在庭前进行，在这个环节中由法官决定不予采纳的数据，不得在庭审举证时使用。但美国仍旧不排除当事人在庭中对数据真实性质疑的权利，并同样由法官进行裁决。

与上文提到的我国电子数据的鉴真规则相比较，可以发现有如下差别：

（1）性质不同。从程序角度看，美国对待鉴真的方式是将之作为证据可采性的一个前置程序。英美法系中的鉴真的当事人诉讼模式，其以庭审为中心，并将之作为先决程序。对可采性进行判断，目的为对证据形式的真实性进行判断。鉴真通常处在证据交换、庭前会议这个阶段，鉴真的义务赋予了举示证据的一方——"主张的证据就是说明所举示的证据"。法庭若要决定证据是不是可采，需要的只是将双方的鉴真进行比较形成确定证据的初步标准，根据达到程度消极地决断即可。而中国的鉴真，其实归属审查判断证据真实性过程中的一方面，在整个诉讼阶段存在。通常电子数据规定的发布者"两高一部"，包括司法行政部门中的"三部两院"，都不可例外地遵从。因而，鉴真在侦查、起诉、审查这三个阶段中的任何一个环节中通用，而英美法将之作为判断可采性的一个必经过程。在审判阶段，与死刑证据规定适用、鉴真证据，是法官审查证据时的一个环节。因为英美法对证据的"不真实假定"的确立在我国并不存在，所以，没有要

---

[1] 陈瑞华："实物证据的鉴真问题"，载《法制资讯》2012 年第 4 期。

求公诉方对证明责任的承担，体现到每一份实物证据的真实性上。仅限于当法庭质疑其真实性时，才出现控方证明其真实性的需求。所以，法庭在实物证据鉴真上，持有较大的裁量权。

（2）方法不同。中国鉴真的方法中，主要依赖笔录作为检查方法，不仅较为单一，且以形式审查为主。英美法鉴真方法具有体系性，更加重视对于实践操作合法性本身的确认，即重视的是确认特征及保管链条，其中在适用传闻规则时会利用笔录或清单类证据，对此配套的要求是证人需要出庭作证。可以说，其本身的体系构建是较为完整和严密的。

（3）后果不同。在没有完成鉴真时，英美法的后果为证据不可采。中国依然是对合理解释或补正持允许态度，排除后果的产生仅仅出现在不能合理解释时。在是否合理解释上，法官有较大的裁量自由。当前亟须解决的难点，还在于面对内在载体鉴真较为困难的情形，如何适用可补正排除规则与强制性排除规则。

三、域外控制与救济程序考察与比较

域外大多数国家要求对电子数据的检查应当有法律的明确授权，实施前应申请批准令状，公民对其个人隐私权拥有"合理期待"，并可对电子数据侦查取证程序申请权利救济。对电子数据的检查和提取应当注意对侦查权力的控制与公民隐私权的保护，这已成为各国和地区普遍的共识。

（一）令状制度下的审查与监督

在美国，执法人员经申请，取得法院许可后，可执行取证工作。从获取电子数据的侦查取证授权方式上来说，主要存在三种途径：一是通过传票获取非内容数据（如姓名、地址等信息）；二是通过法庭命令（Court Order）获取不敏感内容数据（包括通信服务、运营商远程存储的用户内容数据）；三是基于搜查令获取内容数据。从监督的严格和细致程度上来说，对人身权利侵犯越严重、所需要获取的信息越细致的取证行为，就会面临越严格的审查和监督程序。相比之下，法德等国家的监听等侵犯当事人隐私权程度较高的侦查取证行为则是由检察官负责。

美国警方搜查、扣押包含数据信息的电子设备须受到双重司法审查。联邦最高法院于 2014 年 6 月 25 日，在赖利诉加利福尼亚州案（Riley v. California）和美利坚合众国诉沃瑞案（U.S. v. Wurie）的合并判决中作出裁断：警察在逮捕犯罪嫌疑人时无权搜查其手机中的数据信息，若要想搜查手机中的数据信息，必须单独获得令状。[1]根据赖利诉加利福尼亚州案确立的规则，警方搜查、扣押手机数据信息必须受到双重司法审查：一是搜查、扣押手机通常是在拘留、逮捕犯罪嫌疑人时附带进行的。美国拘留、逮捕的实施以有证拘留、逮捕为原则，无证拘留、逮捕为例外。这意味着，警方在拘留、逮捕犯罪嫌疑人以前通常必须向法官申请签发令状。二是按照赖利诉加利福尼亚州案确立的规则，在拘留、逮捕犯罪嫌疑人时，搜查、扣押其手机只能针对手机机体，如手机的型号、颜色、新旧程度等，不能针对手机中的数据信息。如果需要对手机中的数据信息进行搜查、扣押，必须再次向法官申请签发令状。[2]

美国不同的令状所能授权的搜查范围与信息也是有差别的。普通的非数据信息只需要简单的法院传票，非敏感的数据信息需要通过法庭命令，但是针对敏感信息通常就需要通过搜查令规定合适的理由，以及明确查封的内容、时间、地点等一系列条件。联邦最高法院最终认为，如果授权警方拘留、逮捕犯罪嫌疑人后可以无证搜查手机数据，将给予警方"随心所欲地翻查一个人私生活的不受约束的自由裁量权"。[3]对于更加具有秘密性的一些行为，如涉外情报的监控，需要向专门的涉外情报监控法院进行申请监控的授权命令，并由国会对执法部门收集情报的行为进行监督。[4]对于电子数据交换的监听、截听行为，联邦最高法院要求必须只能适用于重罪并且是在其他取证手段皆被证明无效的情况下才能适用。

美国政府针对一些特别的情况还作了一些特殊规定。比如，对于收集

---

〔1〕 Charlie Savage, "Between the Lines of the Cellphone Privacy Ruling", *the New York Times*, June 25, 2014.

〔2〕 陈永生："论电子通讯数据搜查、扣押的制度建构"，载《环球法律评论》2019 年第 1 期。

〔3〕 Riley v. California, 134 S. Ct. 2473, 2491-2495 (2014).

〔4〕 《美国法典》§1803。

到的他国的信息情报，政府必须在取证完成后通知适用证据的对象人，通知包括证据内容和意图使用该证据的法庭，以便当事人对下一步可能面临的起诉和对自己个人信息被获取的情况申请司法救济等进行准备。[1]《电子通信隐私法》对电子信息交换的实时截听行为，在除常规的司法令状外，还对相关资料的保管、销毁和管理制定了专门的程序，保障相关内容信息不会泄露。

（二）最高等级严格排除非法证据制度

在美国，非法证据的范围有广义与狭义两种理解。狭义的非法证据仅指以违反美国宪法第四修正案的方式取得的证据，即通过非法搜查、扣押取得的实物证据；广义的非法证据范围更大，还包括以违反美国宪法第五修正案、宪法第六修正案、宪法第十四修正案的方式获取的证据。除此之外，美国还有一种非法证据——"毒树之果"，即通过非法取得的证据派生出的相关其他证据，即使是合法取得的，也不能被使用。此外，美国是唯一一个强制排除以侵犯个人权利的方式获得相关证据的国家。

一般来说，非法证据一旦被排除，即不能作为定案依据来使用。自20世纪80年代以来，在新一轮犯罪浪潮背景下，美国联邦最高法院通过一系列判例针对非法排除规则制定了例外原则，譬如稀释的例外、必然发现的例外、独立来源的例外、善意的例外等。

对于电子数据取证的排除来说，需要特别注意的是对电子数据获取的手段是否合法合理。美国在 Weeks 诉美国案[2]中首次提出了证据排除法则，即如果政府工作人员进行了非法搜查或扣押，则在随后的起诉中不能使用这些成果。这种"毒树之果"不仅包含了有污点搜查中得到的证据，还包含基于这类搜查的后续活动中获取的信息或证据。从本质上说，这项规则非常有必要，因为警察的自我约束不足以保护其不违反宪法第四修正案。证据排除法则的目的是防止政府滥用搜查权和扣押权。因此，法院历来都拒绝接受违反宪法第四修正案的证据。然而，最近的判例法更多地利

---

〔1〕《美国法典》§2807-2808。

〔2〕 Weeks v. U. S. , 232 U. S. 383（1914）.

用证据排除法则来阻止将来的违宪行为，而不是对过去的行为进行惩罚。[1]
遗憾的是，美国联邦最高法院一直对无线通信引发的数字证据和隐私问题
保持沉默。在计算机犯罪案件中对证据排除法则的使用一直都很谨慎。在
美国，对于电子数据取证的排除来说，最关注的是对电子数据获取的手段
是否合法合理，这也是宪法第四修正案的评价基础。对于使用秘密手段取
得的电子数据，如实时取证手段等，法律设置了相对更为严格的排除规
定。《电子通信隐私法》就按照"毒树之果"对非法截听的电子数据予以
了最严格的排除方式。

（三）取证的救济：告知、公开与事后销毁

证据排除法则的目的是防止政府滥用搜查权和扣押权，因此司法救济
的基础直接来自美国宪法第四修正案。美国法院历来都拒绝接受违反美国
宪法第四修正案的证据。最近的判例法更多地利用证据排除法则来阻止将
来的违宪行为，而不是对过去的行为进行惩罚。[2]因而美国立法机关赋予
了当事人面对非法电子取证行为的救济权利，尤其在电子监控、扣押检查
电子设备等与隐私权的保护问题上，做了很多权力与权利上的平衡。他们
认为，如果不采取某种方式对生活在网络世界所需的信息进行保护，美国
将根本不存在隐私。例如，通过新兴通信媒介披露的医疗记录、财务信息
和个人资料虽然看上去都是匿名信息或都已进行加密，但仍可能受到政府
官员的调查。[3]因此，每个案件的特征都不相同，法律解释的连贯性也并
不稳定，在电子监控领域更是如此。

美国规定的电子数据取证的救济措施总共包括三类：对当事人的事后
告知，政府内部有限的公开和相关资料的保管、保密及销毁程序。

1968 年《综合犯罪控制与街道安全法》中规定了对违规行为的处罚，
并要求当监视活动停止时，必须将其进行公开。当事人面对不符合前述规
定要求的电子数据取证行为，有权向法院或警察提出异议。1986 年《电子

---

〔1〕 Britz, Marjie T, Criminal Evidence, *Allyn & Bacon*：*New York*, 2008. p. 1.

〔2〕 Britz, Marjie T, Criminal Evidence, *Allyn & Bacon*：*New York*, 2008. p. 1.

〔3〕 United States v. Monroe, 50 M. J. 550（A. F. C. C. A. , 1999）.

通信隐私法》则将这一要求扩展到了电子数据取证中的监控和实时取证行为的规范上。该法律规定，侦查机关在对电子通信的截听申请被驳回或在令状届满后，应将截听行为告知受到截听的当事人。该行为的目的在于保证公民在事后知道自身的宪法性权利受到侵犯的事实，以及为后续可能的诉讼做好充分的准备活动。[1]另外，1986年《电子通信隐私法》还规定，在完成起诉审判活动之后，通过截听等技术手段秘密获取的证据都需要被销毁。

1980年《隐私保护法案》被编入了《美国法典》第42篇第2000节，它规定地方、州或联邦执法当局对可出版材料的搜查和扣押是违法的。但各级法院和很多公民团体都对其模糊性、歧义性和内容范围过于宽泛等问题提出了批评。有趣的是，《隐私保护法案》并不拒绝接受违规获取的证据。另外，它专门为政府滥用权力的受害者提供了一定的民事补偿。

（四）数据提取规则的差异比较：个人数据的所属权划归

对于个人数据而言，其存储于公共第三方平台，但同时其所有权又归属于个人。掌握数据的人和数据权益的归属产生了错位的情况下，就会产生一系列的问题：首先，由存储位置带来的疑问就是，存储在第三方的数据究竟是私人物品还是公共物品？公民个人是否在同意了第三方数据提取要求的时候就丧失了对这些数据的私人占有？由此，法律应对这些数据以私人物品的形式进行保护，还是以公共物品的形式进行保护？

我国更加倾向于将个人数据的安全同国家安全和社会秩序相关联，也就是说，我国认为数据不属于，或者说不仅仅属于个人，而是关乎到更大层面的稳定和安全。在法律解释的层面，我国部分学者也指出，数据缺乏民法中客体物所要求的特定性与独立性，其作为客体与民法中的客体实体权利功能也不完全契合，无法作为客体对待，同样从隐私权抑或财产权的角度来看，也都不能很好地站在数据的"个人属性"上对第三方采集的个人数据做恰当的解释。因此，在个人数据的流动问题上，我国明显表现得

---

[1]《美国法典》§2518。

更为主动。从这个立场出发，我国更倾向于将数据作为一个集体概念视为公共物品，对于其收集和提取也适用对公共物品而非私人物品的程序规则。

而在其他一些国家及地区，相对而言更加偏向个人数据具有私人物品属性这一立场。例如在美国，作为这一立场的法律背书，美国的隐私权所保护的范围和宪法第四修正案中的相关条例，为将个人数据（包括提供给第三方的）纳入私人物品领域打下了坚实的基础。基于此，美国对个人数据的立场主要可以用"信息自决"进行概括，即收集提取个人信息的第三方并不如同我国一样被认为拥有数据，而是仅享有数据带来的经济利益，个人数据的处理权限依然存在于公民个人手中。因此，美国的数据流动和公权力的数据提取，需要更多地经过个人的同意和许可。

四、对我国的启示与借鉴意义

（一）数据保全与隐私保护将是司法博弈的核心

基于电子数据的脆弱性、易变性等特性，对原始电子数据的日常保存和保全显得尤为关键。从各国立法与司法实践来看，存在两大趋势：第一个趋势是不断强化网络服务提供商的数据存留、提供义务，其中以欧盟过去20年间就个人数据保护与存留之间的立法拉锯为典型。[1]欧盟成员国相继建立类似制度，而德国相关立法经过宪法法院否决之后，又于2015年12月通过了《通信数据的存储义务与最高存储期限引入法》（BGBI. I. S. 2218）。第二个趋势是以侦查机关为代表的公权力机关也在构建自己的公民个人信息数据库，其中以电子形式存储的指纹、DNA等生物信息较为常见。比例原则要求的目的正当性并非概括式，而是基于个案审查对权利保护之例外的确认和许可。以欧盟《数据存留法》为例，该立法对网络服务提供商没有授权程序要求，而是进行一般性义务设定。在这种情况下，对于电子数据的存留被常态化、合法化，而不加干预反倒成了例外。这一趋势伴随着

---

〔1〕 裴炜："犯罪侦查中网络服务提供商的信息披露义务——以比例原则为指导"，载《比较法研究》2016年第4期。

恐怖袭击的升级进一步加强。2016 年 4 月 14 日，欧洲议会通过的《预防、发现、侦查、起诉恐怖犯罪和严重犯罪中使用乘客姓名记录的指令》即是一例。[1]如此之结果，使得留存公民电子数据以供未来取证之需成为常态，运用何种具体目的或涉嫌某种罪名可以开展侦查的情况愈加少见，比例原则无法得到贯彻。

很多人担心，虽然目前隐私期待已被公认为受到了一定保护，但随着信息化技术的出现，它还会受到破坏。他们认为，如果不采取某种方式对生活在网络世界所需的信息进行保护，美国将根本不存在隐私。例如，通过新兴通信媒介披露的医疗记录、财务信息和个人资料虽然看上去都是匿名信息或都已进行加密，但仍可能受到政府官员的调查。因此，每个案件的特征都不相同，法律解释的连贯性也并不稳定，在电子监控领域下的隐私保护更是如此。

（二）新型技术对法律的挑战将持续存在

技术是具有无条件扩张的特性的，而法律则具有有条件规制的特点，那么技术与法律之间必然就存在有天然的紧张关系了。法律会因为技术的不断扩张而调整范围，而这种调整自然也会有特定的边界。法律并不能逾越边界来对技术因素进行控制，在设定了明确的法律内容之后，技术所衍生出来的问题就在法律当中找答案，而非无休止地为了应对技术革新而调整法律，尤其是法律规制的框架性原则。电子数据当中技术性的因素主要有以下几点：生成技术因素还有修改技术因素以及取证技术因素。不过在其中，生成技术因素主要是基础性技术的因素，这也直接决定了证据的特点还有证明力的大小，也正是因为其从无到有的生成性，这种技术性的因素并不会天然地为法律所规制。[2]

不论是什么样的系统或者技术，都会产生特定的证据存在，而这一类

---

[1] 参见 Directive (EU) 2016/681 of the European Parliament and of the Council of 27 April 2016 on the Use of Passenger Name Record (PNR) Data for the Prevention, Detection, Investigation and Prosecution of Terrorist Offences and Serious Crime.

[2] 庄乾龙、朱德良："论电子证据对传统刑事证据理论的冲击与应对"，载《华中师范大学学报（人文社会科学版）》2012 年第 A1 期。

的证据可能并不符合法律的规定，那么由此也会形成冲突。修改的技术因素也是需要在特殊的情况下，为了完成某种要求，由此对系统进行适当的修改。不过这种修改的技术因素可能会让本源意义上的证据产生改变，而且可能会使得新的结果与法律所规定的证据有所不同。即这种修改的技术因素，可能会使得本源意义上的证据有所改变。不过证据法律还有其他法律也没有办法作出修改性的限制。而在法律还有技术之间，自然也就产生了新的冲突。在证据法律当中，技术性因素的施加还有控制，都会与取证的技术因素有关。相关证据的法律也可以通过设定一系列严格的取证规则让取证的程序得到规范。不过这种规范其实还是十分有限的，因为法律只能对主体取证时的表面程序进行约束，但是对于取证主体的使用技术深度却没有办法作出规范。

电子数据要想适用于传统的无证搜查规定仍存在困难。例如，根据美国宪法第四修正案、《美国联邦证据规则》《电子通信隐私法》等一些有关搜查的规定，只要是目视搜查或是同意以及紧急的情况之下，就可以进行无证搜查。[1] 如果是在电子数据的语境之下，那么基本上就不会有不经过操作而可以观察到数据的情形。所以，只要是在经过同意之下所进行的无证搜查，还是会受限于具体的同意范围。所以，电子数据要想运用于无证搜查上，这本身就有很大的难度。另外，因为处于网络环境下，如果是出于个人意愿把数据交给第三方进行存储，那么这样也代表着是对个人相关权利的自动放弃，所以对于其合理隐私期待的范围也就要重新明确了。不过总体来说，美国联邦最高法院一直都对在人类生命受到威胁或证据可能遭到破坏的情形下进行的无证搜查持肯定态度。虽然美国联邦最高法院并没有将这种理据运用到移动电话搜查中，但下级法院已有类似的做法。在美国诉 Parada 案[2] 中，一位执法人员搜查了移动电话中的内容，并对最近通话中的电话号码进行了记录，法院对此表示支持。法院认为，由于移

---

〔1〕 梁坤："美国《澄清合法使用境外数据法》背景阐释"，载《国家检察官学院学报》2018 年第 5 期。

〔2〕 U. S. v. Parada, 289 F. Supp. 2d 1291, 1303（D. Kan., 2003）.

动电话中存储号码的容量有限，因此为防止随后的来电造成之前存储的号码被删除或覆盖，代理人才对号码进行了记录，在这种情况下，代理人有权立即搜查或读取移动电话的存储器以免证据遭到破坏。此后在美国诉 Zamora 案[1]和美国诉 Young 案[2]中也有类似的裁决。

　　无论在哪个国家，目前的技术以及法律都无法实现完全避开侦查机关和数据保有者、管理者之间可能产生的冲突。但在这一过程中公权力机关仍需要遵守已有的关于调查取证的法律法规，在执法人员的数量、身份、法律文书、调取数据方式等方面都要符合既有的程序性规定。然而，公权力机关调取数据意在查清待证事实，或是出于打击犯罪的需要，或是出于解决纠纷、维护社会秩序的需要；而数据管理者对个人数据的管理则需要考量个人信息保护的价值要求。在这两种不同的价值目标下，程序性法律规范就需要本着适当与合理的出发点在二者中实现平衡。

　　（三）刑事跨境数据取证与司法主权息息相关

　　现今网络犯罪立法和网络犯罪公约的制定已经在全球范围展开，如何在本土化的基础上，同时在联合国框架下实现相关规范立法的协调发展，对于我国来说既是机遇也是挑战。目前涉及跨境取证的最为广泛接受的公约是欧盟《网络犯罪公约》，其成员到目前为止超过 50 个。从公约内容上可以看出，其中一些原则性规范与我国的主张有着一定的差异，欧美等一些电子数据规范发展较早的国家具有一定的话语权和先发优势。如果按照这个公约施行跨境数据调取，对我国与缔约国之间实现数据交换是非常不利的。而机遇在于，公约已经表现出一定的落后性和发展的停滞性，同时越来越多的发展中国家都注意到了该公约反映出欧美立法的一些不公正性，这就给了中国树立自己主张的机会。在兼顾利益和吸收包容的原则下，在联合国框架下实现相关规范、公约或者立法的协调应当是中国立法的最优选择。

　　目前，解决重大案件或者系列案件中跨境取证的需要主要依靠公安部

---

〔1〕　U. S. v. Zamora, 222 F. 3d 756, 10th Cir.（2000）.

〔2〕　U. S. v. Young, 350 F. 3d 1302, 1308-09（11th Cir. 2003）.

门启动协调和沟通机制。我国主要通过与相关国家签署针对该系列案件的合作协定等类似的方式对跨境取证问题进行处理，目前我国《国际刑事司法协助法》提出的网络主权原则与欧美等数据保有大国观念相左，而与之相对的，则是体量巨大的跨境交易和数据传输，对于这些数据的提取问题，目前法规仅依靠《电子数据规定》第9条进行远程勘验，[1]这不仅与我国相关法律中的理念不符，对于如何在这种条件下实行司法层面的合作也没有明确给出依据。在这种情况下，不仅一些涉及金额较小、案情影响不大的案件会被忽略，而且从这种办案方式本身来说，也不是长久之计，不仅会浪费大量的司法人力资源，也会使得更多的不法分子利用这个漏洞将关键证据或资金转移到境外。另外，我国想要获取域外的电子数据取证就需要域外司法人员代为取证，即通过受理案件国的司法机关委托证据所在地国家的司法机关代为取证。尽管这种取证可以避免涉案双方国家产生直接的司法冲突，减少两国刑事法律问题的差异，但周期往往非常长，同时取证效果也非常差。越来越多的国际司法实践表明，许多国家都在实践中避开了协作取证的方式，选择依靠技术或法律手段进行自行取证。这些替代方式，包括远程勘验、跨境搜查与强制披露等。但这些方法势必会引起对于被勘验搜查国的反对：此种行为是否侵犯了他国司法主权、是否侵犯他国的利益，其中可能隐藏的间谍或者网络攻击行为都可能带来外交风波甚至是法律冲突风险。进行远程勘验或者跨境搜查所使用的攻击性黑客技术本身，亦可能造成法律上的争议。

　　强化电子数据取证调查过程的标准化和规范化研究，进行跨国间电子数据采集标准的统一，以服务于打击跨国犯罪案件，是惩治犯罪的最佳理想状态。然而不同国家由于法制水平不同以及发展程度的差异，导致各国在电子数据的认定上也存在较大的差距。尤其是在跨境调取数据的时候，司法制度、证明标准的差异，导致取证非常困难，很难找到完整的犯罪证

---

　　〔1〕　该条规定为对于原始存储介质位于境外或者远程计算机信息系统上的电子数据，可以通过网络在线提取。为进一步查明有关情况，必要时，可以对远程计算机信息系统进行网络远程勘验。进行网络远程勘验，需要采取技术侦查措施的，应当依法经过严格的批准手续。参见裴炜："论远程勘验：基于侦查措施体系性检视的分析"，载《政法论坛》2022年第4期。

据。同时管辖权问题时时存在，导致侦查良机被耽误。我国电子取证起步晚、立法较为粗糙，关于电子数据取证程序的有关规定有待进一步完善。囿于法律体系和司法侦查环境不同，以上其他国家或地区的做法仅可作为参考。[1]

不少国家开始抢占网络犯罪法规制定的高地。发达国家在电子数据取证方面走在了世界的前列，欧洲一些国家均制定了电子数据规则，美国、俄罗斯等国家均已开始制定新时代的网络犯罪立法规则。施行不同法律体系的我国，在电子数据的取证和收集上，刑事诉讼法和相关司法解释、行政法规、部门规章规定的电子数据收集措施主要是强制网络服务商提供记录和保存信息、搜查和扣押、技术侦查等措施，但也存在适用范围狭窄、数据保护时间缺乏灵活性、没有充分保护公民隐私权等合法权益和保护措施不完善等缺陷。[2]我国的刑事侦查取证中的一些技术措施的相关规定，如果不是针对电子数据设立的，很多就没有考虑到电子数据的有关技术特性。比如，数据的调取等要求中就没有规定相关单位以及个人的保密义务，以及许多类似的问题都有待完善。

笔者总结了两个可能阻碍我国参与规则制定的问题：一是境内外法律体制的差异。首先是对于具体案件性质的认定差异。典型的如涉及跨境资金交换的犯罪，一桩跨境交易犯罪案件的证据必然一头在境内，一头在境外。能否实现境外取证的第一个决定性因素就在于境外政府对该交易性质的法律定性，如果资金另一头的政府并不如我国一样认为该交易违法，那么我们的数据提取请求很大可能会被拒绝。其次则在于相关法治理念，跨境提取电子数据所涉及的司法程序较为复杂，不同国家地区的刑事法律对同一问题的定性和具体程序规定有可能大不相同。在证据效力、流程规范等方面我国的相关规范有着自己的考量和主张。比如，我国主张网络数据司法主权的概念，即对涉及我国人、事、物的电子数据享有主权，但是以

---

[1]　廖斌、刘敏娴："数据主权冲突下的跨境电子数据取证研究"，载《法学杂志》2021年第8期。

[2]　王学光：《计算机犯罪取证法律问题研究》，法律出版社2016年版，第45页。

欧洲为主的西方大部分国家都明确反对相关概念，[1]因此在相关国际条约的签订中这个差异就可能会对数据的提取权限带来深刻的影响。如何在不违背我国主张的前提下与域外国家达成取证工作中的协调一致，也是一件较为困难的工作。

二是我国的信息保护与域外相关规范的落差。不同国家之间对于数据交换本就是持谨慎的态度。比如，欧盟成员国一般都不会接受非欧盟区国家法院的调查取证请求。许多国家都以我国对于隐私权等保护的相对不利为借口拒绝相关的合作协议，这就要求我国以更加积极的姿态加入国际跨境取证的规则制定中，为我国的相关主张争取更多的话语权。

（四）电子数据侦查取证的基础规则建设尤为重要

总的来说，域外电子数据侦查取证规则建设较好的国家有如下共同点。

一是专业性。科学鉴定、检验电子数据，其前提首先要求依照国家和行业标准，其次由特定的专业人士进行，同时要求依托特定的设备技术。特定的专业人士指的是具有特定的专业知识、技能、能力，且具备资质或得到公安部或最高人民检察院授权的技术人员。特定的设备技术是指得到相关机构认证、认可的软硬件设备工具、手段方法。依据国家和行业标准是指鉴定、检验必须符合国家和行业标准，或符合经过确认的标准。鉴定、检验从接受委托、分析论证到出具鉴定意见、检验报告都要遵循相关的标准、流程。专业性是电子数据鉴定、检验的特点，也是电子数据鉴定、检验的要求。只有高度的专业性才能保证鉴定、检验结果的真实性和客观性。[2]科学的鉴定、检验结果通常是可重复、可验证的。与其他类鉴定相比，电子数据鉴定、检验的专业性要求更高。

二是设备依赖性。与其他类鉴定、检验相比，电子数据鉴定、检验具有更大的设备依赖性。其依赖性是由电子数据的无形性、脆弱性、潜在

---

〔1〕 廖斌、刘敏娟："数据主权冲突下的跨境电子数据取证研究"，载《法学杂志》2021年第8期。

〔2〕 Bank of America Corporation, "System For Rerouting Electronic Data Transmissions Based On Generated Solution Data Models" in Patent Application Approval Process（USPTO 20190149453）, *Technology & Business Journal*, 2019.

性、分离性等决定的。[1]电子数据的特性决定了其必须借助专用设备、工具才能读取，才能对电子数据进行分析。在"大智移物云"年代，单纯地依靠人才、肉眼已很难实现对电子数据的鉴定、检验。于电子数据的鉴定、检验而言，为了实现结论的科学性，依托特定的设备技术是必须的条件。

三是重视证据证明力以及关于电子数据的证明力方面的考察。若要对电子数据本身进行认定，还需要结合案件中其他证据，得出是否可以对待证事实加以证明，乃至证明的强弱的结论。在判定证据证明力上，根本依靠的还是证明或裁判主体的主观判断，其综合了多种要素，如逻辑推理以及分析能力，个体知识经验等。尽管电子数据取证中的证明属于自相证明，也就是由侦查主体自主实行证据的收集、审查与认定，然而对于一个完整的刑事诉讼阶段而言，裁判者是最终判定者，所有的侦查证据，所认定的事实最终经由法庭审判来检验，与证明者相比，裁判者需要接受的证据资料更多。同时由于其特定的诉讼职能不同于证明者，由此导致的思维方式也大有差异。换言之，证据和认定的事实即使被侦查阶段采纳，在庭审中，也未必会被法官采纳。所以说，电子数据侦查的证明主体（侦查取证人员），由自己确信案件的证据和事实的同时，更要着眼大局，从刑事诉讼案件整体出发，直面证据的证明力判定问题。为了确保并提升证据的证明力，要求实施一定的措施，增强说服力，在庭审中使法官能够对控方的诉讼主张加以接纳。

四是重视电子数据的特性在侦查取证过程中所展现出的特点，并对相关规则进行适应性调整。如上文中提到的电子数据鉴真规则，美国就及时对这种技术方法进行了采纳，此处不再赘述，另外，如中美对于电子数据原件制度的要求差异（见表5-3），这些都提示我们应重新思考，建立更加恰当的电子数据提取、展示规则。

---

[1] 陈爱飞："区块链证据可采性研究——兼论我国区块链证据规则的构建"，载《比较法研究》2022年第2期。

表 5-3　中美对电子数据原件制度的构建差异

差异处＼国家	美　国	中　国
电子数据显示制度：是否可以接触原始介质或备份查看、复制	美国联邦司法部实施的法庭数据规则指出：执法人员与检察官操作规范中提出相关内容	辩护方不能正常查看、审查立法缺失：《人民检察院刑事诉讼规则》规定辩护人复制案卷材料能够使用复印和拍照的方式进行，未制定应对电子数据的特殊性措施，并且对电子数据的显示方式作不同规定
合理证据规则	根据《美国联邦证据规则》第 1002 条规定的合理证据规则，提出原始的材料和证明争议中所需要的其他材料	诸多电子数据原件被转化为书面材料

　　从以上所述角度出发进行电子数据侦查取证工作规则与程序规则的建设，无疑能够有效弥补当前我国存在的一些不足。

第六章

电子数据取证
新技术的应用与反思

一、大数据积分预警与算法程序

侦查取证的实践工作是以怀疑和猜测作为出发点的。高度依赖经验积累的侦查工作，使侦查人员更容易反规制。有学者将侦查中警察的行为目标总结为四种可能，分别是方法（method）、挑战（challenge）、技巧（skill）和风险（risk），[1]除第一种之外，后三者在很大程度上都涉及公安人员对办案的认知和方法的独特构建，是一种严重依赖日常实践积累的行为认知知识，其建立、变动和应用条件都极其"私人化"，并且根据每个人对事务观察角度的不同而呈现出不同的构建模式。除新任警员之外，大部分警察都更倾向于采用自己认为正确的路径，而不是依赖指导手册进行侦查活动。也就是说，警察执行法规更倾向于是"方式方法上的行为"（Ways and Means Act）。[2]

这种具有较强的小范围经验特色的侦查取证行为，在侦查中有时被称为"隐性知识"。即"为什么这样做"和"如何做"的经验大多数都通过习得性经验累积而来。这会带来一个问题，即在这种习得性侦查取证行为中，如何保证程序合法。

（一）海量数据与经验模型的结合

1. 数据整合与清洗分级

目前我国侦查过程中运用的系统为大数据积分预警系统。从本质上来讲，积分预警系统可以被视作一种公安数据挖掘手段（主要采用关联关系分析、聚类分析等技术）的产品化体现，通过大量信息数据的采集、整合、清洗，进而制定相应的积分规则，设置相应的权重与参数，实现区分预警等级，为落地查控提供有力的情报基础。其最初来源于 2009 年提出的

---

〔1〕 Dean G, Fahsing I A, Gottschalk P, "Creativity as a determinant of thinking style in police investigations", *International journal of police science & management*, 9 (2007), 112-121.

〔2〕 [英] 罗伯特·雷纳：《警察与政治》，易继仓、朱俊瑞译，知识产权出版社 2008 年版，第 103 页、第 109~110 页。

高危人员信息预警机制，目的是将公安人员密切关注的前科、情报显示高危的人群进行数据集中，并通过赋分的方法对这些人员进行分值累计，超过一定分数的人会自动触发警报。可以说，这套系统的本质就是基于对异常行为分析总结的算法。[1]因此，其基础在于对"异常行为"的界定和辨别，而运算模式则是对积分制度的体现。

发展至今，大数据积分预警实现了在原则上"把一切和公安工作有关的事务都纳入情报收集的范畴中来"的思想，整合各类公安管控数据、视频监控结构化信息数据、物联网前端采集的信息数据，并设计用于数据规范化整合、清洗的数据表。简单来说，大数据积分预警可以看作是通过将各类数据进行整合，运用情报思维，将收集到的数据（信息）按照一定的重要性与越轨性（偏离正常范畴的行为）进行赋值，分值越高，积分越高，越容易进入预警区域 [（重要性：红>橙>黄>蓝），一旦进入高级预警区域（红色或者橙色）]，就会触发预警推送。[2]

公安情报预警系统的建设，总体来讲，有两个设计应用方向，一是以人为主线开展情报管控，二是基于案件进行预防预警。在早期由于各种技术手段的限制，侦查人员办案多是通过已发生的案件去关联涉案人员，发散至其人际关系网，以防范类似案件的发生。这种预防预警的方式，时间上存在滞后，当案件发生时往往不能有效控制局势，不能算作真正意义上的预防预警。后来，公安机关可以收集嫌疑人的通信工具信息（基站信息）、旅馆入住信息、交通出行信息（火车飞机出票信息）等数据来进行犯罪嫌疑人异常行为轨迹分析，但由于数据来源不足，只能分析出较为粗放的轨迹。随着 5G 技术、传感器技术、射频识别技术等技术的快速发展，特别是通过视频监控建设的规模效应，公安机关可以将视频流、图片流转换为结构化信息，并从人、车、物多个维度，更为细致地刻画嫌疑人轨迹信息、描述其作案的行为习惯。

---

〔1〕 公检法："大数据背景下公安积分预警系统设计研究"，载公安部检测中心网站，https://www.secrss.com/articles/10718，最后访问时间：2019 年 3 月 2 日。

〔2〕 公检法："大数据背景下公安积分预警系统设计研究"，载公安部检测中心网站，https://www.secrss.com/articles/10718，最后访问时间：2019 年 3 月 2 日。

一般来说，积分系统预警的异常行为信息分为以下三类：动态异常行为信息、管控信息、现实异常行为信息。动态异常行为信息是嫌疑人在活动中所留的异常的轨迹信息。将动态异常行为信息加以整合、分析，可以准确推断嫌疑人作案的可能性、与案件的关联性；管控信息也可称之为异常行为经历信息，是公安机关职能部门在社会治安防控、打击处理违法犯罪人员过程中记录的信息；现实异常行为信息是嫌疑对象在日常生活中异常情况的反映。所以，可以理解为，积分预警的对象大体可以分为两种模式，一种是正在进行中的异常行为（现实异常行为），另一种是基于积分判断的可能发生的异常行为。[1]前者更偏向于通过该系统，对正在进行的不法侵害的反馈，而非预警，因此，此处讨论的主要是基于管控信息和动态异常信息积分的预警系统。

2. 大数据积分预警技术应用的流程

从基本运行层面来说，完整的大数据积分预警技术的应用包括六个程序。首先是基础的数据收集。积分预警技术的基础就是拥有海量的数据，目前公安机关掌握着百万计的个人数据，但是更多的亿万级的、更加鲜活的数据实际上掌握在第三方平台手中，因此，数据的收集主要包括两个方面：一是对非公安数据的收集，这类数据有一些是可以通过直接联网（如酒店入住信息）取得的，另一些数据（如购物信息等）是需要一段时间定期提取一次的。二是对信息进行分类，如积分预警主要就是根据数据的属性将数据分为三类：第一类是结构化数据，主要是指将视频、图片信息进行结构化数据化处理；第二类是指公安信息库的信息整合，如将案件信息与公安内网的身份、车辆信息等比对关联；第三类主要是外网数据的分析，这可能是直接携带信息的数据，如地理位置、购物记录等，也可能是设备采集数据，如 MAC 地址等，需要进行二次分析的数据。[2]

从程序的算法设置上来看，其原理是一个通过对清洗后的数据进行识

---

[1]　李勇男："大数据驱动的反恐情报决策体系构建"，载《情报杂志》2018 年第 10 期。

[2]　大数据部："大数据背景下公安数据分析平台建设"，载国家信息中心网站，http://www.sic. gov. cn/News/612/10439. htm，最后访问时间：2022 年 3 月 12 日。

别分析，然后通过对比是否符合某项决定、是否赋予积分的过程。在积分环节，可通过实时环境需求，对每个征项的分数进行动态调整。具体来说，以车辆积分预警机制为例，其运行过程就是将摄像头提取到的车辆外观和行为（车速等）与事先编写好的权值进行比对，通过对每个项目的积分累积确定是否为可疑车辆并进入预警系统。[1]

可以看出，其中人为因素最多和变动性最大的部分就在于每个征项的确认和分值的调整。征项的变动和分值的变化会直接影响对高危报警对象的筛选结果，但征项与分值的变化亦是无可避免的：随着时间的变化研判对象的活动轨迹、行为习惯都会发生变化，随着新技术的发展应用和社会习惯的变动，原有的犯罪行为和方法手段也会发生变化。大数据积分预警作为与犯罪行为密切相关的信息进行实体化的反应，其积分预警系统的设计，应基于异常行为分析来开展，通过不断的反馈和归纳，挖掘不同的异常行为信息与刑事案件的关联程度，并以此开展相对应的征项设计和分数赋值。因此，征项的选择和分数的设置关乎到积分预警系统的运行基础，而每一种类型的系统建设的基础，又是以对相关违法行为方式的熟悉度为出发点的。[2]尽管在应用的过程中，第三方和程序本身都通过比对违法行为和数据异常情况，可以实现对其中部分分值和项目的微调，但是作为流程的创设和对新型犯罪技术的回应，仅有这些"微调"水准的数据调整机制，可能会存在无法适应全新犯罪手段和类型的需要的情况。

因此，大数据积分预警算法运行的流程本身更加趋近于数学算法，相对来说具有较高的客观性。但其不稳定因素主要来源于数据的筛选、清洗和运用机制，可以说，大数据积分预警技术的可靠性保障主要来自其机制的设置能力。

（二）基于算法模型构建的技术核心

积分预警的本质是积分算法，其辅助侦查技术中突出的问题之一就是

---

〔1〕 王雷："社会安全事件智能监测与预警系统及综合平台"，载《科学技术与工程》2021年第24期。

〔2〕 大数据部："大数据背景下公安数据分析平台建设"，载国家信息中心网站，http://www.sic.gov.cn/News/612/10439.htm，最后访问时间：2022年3月12日。

技术手段应用的设置技术。这一套算法的设置基础是对数据的掌握和持有，而其根本与核心则在于对数据的计算方式。如果核心计算机制中的数据来源和计算方式存在问题，那么无论运算的过程有多么客观和符合程序，其本质上都是无法保证其正当性的。算法程序有着机器判断的"客观性"外在表现，但究其程序设置的本质，还是人为主观提出的程序算法机制。[1] 加之应用在侦查取证场景中的数据体量大、算法流程复杂，应用场景具有多元性和不确定性，因此其客观性并不像其外在表现出的一样高。

其中涉及人为划分的数据库来源以及人工设置的算法程序。而这些正是严重影响积分预警程序结果公正性与客观性的因素。

1. 数据库的全面性与时效性

大部分积分预警系统的积分设计主要来源于地方公安根据实际需求，针对"异常行为"进行的"私人定制"。而什么是属于"异常行为"则主要依赖侦查人员长期的办案总结与大数据分析下对特殊例子的总结，且与每个地区面临的主要犯罪类型差异有重要关系。同时由于各地警力需要自行按照实际需求与技术支持公司接洽开发，也会导致各个公司开发出的产品受限于本公司技术能力和本公司产品覆盖的数据类型与范围差异。比如，长三角周边地区经济犯罪问题突出，公安系统也更依赖于阿里系统提供的数据支持，其突出优势就体现在运用物流与电商平台数据进行的网络形象侧写构建。而珠三角地区则相对面临更多跨境走私和毒品犯罪问题，当地的公安系统也倾向于与腾讯系统合作，构建数据筛查与分析程序。

这种差异带来的第一个问题就是数据库偏差。数据库的偏差会导致数据提取的不全面，各地区之间如果不能进行数据上的互通有无，就很容易导致积分预警能力仅能够在少数几个有能力与数据存储平台合作的经济发达地区实现，不利于积分预警系统在全国范围的推广，也势必会影响欠发达地区或者无法实现与企业合作的地区的警务治理工作的推进，这从治理的角度来看，不同地区无法用同一种方法维度和标准进行犯罪治理，也势

---

〔1〕 林玲等："考虑风险偏好的网络舆情预警模型——基于直觉模糊和 Choquet 积分"，载《情报杂志》2021 年第 10 期。

必会影响地区犯罪治理水平的发展与平衡。同时数据库的差异也必然会带来预警系统的偏差，此问题将在下文进行探讨。

搭建数据库其实并不意味着公安机关能够实时掌握到第三方平台的数据。当前使用的大多数算法能够实现的是对程序的开发而非数据的展现，但数据的采集如果不能实时进行，其效度也必将因为滞后而大打折扣。危险物品的购买和组装、使用的信息都是有时效性的，而目前公安机关对除酒店住宿信息外的很多第三方平台信息都只能在几个月后统一一次性拿取。尽管第三方程序开发者可能同时也是数据持有者，但对数据筛选、清洗和对机器学习的研发能力不仅依赖数据的体量，同样也依赖对数据类型的全面理解和分析。因此，如果公安机关仅有提出模型需求的能力，而对数据本身的类型和变化趋势缺少应有的掌握，就可能会导致数据利用的不到位或者计算结果产生一定的偏差。

目前我国对于部分物品的购买实行实名制，通过上传身份证信息系统实现对危险物品购买流通信息的监管，另外，交通出行信息与酒店住宿信息等部分也已经实现了数据的实时同步。同时，不少本身自由的第三方危险物品购买平台也已经建立了相应的警报系统。在系统判断有危险嫌疑时会自动关联内部的公安网络，可以实现及时止付、报警等不同操作。那么在这个情况下，危险物品实际已经可以实现多渠道及时的监管，而其他信息的滞后收集的必要性就显得较为不足。

2. 筛选机制设置的主观性

正如上文所说，当前公安系统的积分模型多是建立在民警办案经验的基础上，而不是建立在对异常行为信息与发案情况关联研究的基础上，现存的积分规则、嫌疑指数、具体分值、积分系数等缺乏科学性，缺少实证研究的基础。这就会给积分预警系统的推送结果的可靠性和程序上的正当性带来疑问。比如，基本依赖经验的积分要素设置是否科学合理，而随着社会发展，犯罪手段的变革和更新，原有的积分标准是否还能适应新的犯罪形式等，都会成为影响积分机制效度可靠性的问题。

例如，2016年7月，美国威斯康星州终审判决的威斯康星州诉卢米斯案正是算法风险在刑事司法程序中的典型体现。美国在2007年通过了

"支持促进公共安全和减少累犯的量刑实践"的决议后，开始在刑事司法程序中引入算法程序帮助对案件事实的收集与量刑判断。其中威斯康星州诉卢米斯案中使用的算法系统 compas，使用的方法是收集被告的前科犯罪，计算其累犯风险的数值。最终法院采信了 compas 结合之前犯罪前科给出的建议，对被告进行了有罪判决。[1]这一判决在理论界引起了不小争议，尽管不同于上文探讨的我国的积分预警系统是在侦查阶段进行使用的，但是二者引起争议的原因却较为相似：算法（程序）运行计算的过程不公开，且计算标准由人为设置。

传统的侦查模式的逻辑是行为——结果的因果逻辑关系，传统的审判模式是法官依据法律或判例给出审判结果。而大数据模式下的算法辅助机制实际打破了传统的推理逻辑和思维模式。[2]在这种情况下，判定方法与判定结果之间的"无逻辑"性，就成为引起质疑的一大因素。如果不能对程序运算机制进行合理的设置，那么这种无逻辑的判断方法，实际是不符合程序的正当性的。

而上文提到的对于数据类型、数量等信息掌握不到位或者滞后的问题，也同时会影响筛选机制可靠性和标准化程度。由于目前尚未能够实现对筛选模式的绝对客观化制定，积分标准对侦查人员主观判断的依赖依然较重。加之当前随着网络信息技术的发展，犯罪类型和犯罪手段也在快速更新迭代，如果缺乏对数据库类型、体量的全面掌握，可能就会出现用"老办法、老思维"去建立模型分析新情况、新问题的现象。

（三）积分预警评估：地区和犯罪类型的偏差影响

不同地区基于本地区特定犯罪告发态势制定出的积分系统的准确率高于其他犯罪类型。基于积分预警系统的提示推送，侦查人员需要通过查证将犯罪证据"落地"，这就需要算法系统通过高度准确的判断以保障侦查人员的出警准确性。但从积分预警系统目前的积分推送技术方法来看，尚

---

〔1〕　江溯："自动化决策、刑事司法与算法规制——由卢米斯案引发的思考"，载《东方法学》2020 年第 3 期。

〔2〕　江溯："自动化决策、刑事司法与算法规制——由卢米斯案引发的思考"，载《东方法学》2020 年第 3 期。

存在部分问题。

1. 不同犯罪的评估准确度差异

由于技术和数据库的差异，不同地区和公司开发的积分预警系统还会有不同的预警准确度差异。

比如，物流信息较多的数据更容易刻画一个人日常的生活习惯和生活状态，基于此，物流信息的整合也被公安机关用于预先判断一个人是否通过物流进行犯罪预备行为。而视频监控、交通轨迹则更容易实现对实时移动状态的判断，通过与大众轨迹的比对，相对更容易从人群中筛选出实时或者过去行为反常的情况。[1]但二者都存在片面性，无论更多地依赖哪个都可能会出现判断失误或者由于信息不足产生遗漏的可能性。

另外，正如上文提到的，不同地区数据库和算法的不同，也会导致推送预警的范围产生差异。尽管一般来说都是分为高中低三个或五个档次，只有高风险档次会被算法推送具体信息，但是不同地区高风险档次的标准、分段赋值标准和积分标准都不尽相同。而且其中部分积分的算法，如犯罪前科、处理记录等赋值理由是否为歧视性赋分，也是具有争议的：这种偏见可能是某一类人群长期的高犯罪率记录产生的，公安机关侦查人员依据公安工作中的经验和积累对某一类人群（如有前科记录者或者来自特定地区的人群）赋予一个更高的基础分值，这使得特定人群更容易被预警系统推送，成为所谓的"高危人群"，[2]而频繁面对警方的人群从犯罪学的角度来说，则更容易被贴上负面的标签。这样来看，尽管从侦查角度来说，这种赋值办法可能更有利于迅速锁定潜在的犯罪嫌疑人，但是从犯罪学，或者从犯罪治理的角度来说，是有可能将某一类人群更加严重地推向社会边缘化的。

2. 基于地域的算法对预警范围的影响

同样，基于以区域为基础进行开发的积分预警算法模式，就会产生基

---

〔1〕 曹太训："基于电子数据取证智能化分析技术的网络犯罪侧写"，载《信息网络安全》2019 年第 9 期。

〔2〕 林玲等："考虑风险偏好的网络舆情预警模型——基于直觉模糊和 Choquet 积分"，载《情报杂志》2021 年第 10 期。

于地域差异带来的评估准确性差异。积分预警技术的原型就是脱胎于高危人员预警系统的建设，而高危人员的类型在不同地区又是完全不同的，这就导致积分预警程序的机制本身具有强地域适用性的特征。但是如今随着信息技术的发展和人员流动的便利性，原有的以地域为单位的预警系统，想要实现全国范围内的通行通用，就需要作出适当的调整。比如，当前大多数的积分预警只能在公安部追逃等刑事重案中实现全国发布，但部分案件，如车辆违章、套牌等，只能实现有限的区域性互通。也就是说，大数据积分预警技术尚存在地区之间的壁垒。这种壁垒并不一定单纯是技术水平或者算法设计上的差异，也有可能是受制于行政制度或考核绩效制度等的影响。但是只要积分预警技术依赖于地域性数据，并且以地域特征为基础进行算法模块设计，那么其本质上就是适用于当地的算法模式。这种算法模式上的限制会带来基于地域的评估差异，使得一个地方的算法并不能够直接应用于同类型犯罪在他地的预测，而当同一群犯罪人进行全国性流窜作案时，不同地区的积分算法系统由于受限于当地算法的特殊性，并不能够实现同等方式的积分赋值，这也解释了为什么流窜作案行为的打击更多地需要依靠一地的通缉后才能实现全国多地的联合抓捕。

（四）算法管理的反思：基于数据的价值

1.《互联网信息服务算法推荐管理规定》

2021 年 12 月，国家互联网信息办公室、工业和信息化部、公安部、国家市场监督管理总局联合发布了《互联网信息服务算法推荐管理规定》，该规定于 2022 年 3 月 1 日起正式实施。本规定作为第一部以算法作为规制对象的文件，其内容与《网络安全法》《数据安全法》《个人信息保护法》一脉相承，属于对这些法律文件的细化，其中部分细节上有一定的超越和更改。

从整体内容上来看，该管理规定具有如下特点：首先，覆盖范围广。其不仅是对算法本身进行管理，还涉及了平台用工和老年人及未成年人的权益保护。其次，覆盖全面。其中共涉及了对五种不同算法的规定，基本覆盖了目前现有的所有算法形式。最后，管理规定的颁布出台标志着技术

（技术术语）开始进入法律规范之中，这也代表着法律对技术的监管和审查越来越走向规范化和体系化。[1]

到目前为止，世界上很多国家和地区都出台了对于数据流动和应用的管理规定，尽管《互联网信息服务算法推荐管理规定》并不是最早的，[2]但是其独特的切入角度和管理方法都在世界范围内引起了关注。

首先，该管理规定更加注重算法的应用监管。不同于欧盟和美国相关规定更加聚焦公共事业和政府部门场景下的问责机制建设，我国更加关注的是算法在信息安全领域的应用，以及商业领域内的算法推荐制度的管理。我国还计划出台关于算法安全的综合治理体系建设纲要。从《互联网信息服务算法推荐管理规定》中也可以看出，我国关于算法的监管更加注重对社会秩序、市场秩序和传播秩序的维护。

不同国家机制偏重的差异也是和本国算法的实际应用场景密不可分的。比如，欧盟面临的主要问题就是以服务器主要位于美国的举行平台对本国用户数据的使用和收集，因此其相关文件（《通用数据保护法案》）也更加偏重对个人数据的隐私保护，设置了包括被遗忘权等一系列旨在保护用户数据安全和数据隐私的条款。相比之下，美国作为数据保有大国和重要的数据存储国，其相关的法规都更加注重对传统立法和原有制度的扩张性适用。[3]

其次，《互联网信息服务算法推荐管理规定》开创性地创设了以正当性的社会价值纠偏算法本身技术中立性的问题。一直以来，包括算法在内的技术都以"中立"作为立场标准，除去科技本身的中立性外，算法应用的中立性实际上和社会道德价值取向形成了一定的冲突，尤其是在技术的应用对传统的公序良俗形成冲击的情况下，更容易形成二者的对立。对此，我国在《互联网信息服务算法推荐管理规定》的相关规定中，将更多

---

[1] 张璁："规范算法推荐，保障用户知情权选择权"，载《人民日报》2022年1月6日，第7版。

[2] 许可："驯服算法：算法治理的历史展开与当代体系"，载《华东政法大学学报》2022年第1期。

[3] 靳雨露："算法披露的域外经验与启示"，载《情报杂志》2022年第7期。

的目光聚焦在了数据治理和平台治理上,延续了《数据安全法》中平台主体责任的基本逻辑框架,对算法安全的主体责任、行为边界和责任认定等制定了具体的标准。其制定的准则就是社会价值纠偏算法本身的技术中立性,拒绝算法程序以中立为理由对公民的个人生活中的传统个人隐私进行分析和计算,同时以社会公序良俗为基础反向约束算法程序的应用,这也是我国算法规制法律文件区别于他国相关立法的重要标志之一,是具有中国特色的法律建设之里程碑。

最后,《互联网信息服务算法推荐管理规定》相比于域外相关法律规范,在设定之中更加注重司法落地的落实问题。在司法落地问题上,尽管欧盟《通用数据保护法案》和美国《澄清合法使用境外数据法》出台的时间相对更早,但是在执行上,到目前为止可见的相关案例都不是很多,这一方面是由于相关法律规范更加聚焦问责和公共事业场景而非应用和治理的角度;另一方面也是因为相关规范整体都较为宽泛。相比之下,《互联网信息服务算法推荐管理规定》的出台更加体现了社会舆论对制度的反推,更加关注已经出现的情况与问题,因此文件的可操作性更强。同时还关注到了很多我国独有的问题,如骑手派送和叫车派单等,对于算法的监管更加贴近日常的生活。

《互联网信息服务算法推荐管理规定》第 23 条对侦查取证的程序问题有着重要的影响。本规定主要约定了算法的分类安全管理制度,不同于数据的安全分类分级管理,其分类的主要依据首先是在于限制算法的舆论属性和社会动摇能力,其次是数据的重要程度,再次是对用户的干预程度,最后是用户的规模等。这个分类方式对于相关案件的电子数据侦查取证有着重要的影响,它明确了在对涉及大数据和公共信息的算法进行取证的时候,第一位需要注意的是其造成的影响。这不仅对于后续诉讼程序中认证和质证有着重要的指导意义,同时对于侦查取证中数据提取的范围、对象都有决定性的影响。同时确保了公安机关在处理涉及算法推送和算法程序的案件的过程中,能够尽量减少对于公民个人数据的二次收集、检查和分析,具有重要的借鉴意义和实践价值。

2. 算法辅助侦查制度的反思

法律界在论及大数据侦查积分预警系统的风险时，一个常见的担忧就是积分算法的透明性问题。这也许不是一个关乎案件侦破能力的问题，但却是一个与取证程序的正义性问题有关的争议。大部分情况下，算法的透明度都会直接与知情权、监督权等权利保障问题进行联系，即大部分法学学者和民众都认为，第三方平台和数据保有方应当适当地公开积分预警算法机制和数据采集的范围等相关信息。

在最重视隐私权与知情权的其他国家或地区，不少新出台的法律规定都专门为"承载了虚拟生命"的数据问题进行了特殊规定，如欧盟《通用数据保护法案》规定了用户的"被遗忘权"和"解释权"等。[1]当算法深入影响着我们的生活，其数据运算的流程就不应被当成完全的"秘密"隐藏起来，[2]这也是联合国教科文组织下设的电子隐私信息中心（EPIC）和国际计算机协会（ACM）的共同呼吁中提到的原则。

部分学者也指出，算法不透明可能会导致部分民众对算法程序的不信任，进而降低使用意愿。一般来说，算法的黑箱会直接带来对数据采集量的不确定，引发公民对个人隐私保障的担忧，带来数据流动性的下降和利用率的降低。而对于严重依赖算法程序运行的大数据积分预警机制来说，其更多的是体现了算法背后的公平正义和信赖度价值，其作为法律规制的执行者，运算过程的不透明，等同于只体现判决结果而不展现执法过程，这无疑会削弱公众对判决可靠性的信任度和增加偏差可能性。

尽管从证据学的角度来说，只要在侦查取证过程中，能够最终将算法给出的信息进行"落地"，即根据系统算法的提示，在犯罪行为进行过程中或者完结后，侦查人员及时出现在现场，实现"人赃并获"，就能够从刑事诉讼程序的角度实现侦查取证中的程序合法性要求。并且从隐私保障

---

〔1〕 王义坤、刘金祥："被遗忘权本土化的路径选择与规范重塑——以《个人信息保护法》第47条为中心"，载《财经法学》2022年第3期。

〔2〕 其原则声明中提到，鼓励使用算法决策的系统和机构对算法流程和结果进行解释。见 Laat P B D, "From Algorithmic Transparency to Algorithmic Accountability? Principles for Responsible AI Scrutinized", *Jorge Pelegrín Borondo*, (2020), pp. 336-340.

的法律角度来看，算法系统的运行是纯粹依赖程序和收集到的数据自动进行的。在算法运算的过程中，侦查人员不能，也不会去查看海量数据库中某个具体的公民个人数据，因此也不存在侦查人员侵犯公民个人隐私的情况。但实际上，仔细分析任何一类基于算法的系统设计与运行模式，就可以发现在证据正当之外还存在数据分析技术应用的程序正当性问题。这种正当程序不在于法律规范内是否依照规范进行了操作，或者是否对公民的个人隐私权产生了侵犯等，而是更加广义层面的侦查程序正当性存疑：即算法的机制、数据来源、运算方法本身是否科学、公开、恰当，结果是否公正、经得起检验等。而以当前公安系统的积分模型为例，其设计多建立在民警直接的办案经验的基础上，而不是建立在对异常行为信息与发案情况关联的数据的总结基础上，现存的积分规则、嫌疑指数、具体分值、积分系数等缺乏科学性，缺少实证研究的基础和数据支持的辅助。[1]

除涉及公众对司法程序的感受之外，算法的透明度还是一个直接与结论准确度相关联的问题：一方面，机器程序的客观性本身就会增加公众的依赖度，进而引发一系列的连锁反应。民众对算法的信任度与算法的可靠度本身并无直接关联：心理学研究表明，民众在面对算法程序给出的"正确"方案时，更加倾向于不去质疑这个结果的得出过程，即大部分人一般不太愿意主动质疑算法形成的结果，这种自动化偏见可以总结为对计算机系统有一种过度的信任。[2]因此，当算法程序出现误判，或者因为其程序的结构性调整出现滞后的时候，"计算错误"或者"设置偏差"就会很难被意识到。尽管对于大部分刑事案件，通过对异常行为的落地可以最大限度地减少误判进入司法程序，但是从另一角度来看，对于普通民众的日常数据算法，会进一步强化惩罚性。

另一方面，尽管算法的不透明会降低民众对算法可靠性的信赖，但是

---

〔1〕　王燃："大数据证明的机理及可靠性探究"，载《法学家》2022年第3期。
〔2〕　丛颖男、王兆毓、朱金清："关于法律人工智能数据和算法问题的若干思考"，载《计算机科学》2022年第4期。

当其不存在可替代性时，算法的黑箱依然会反向加强对"异常行为"的偏见。因为尽管算法的信誉度不高，但是当算法程序严重左右司法对社会的规制和管控时（如大数据积分预警系统），民众对算法的依赖度也会随着应用性的提升而提升。[1]因此，算法结果会加强社会民众对某一现象的心理和社会的偏见，而基于人主观选择的、以人工编写的程序为基础的数据驱动算法会重复、再现乃至强化这一偏见。算法所利用的数据中隐含的偏见问题是一个社会事实。输入的程序中暗含的偏见、测度偏差、变量不足以及不适当的标准等原因都有可能导致数据挖掘和算法带来对特定群体的不利影响。

二、第三方参与取证的司法活动模式

（一）第三方参与下的司法权力重组

第三方平台掌握的个人数据的鲜活与立体的特性，使得司法活动中对第三方平台的需求度越来越高，第三方数据运营平台参与司法活动，已经成为当前司法活动的新趋势，也给过去传统的司法活动中个人数据的提取问题带来了新的挑战。

尽管公民隐私保护的意识不断增强，但可以窥探个人信息的技术也在不断增多，这就使得技术和以隐私为主的个人权利的碰撞更加尖锐。不少国家出于对国内安全维护的考虑，都明显压缩了对隐私的保护标准。同时，网络服务提供者和第三方数据运营平台对数据的收集范围亦被质疑超出必要限度。现有的隐私权保护法律都规定允许政府在"必要"情况下从数据服务商处提取数据，而相对于协助执法与权利保障，网络服务提供者的经营目的构成其作为商业主体存在的基础，对于该目的的违反将可能直接损及网络服务提供者的存在价值。[2]在这种情况下，个人数据的收集分析使用和提取，成了公权力、商业与个人权利的冲突焦点。

---

〔1〕 王娟、汤书昆："智能媒体算法信任建构路径探讨"，载《自然辩证法研究》2022 年第 5 期。

〔2〕 裴炜：《数字正当程序：网络时代的刑事诉讼》，中国法制出版社 2021 年版，第 50~53 页。

当前，除去个人身份信息（姓名、年龄、住址和身份证号等固定信息）多为公安机关所有，大部分更加鲜活的个人信息，如出行信息、当前住址、购物偏好等，都被收集在第三方平台上。例如，国内某大型电商平台，就掌握着超过 8 亿人的住址、电话、购物偏好等个人信息，这些信息能够允许电商平台轻松地完成对一个人的网络身份侧写。另一个知名打车软件上，对于乘客信息的收集就包括乘客性别、出行习惯、订单时间、订单距离和起止位置等，对于司机的信息收集包括性别、驾驶习惯、历史订单信息、投诉记录、车型等。通过这些信息，平台就可以轻松推断出目标任务的工作单位、消费习惯能力、日常行为轨迹等信息。

2016 年 9 月，国务院发布的《政务信息资源共享管理暂行办法》第 2 条规定，政务信息资源包括"政务部门直接或通过第三方依法采集的、依法授权管理的和因履行职责需要依托政务信息系统形成的信息资源等"。[1] 即第三方平台的数据已经成为政务数据的一大来源。

可以看出，在数据提取的司法工作实践中，仅仅依赖公安机关的工作人员已经无法实现对数据的有效收集，实践中多数侦查人员通常依靠侦查机关以外的相关技术人员来收集电子数据。[2] 尽管第三方数据运营者尚未被真正纳入司法主体之中，无论是从实践还是从法律规制层面来看，第三方参与电子数据证据的收集、整理和审查已经成为一种越来越被广泛采纳的方式。

根据目前相关法律规范，第三方的协助义务主要包括信息收集存储义务、信息审查监控义务和信息披露报告义务三种。可以看出，除披露报告之外，信息的收集存储、审查监控都和传统的侦查行为有很大相似性的。

目前信息的存储收集的通行规范中，除对于网络借贷合同的信息存储要求是合同期到期起 5 年外，大部分的信息，包括日志、域名、时间等信

---

〔1〕 国务院："国务院关于印发政务信息资源共享管理暂行办法的通知"，载中华人民共和国中央人民政府网站，http://www.gov.cn/zhengce/content/2016-09/19/content_5109486.htm，最后访问时间：2022 年 6 月 4 日。

〔2〕 谢登科："电子数据的取证主体：合法性与合技术性之间"，载《环球法律评论》2018 年第 1 期。

息的存储期限是 60 日。而信息的审查义务则是通过将部分公权力的职责和权限对第三方主体开放实现的，当前绝大多数的规范性文件都对网络信息从业者规定了信息内容审查监控的义务，[1]违法违规的信息类型主要包括危害国家安全类、违反公序良俗类以及违反法律规定类三种，但并不明确，尤其是违反公序良俗类（多表述为：散布谣言、扰乱社会秩序、破坏社会稳定、危害社会公德或者民族优秀文化传统）有较大的解释空间。而且大多数相关规范性文件中最后都采用了"等"字，可见第三方实际或者未来可能参与的范围远不止于此。

尽管司法活动的法定主体尚未发生变动，但是从上述文件和事件中来看，参与司法活动的主体实际已经发生了变动。这种变动一方面会带来合规性上的冲突，即司法行为主体的不合法带来的程序正当性问题；另一方面也会有实践层面的新挑战，即非公权力主体参与司法活动过程中原则与目的不一致性带来的行为边界性探讨。

（二）主体合法性与归责困境

在传统的侦查模式中，即便是在秘密侦查措施这种不对外公开的情况下，责任的归属从本质上来说也是明确的。但是在大数据环境下，数据的收集、整合和分析，每一步都有不同的主体进行参与，而数据的流转与加工却是一整个流水线，在这种情况下，归责成了一个难题。

这种问题主要由两部分原因带来，一是大数据时代个人数据在侦查过程中的信息处理逻辑与传统侦查的差异，二是侦查活动参与的主体变化。

从数据本身来说，从数据到信息再到知识，最后形成智慧（DIKW）的过程中，信息的收集是最基础的层面，但是基础的数据与后续的信息和知识并不直接对应，需要经过一系列的处理和加工过程。[2]传统侦查模式中，"线索——证据——嫌疑——定罪"的直线推理模式在大数据环境下被推翻，转而变成"海量数据——模式分析——异常提取"的弱推理逻辑下的异常数据报警模式。在传统的侦查活动中，尽管也存在大量的猜想和

---

〔1〕 裴炜：《数字正当程序：网络时代的刑事诉讼》，中国法制出版社 2021 年版，第 37-41 页。

〔2〕 莫富传等："基于 DIKW 体系的政府数据利用路径研究"，载《情报科学》2021 年第 3 期。

假设，但是这些推导都建立在直接的日常经验和逻辑推理上，是一个由案到人的猜想假设验证过程。但进入大数据时代后，以大数据积分预警机制为代表的弱逻辑关系的司法活动开始出现。[1]基于积分判断可能发生的异常行为的预警模式成为数据收集和分析的重要目的之一。在这个过程中，数据量是一切的基础，但却又不是一切的决定性因素。在这种情况下，所有接触到个人数据的主体都会成为数据处理者：收集、选取、分析等一切对数据进行处理的行为都会改变数据蕴含信息的含义。从行为的必要性上来说，对数据正常的处理操作都是侦查取证行为中的应然部分。而且从实践角度来看，当前公安系统并不掌握最鲜活和最新的数据，同时，侦查人员的技术资质也并不足以完成对数据的分析工作，因此第三方数据平台的参与是非常必要的。

　　从主体资格角度来说，在传统侦查活动中，信息（证据）的收集、整理、分析等工作的主体都是法定的具有侦查权的公权力主体，但是在海量数据信息的时代背景下，鲜活数据大多都掌握在第三方平台的手中，于是侦查实际上已经开始从一个单一公权力主体变为公权力与非公权力共同参与的多主体活动。这会给实际的司法活动带来两方面的问题：一是形式上的主体资格问题，对虚拟数据的收集和审查取证涉及对被调查对象财产权、信息权、隐私权等基本权利的侵害，是典型的侦查行为，当前按照法律规定，侦查权只能由公安机关、国家安全部门等国家专门机关的侦查人员行使，只有这些主体才享有搜查、扣押、查封、勘验等侦查权限。而实际上，尽管名称有所差异，这些司法活动的实际内容和第三方授权的收集、存储、审查数据行为是一致的，从这个层面来说，第三方数据运营者实际上已经是公安侦查活动的主体之一。尽管《刑事诉讼法》第126条和第144条规定了侦查人员可以指派、聘请有专门知识的人进行勘验、检查

––––––––––––

　　[1]　大数据积分预警在原则上本着"把一切和公安工作有关的事物都纳入情报收集的范畴中来"的思想，整合各类公安管控数据、视频监控结构化信息数据、物联网前端采集的信息数据，并设计用于数据规范化整合、清洗的数据表。简单来说，大数据积分预警可以看作是通过将各类数据进行整合，运用情报思维，将收集到的数据（信息）按照一定的重要性与越轨性（偏离正常范畴的行为）进行赋值，分值越高，积分越高，越容易进入预警区域，达到一定级别后会触发警报。

和鉴定，但从内容上来看，这种委托是针对办理案件中遇到了侦查人员所不具备的专业知识时的要求，属于"例外情形"，而不是商业活动，即惯常地将数据收集和处理整体外包的方式。

因此，第三方参与个人数据的收集和审查，实际上已经破坏了法律规范中对于侦查主体的限制性要求，这可能会引发证据的效力问题以及行为的责任归属问题，即多主体参与司法活动的情况下，数据分析错误导致的司法活动错误归责问题很难确认。

二是实质主体变动带来的权力变换问题，这一转变的本质实际在于，非公权力本身是具有营利目的的。第三方机构以营利目的作为主体参与司法活动会带来两方面的问题：第一种在于其不同于公权力的这一属性会带来公民个人数据使用目的的不确定性，进一步来说会引起第三方营利主体假借公权力司法行为扩张对公民个人信息的收集范围。而第二种在于在自由市场的竞争环境中，由于用户会倾向于选择有强隐私保障体验的服务者，因此第三方平台出于行业竞争的考虑，会更多地倾向于保障用户的数据隐私来提高市场竞争力，如苹果公司与美国政府在用户数据提交等一系列问题上产生的碰撞。[1]

（三）多主体参与模式下的司法挑战

1. 对公权力传统司法模式的挑战

在传统侦查取证活动中，侦查人员代表公权力，面对以犯罪嫌疑人为主的司法活动客体。但是在第三方参与的情况下，司法权力的运行中开始出现了新的挑战。这主要是由于，新的实际参与司法活动的第三方并不完全以公权力为主题，第三方运营平台或数据服务商同时有着经营目的下的利益导向，其行为并不完全以公权力为核心，从而使得内部原本顺畅的司法活动产生了新的矛盾。

首先是司法活动的顺畅性。以数据的调取为例，从公共环境中调取或冻结数据需要快速和及时，大型的电子数据运营商、供应商及提供网站租

---

〔1〕 裴炜："论个人信息的刑事调取——以网络信息业者协助刑事侦查为视角"，载《法律科学（西北政法大学学报）》2021年第3期。

赁的第三方平台等，一般都是按照付款时间期限提供服务，到期如果不进行续费的话相关数据就会按照法律规定的期限（60日）被清除。而按照我国目前的刑法规定，部分犯罪的定罪有对数量的要求，如贩卖验证码等行为，需要积累到一定数量或者不法得利达到一定数字才能有启动侦查程序的价值，但往往在时效内取证的价值不大，有取证价值时却又超过了取证时限。另外，部分涉及电子数据的案件案情较为复杂，办案周期长，很多涉案的相关数据冻结调取不够及时而导致关键证据灭失的情况时有发生。但就这个问题来说，第三方服务平台的数据调取周期过长或服务限制也是影响取证工作的因素之一。在数据调取方面，最常见的公共云服务平台，阿里云的数据调取周期是三个月。也就是说如果侦查机关不能在续费到期前调取到证据，相关网站服务平台很可能会在数据调取期间内因服务时间终止而被删掉数据。

其次是公权力与第三方的认知协调性问题。大数据背景下，不同数据的整合、分析方法、不同数据库和计算方式的使用，甚至数据匿名化都会带来数据分析结果的偏差。而在传统取证模式向多主体参与的司法模式过渡的初期，不同主体对数据的敏感性差异很大，将审查在内的数据处理权限交给第三方时，如果缺少明确的需求，那么第三方平台的工作效果就很可能得不到相应的保障。比如，目前大部分的打车或者搬家平台，其审查监督的方式目前就是通过完善侵害发生时或事后受害者的报警系统的建设推进对审查监督义务的完善，但公安系统实际上已经在相关领域建设了成体系的预警系统，可以通过异常路线或行驶轨迹提前向监督方发送预警信息。[1]涉及人身财产安全的事件应当采用最高级别的预警或响应系统，这应当在全行业领域达成安全维护系统的共识。但另外，数据的分析也涉及关于以数据分析为基础的事前防御性司法活动的边界问题，即在实际损失产生之前，数据的收集和处理的边界应如何界定，审查的标准又应当如何制定。这也需要公权力明确和与第三方进行一致性协调，从本质上来说，

---

〔1〕　陈成鑫、曾庆华、李丽华："大数据环境下公安情报工作的创新发展路径"，载《情报理论与实践》2019年第1期。

就是在新的数据处理模式和多性质主体参与环境下重新平衡打击犯罪与保护权力的二维关系。因此，认知协调也并不意味着将第三方的行为标准提高到和公安机关一致的程度，这不仅不符合第三方的商业目的需求，同样也有违于司法活动的最低限度原则。

最后是标准协调欠缺。这包括技术标准和制度标准两个方面。这一问题最主要的后果就是第三方在缺少法律规制的监督和制约的情况下可能产生的过分数据收集或不履行责任行为。比如，目前被赋予第三方平台的审查义务，不仅缺少明确审查的对象、时间、内容等行为标准，也缺少对"不符合审查标准"的后续处理规范标准。[1]因此，在以社交网络平台为主的不少运营商都常以"维护社区和谐"为名，内部制定一系列管理规范，通过对用户网络行为的监控（主要包括关键词审查和接受举报等方式），对于违反规范的行为进行警告、扣分、禁止发言、封号或者删除部分言论等处罚。其中包含两个问题，部分数据运营商，正如上文所说，可能不会向司法机关提供超过存储期限的数据，在这种情况下，第三方实际上自己掌握了从标准制定到审查到作出（除司法决断外的）回应决定的所有工作。而实际上在这个过程中，信息的安全等级，从需要警惕到需要被记录向公安机关主动提交移送的标准，是不应当由不同的平台按照自己的理解独立制定的。一方面，司法的参与应当有着明确的门槛，第三方不应当也无权限制或自行决定数据的提交标准。另一方面，个人数据也是涉及公民最基本的隐私权的，因此，即使在普通的信息处理过程中，也不能因为不会参与司法活动而放弃对第三方使用公民个人数据边界的管理和监督。当前，部分第三方平台存在的过度收集数据行为，包括采集不需要或与其提供的服务不相关的数据的行为，已经引起了重视。针对个人数据的技术和制度使用的标准，还需要进一步统一和完善。

2. 第三方内部义务与责任的冲突

在传统侦查活动中，侦查机关和犯罪嫌疑人之间"短兵相接"，人权

---

〔1〕 高波："第三方平台数据的有序利用与大数据侦查的隐私权问题——以美国'第三方原则'为视角"，载《天津大学学报（社会科学版）》2022年第2期。

保障与犯罪控制这两大价值目标之间的冲突被集中体现。[1]但在第三方参与司法活动的情况下，这种冲突被部分转嫁给了网络服务者，其中又掺杂了第三方运营的商业利益诉求。这就使得第三方数据运营者内部产生了自身的责任与义务的冲突，这一冲突集中体现在数据的使用边界上。我国法律对于公民对个人信息的保有是不是一项权利还没有一个定论，目前基本是将信息等同于隐私权利。但从民法总则来讲，是没有把公民信息保护权作为一项权利规定下来的，民法只是将其规定为法律保护的对象。实践中在处理相关问题时，目前还认为它不是一项权利，而是一个对象或客体。[2]

第三方服务者并不天然具有数据收集、存储和审查的义务，其运行过程中对用户数据的必要收集也不必然使得其对于用户数据具有使用（分析审查）的权利。部分学者认为，用户同意将个人数据向第三方进行提交的时候就已经放弃了对这部分数据的隐私权，即基本权利发生了转移。这种说法主要是参考了美国20世纪60年代提出的合理隐私期待权（reasonable expectation of privacy），即权利主体自愿将信息提交给第三方时，就不再享有对这部分信息的合理隐私期待。[3]但也有学者坚持第三方在收集必要数据后构成了"对个人数据隐私保护义务的延伸"。[4]这种观点则主要是源于第三方对用户数据的收集、存储和审查行为的本质是公权力的赋权行为，这种行为（除去数据的收集是用户许可外）都需要有更加明确的必要性基础作为法律依据，否则第三方平台并无义务执行这些规定。同时，支持这种立场的学者也认为，从数据被第三方收集用于服务到被用于分析转化为信息的过程中，数据的使用目的发生了转变，因此原先用户作出的基于服务目的的数据授权承诺并不能天然地延伸到以执法为目的的数据分析活动上。

比如，尽管美国1986年《电子通信隐私法》第二章强调了提供对存

〔1〕　孙长永：《侦查程序与人权——比较法考察》，中国方正出版社2000年版，第8页。

〔2〕　田奥妮："第三方数据信托：数据控制者义务的困境及其破解"，载《图书馆论坛》2022年第8期。

〔3〕　Tony Storey, "Watching You, Watching Me: Liability for Voyeurism When the Voyeur Is also a Participant in a Private Act: R v Richards ", *The Journal of Criminal Law*, 84（2020）；3.

〔4〕　解正山："数据驱动时代的数据隐私保护——从个人控制到数据控制者信义义务"，载《法商研究》2020年第2期。

储通信的保护本质，但时至 2006 年 1 月 20 日，Google 仍因拒绝提供相关数据而被美国司法部门控告。原因则是 Google 拒绝向政府提供其数据库中关于色情内容的搜索结果及全面的相关资料，以确定关于色情内容的搜索有多活跃。[1]该案在经过听证后，联邦地区法院的法官 James Ware 裁定，Google 不必应美国司法部的要求向其提供 5000 个用户的搜索查询记录，同时他指出，提供查询记录将令 Google 失去部分用户的信任。

这也就是说，个人数据的提取和使用边界不仅是一个涉及司法权限和隐私权的法律问题，同时也是一个涉及第三方平台用户信任度的商业问题。当前第三方商业运营主体实际已经被纳入司法活动的主体中，这就使得这些数据运营商的角色定位从过去完全的被（公权力）管理者，逐渐转变为半管理者。这些第三方商业运营主体实际承担起了政府监管职责，即第三方的服务对象由过去的对用户变为对用户和对政府。第三方实际承担了两份不同的社会责任，这二者其实可能会产生边界冲突：商业运营作为第三方参与司法活动时，其承担的角色是公权力的延伸或代理人，其同时又有着收集公民个人数据时对公民个人基本权利进行维护的天然责任。尽管前者有着更强大的公权力做背书，但后者直接关系到其商业经营的维系。而且，不同于公权力与个人权利的二元冲突，这种冲突是混杂了经营诉求、公权力和用户责任的，集中在第三方平台。

（四）第三方参与司法活动时个人数据提取的边界

从数据的收集提取原则角度来说，在司法活动中，对隐私具有侵犯性的活动理论上是需要严格的审批和监督程序的，[2]包括对于哪些公民个人信息是受到保护、不可随意收集的问题的模糊，又直接导致哪些数据的提取需要审批监督、对哪些信息收集提取是超过合理边界的、对于哪些数据信息的提取收集是应被视为具有强制性或应被界定为搜查而不能由第三方进行收集提取的等问题。这些基本边界的明确，是处理司法活动中对个人

---

[1] Orso, Matthew E, "Cellular Phones, Warrantless Searches, and the New Frontier of Fourth Amendment Jurisprudence", *Santa Clara L. Rev.* 50 (2010): 183.

[2] 域外称之为令状许可。

数据收集边界的前提。

　　第三方数据可被司法活动直接采用的支持者主要强调，在第三方得到用户授权的时候，用户就丧失了对这部分数据的排他性所有权，但在司法实践层面，这些数据在进入超越服务的用途时是否需要经过当事人的再次确认，即用户允许第三方采集数据时是否对数据的用途进行了限制，是存在争议的。再加上司法权力的运用具有明显的事后性，大数据的运用将事后追责提前是为了事中拦截甚至事前预防（犯罪预备阶段），尽管这种改变从普遍意义上来说能够更好地保护公民个人法益不受侵犯，但是需要公权力，尤其是司法公权力调整对于权力边界的认知，因为其司法的运用口径已经从"犯罪嫌疑"变为"风险可能"。[1]在这种情境下，尤其是早期情节比较轻微或者危害性不明显的情况下，第三方作为实际司法主体在这个时间段下对个人数据的收集与分析就不能够与传统案件侦破过程中收集的标准和边界保持一致标准。

　　从第三方参与司法活动的角度来看，无论主体如何变动，国家权力（及其延伸）对于个人数据的权力本质应当是不变的。对个人数据提取应用于以维护公共安全为出发点，其本质就是行为主体在行使（或代替行使）国家权力，因此应适用国家权力在网络空间的行为标准原则。但这一核心原则在实现程度上会受到维护用户个人信息隐私诉求的商业目的的制约，也会受到非公权力身份下的行为权力制约。这种制约体现的是权力与权利的双向制衡在第三方作为主体参与司法活动时的平衡需求。因此，在其行为依然遵循公权力的行为准则这个核心原则之下，需要为掺杂了自身经营诉求的特殊主体（第三方）制定更加具有平衡性和可行性的行为规则。

三、个人生物信息的提取与存储

　　步态识别和语音识别技术，都是新型生物特征识别技术。也是近期公

---

　　[1]　姜敏："刑法预防性立法对犯罪学之影响：困境与出路"，载《政治与法律》2020 年第 1 期。

安重点开发的大数据智能识别技术。其本质上都是通过对相关特征的个人专属性对应，实现对个人身份的定位。

（一）步态识别的应用原理和现状

步态识别是一种新兴的生物特征识别技术，旨在通过人们走路的姿态进行身份识别。其基本原理是通过人的身体体型（身高、头型、腿骨、肌肉、关节等生理特征）和走路姿态（关节弯曲度、足部摆动情况、步幅宽度、摆臂周期、抬腿高度、重心位置等一系列动作姿态信息）进行身份识别的一种人工智能技术。步态识别的优势是可以实现远距离、全方位、无须当事人配合即可实现身份确认的特点。比如，虹膜识别的极限距离在当前技术条件下大约为 3 米，人脸识别可以在极限 20 米左右的距离下实现，但步态识别由于是对对象整体动作形态的观测，极限距离可以达到 50 米，在高清镜头下甚至可以达到 100 米。[1]

尤其是当犯罪嫌疑人用口罩、帽子、墨镜等对面部特征进行遮挡，或者距离较远的情况下，步态识别可以很好地弥补面部识别的不足。比如，在人流量大且密集的场所，如火车站、博物馆等面部识别难度大的区域，对精细化面部捕捉要求较小、可以远距离实现对象识别的步态识别技术就能够更好地满足寻人、定位等相关需求。同时对于犯罪嫌疑人有意识遮挡面部特征的情况，步态识别系统也能够较好地予以应对。目前，部分省、市地区已经开始小范围地进行步态识别的检测性应用。

对于步态识别来说，当前信息库建设的难点在于个人的行走方式在短时间内是可以被刻意改变的。这也就意味着，建立一个可被机器识别的步态库，需要以对象自然状态下的步态记录为前提。步态识别技术和人脸识别技术一样，最初的建设都需要有海量的数据库进行支持，但步态作为动态信息，其基本信息库的建立难度更大。这也就意味着，步态识别在当前的技术条件下，很难直接和人脸识别一样实现大规模的应用与推广。但是，对于已经受到过刑事或行政处罚的人员来说，记录其步态特征是完全

---

〔1〕 齐志坤、姜囡、徐浩森："虹膜识别平台在侦查中身份认定的应用研究"，载《河北公安警察职业学院学报》2022 年第 1 期。

可以实现的。

（二）语音识别的应用原理与现状

语音识别转文字在目前的商业中应用的已经较为成熟。语音识别研究始于 20 世纪 70 年代，第一次技术突破主要是在小词汇量、孤立词的识别方面取得了实质性的进展。进入 20 世纪 80 年代，语音识别研究的重点逐渐转向大词汇量、非特定人连续语音识别。进入 21 世纪，语音识别总体已经实现了对降噪问题的重大突破，已经可以实现利用信号分离技术对噪音或者多个声源环境下的语音进行识别。

但是目前语音识别技术在我国的应用难题在于方言和少数民族语言的识别。鉴于我国的特殊语言特点，部分南方方言的发音方式和语言习惯与普通话有着巨大差别，可谓"十里不同音"，有些地区的方言和普通话相比，有更多的音调和大小舌音，或者在语序和词义的表达上也有变化，如果方言体系中有组合变化多端的辅音，也会产生大量的、相似的发音，[1]这都会挑战语音识别的准确性。同时，方言也有着不断变化的特点，不同于普通话有着国家层面出台的"统一标准模板"，方言的变化是随着时代的发展和人口的流动不断演化的，这个过程中，方言的语音语调和表达方式都会产生变化，甚至不同年龄段的人都会产生一定的理解和表达不同的问题。[2]因此，这会让对于方言的语音识别面临更多的不确定性和变化性的挑战。

同时，西部部分少数民族也有自己的民族语言，而目前主流的基于语音识别的积分预警系统对于非汉语的语音识别能力还较为初级。正如上文所说，除了汉语以外的少数民族语言在我国有着种类多、数量少的特点，各语音识别平台和系统中少数民族的语言样本库稀少。同时平台对少数民族语言语音识别的开发力度也存在严重不足，这对于我国当前的语音识别侦查取证和自动报警的全覆盖工作造成了不少挑战。

---

〔1〕　张强："四川遂宁地区方言语音系统研究"，四川师范大学 2021 年博士学位论文。
〔2〕　任劲安："面向方言口音对话系统的多任务语音识别算法研究及应用"，西安电子科技大学 2021 年硕士学位论文。

另外，如何将不同语言混杂的语音进行精准识别也是目前语音识别的难点。从识别技术的角度来说，其难点在于嵌入语言受主体语影响形成的非母语口音现象严重、不同语言音素构成之间的差异给混合声学建模带来巨大困难和带标注的混合语音训练数据极其稀缺。尤其是在常见的中英文混杂的语音识别中，由于中文的语音识别是基于声母、韵母，而英语的识别则是基于音标音素，识别技术的差异要求用户提前选择确定的识别方式（语言种类）。因此，如果需要应用程序自动进行不同语言词典的识别切换，就需要额外的技术支持。

（三）个人生物数据的采集程序与使用：个人授权和数据应用的限制

2020 年，最高人民检察院发布了《收集、使用个人数据宜遵循五项原则》，尽管其发布的内容是以疫情期间的数据收集和使用为对象进行说明的，但其中提出的有关于第三方平台收集和使用个人数据的应有原则却是具有更加广泛的可借鉴意义的。其中具体提到了几个与第三方数据收集有关的原则。

从本质上来说，这三个原则都反映了一个核心思想，即第三方应当最小限度地获取和使用公民的个人数据。首先是目的限制原则。这要求对个人数据的收集、处理应当遵循具体的、清晰的和正当的目的，不能随意进行数据关联和联想，不能将以某种具体目的收集的数据用于其他目的。其次是最小数据原则。即要求数据控制者收集对采集和使用的个人数据类型、范围、期间应当是适当的、相关的和必要的，其类似于宪法理论中权力运用的比例原则。最后是限期存储原则，即要求个人数据应有其自身固有的生命周期。[1]

相比于传统的个人信息（账号密码、地址、手机号码等），个人生物信息还有一大特点就是不可变更性。在个人信息遭到泄露的时候，传统信息可以借由变更的方法避免信息的持续泄露，但是个人生物信息则无法变

---

[1] 韩新远："收集、使用个人数据宜遵循五项原则"，载中华人民共和国最高人民检察院网站，https://www.spp.gov.cn/spp/llyj/202003/t20200328_457476.shtml，最后访问时间：2022 年 6 月 15 日。

更，一旦被盗用，其潜在社会危害性也更大。

同样于 2020 年颁布的《信息安全技术　个人信息安全规范》(GB/T 35273—2020) 则更加关注对个人生物识别信息收集范围的限制与收集的知情同意程序。针对近年来社会对个人生物识别信息，特别是面部数据的过度收集和滥用引发的关注和讨论，该规范细化与完善了个人生物识别信息在收集、存储和共享三个不同环节的保护要求：将 2017 年版本中的"收集个人信息时的授权同意"与"收集个人敏感信息时的明示同意"合并为"收集个人信息时的授权同意"，[1]并增加了收集个人生物识别信息的相关要求。由于其与个人信息主体的人身与财产安全高度相关，网络运营者在收集个人生物识别信息前，应单独向个人信息主体告知收集个人生物识别信息的目的、方式和范围，以及存储时间等规则，并征得个人信息主体的明示同意。另外，在用户关闭或者推出某项业务时，也基于便利度和个人信息保护的角度要求，对平台提出了交互设计和再次询问用户授权同意的要求。

这些规定说明，现行的将个人生物识别信息处理规则置于个人信息保护政策（原隐私政策）之中进行统一的事前告知已无法满足合规要求。网络运营者需制定单独的个人生物识别信息处理规则并在实际收集之前以弹窗等方式对个人信息主体进行告知，并获得其明示同意。

在存储方面，原则上采用原则禁止和分区存储两种方式。即网络运营者不仅应将个人生物识别信息与个人身份识别信息在物理上分开存储，同时还需将这两者的控制权限分配给不同的人员，以实现杜绝对个人的全面分析和侧写。另外，对于部分生物信息，还作出了核验后即删除的规定，也是为了确保个人生物识别信息不被无授权分析和使用。

---

〔1〕　高富平："同意≠授权——个人信息处理的核心问题辨析"，载《探索与争鸣》2021 年第 4 期。

第七章

我国电子数据侦查

取证程序的完善对策

我国整个刑事诉讼法表现出较为明显的保障公权力运行的特点，缺乏程序权利保障精神，特别是司法实务对搜查权所持的扩张态度进一步扩大了侦查权力。在现行司法体系下，公检法在追惩犯罪过程中容易形成一种合力，而缺乏应有的制约。换言之，我国有着惩罚犯罪的法律基础与广泛的社会基础，但在民主法治时代，需要对具有自我膨胀性的惩罚犯罪模式予以适度限制。[1]具体到电子数据取证制度，需要通过构建体系性、保障性法律为其提供基础保障，并以人权保障为核心，细化、完善刑事证据法律制度规范。

一、前置原则与基础

（一）程序正义

取证程序规则变化和逐步进步，是证据观念变化的反映，这种态度变迁会直接反映在刑事证据规则的变化上。侦查程序是一个非常敏感的诉讼环节，其本身即为现代刑事诉讼的一部分，现代法治国家刑事诉讼制度的设计和运作的基础性原理和原则，必然会深刻地影响和制约着侦查程序的设计。在当前信息化的时代，电子数据被誉为"证据之王"，涉及财产、隐私、通信自由、言论自由等公民个人的基本权利。[2]想要实现程序正义和比例原则的基础构架理念，侦查程序中的个人权利就必须得到保障。

在侦查程序中，侦查机关和犯罪嫌疑人之间"短兵相接"，人权保障与犯罪控制这两大价值目标之间的冲突被集中体现，侦查程序中的诸多制度设计直指一个国家最基本的权利构架，是"牵一发而动全身"。

法律规制应承担引导司法改革的重任。尽管我们强调程序规则的改变应该考虑到民众对于法律和司法的期待，不能突兀或者一蹴而就，从一个领域的学者到对这个领域不了解的人，从立法者到执行者，这种变化的过

---

[1] 谢登科："电子数据网络在线提取规则反思与重构"，载《东方法学》2020年第3期。
[2] 谢登科："论电子数据收集中的权利保障"，载《兰州学刊》2020年第12期。

程中必然也会伴随着激烈的思想碰撞和争论。但这一基础是，法律应该更多地承担指引大众法治观念向着更文明的方向演进和发展的责任与导向功能，而不是简单地迎合民众、高层或者现状。理论的演进应是价值观念演化的航向标，而不是囿于"实用主义"的提炼。

我国对于电子数据取证领域乃至整个证据发现领域的法律规范都在经历一个从发现事实真相到实现权利保障、从保障侦查效率到实现司法公正、从追求实体公正到追求程序公正的逐步文明化、规范化的过程。过去长期秉持的对追求"事实真相"的强大的执着精神、"人治"和"民意决定司法"的现象，近年来随着法制化建设的推进也开始有了逐步的改进。

新型证据类型的产生需要伴随着证据规则的进一步细化。电子数据作为证据的产生是对证据类型的进一步细化，但这种分类细化并不是最终目的，细化分类是为了进一步明确取证行为的合理界限，为衡量权利干预之正当性提供评价标准。在电子数据取证领域，旧有规则的适应性调整是维护程序顺畅运行的重要手段，电子数据的特性不会推翻旧有规则和原则的基本要求，而是需要在其框架下对具体规则进行建构或调整以适应这些特性，调整的幅度也需要根据具体法律规则体系而有所不同。

（二）比例原则

比例原则不是一个新兴的理念，但是其过去在传统证据取证中通过法律规制所达到的平衡状态在电子数据侦查取证中受到了挑战。电子数据的特性不会推翻比例原则的基本要求，但需要在其框架下对具体规则进行建构或调整以适应这些特性，调整的幅度依各法域之具体法律规则体系而定。[1]想要实现电子数据侦查取证领域的比例平衡，笔者认为主要应从两个方面入手对该问题进行评判和思考。首先就是相关程序性规范的恰当程度与适用范围，即要对相关规范在电子数据取证领域的适用性做反思，以及对其在这个领域的使用范围做一个重新的明确；其次就是其价值的符合程度，在完成第一个步骤后，如果问题还是不能够得到明确，就需要从价值的角度

〔1〕 裴炜："比例原则视域下电子侦查取证程序性规则构建"，载《环球法律评论》2017 年第 1 期。

对其进行判断。

通过对刑事侦查取证领域的比例原则的基本要求进行分析，电子数据侦查取证中的比例原则实现需要注意如下几点。第一，在司法取证活动中，对于基本宪法性权利可以构成干预的行为，是需要在合理的界限上进行的。对此界限上的划定一定是需要依赖于比例原则。第二，电子数据的特性并不会推翻比例原则的基本要求，所以只需要在原有框架上，对具体的规则再进行一次建构，或者是调整等，以期可以更好地适应这些特性。而调整的幅度也需要根据法域之间的法律规则差异来确定。第三，对国际层面上的规则建构模式进行分析之后，其实可以发现，重点调整主要在于以个人权利受干预程度作为依据，将之与传统的证据分类法之间的差异进行比对糅合，得出一个对电子数据取证有效的比例原则应用出发点。[1]第四，电子数据的自身特性会导致取证行为的事前评估以及监控的难度等不断加大，而由此自然也就会呈现出监控机制在时间轴方面上的后移。所以可以得知，在电子数据的取证规则构建中，个案审查中事中以及事后的监督，都会成为比例原则构建体系的重点所在。

从宏观的角度来看，公民的基本权利借由比例原则与刑事侦查取证的行为进行互动。[2]根据分析可知，尤其是在网络的环境之下，"隐私权"这一个概念已经从内涵到外延范围上在时代的发展中发生了变化，在处理个人数据等一些具有特定主体对象的问题上，公权力对其干预也远远超过了传统隐私权维护的起点。换句话说，既然电子数据是作为独立的证据类型所出现的，那么电子取证规则的原则就一定需要放置在十分庞大的权利义务分配、国家权力以及公民权利的互动之下才可以进行探讨。

而想要明确电子数据取证过程中侦查权力对隐私的合法界限，就需要首先确定什么才是划定这个标准的根据。在笔者看来，这个划定的标准就是依据客观价值推定的"公共利益"：公共利益来源于人民共同同意的价

---

〔1〕　刘玫、陈雨楠："从冲突到融入：刑事侦查中公民个人信息保护的规则建构"，载《法治研究》2021年第5期。

〔2〕　裴炜："比例原则视域下电子侦查取证程序性规则构建"，载《环球法律评论》2017年第1期。

值取向，在这个基础上继而产生出具有政治权威与权利合法性的社会运营方案，即规范。也就是说，超过这个限度范围的公权力行为都可能被定位为侵犯人权的行为。作为公权力行使的依据和核心，公共利益是明确地限制公民行为的根据，因而为了维护相对更基本的权利，公权力在行使的过程中就不能超过维护公共利益所画出的界限，而这个"不得不付出的必要代价"[1]在如今可以理解为公权力行使可以满足底限伦理价值要求和需要接受法律最严格的规范。具体来说，在电子数据取证的过程中，侦查机关不能为了惩罚犯罪而突破公共利益，必须按照法律规范最严格的解释方式对取证程序进行限制和监督，不得让侦查行为有超越维护公共利益的行为，否则就是以公共利益为理由给侵犯人权的行为披上了合法的外衣。

实现隐私的保护需要宪法对其保护基础作出认可。宪法对任何一个基本权利的承认要么体现在完整概念范围层面的明确与构建，要么是对其受保护部分加以明确或限制。正如第五章所说，隐私权是一个很难通过宪法作出明确范围界定的概念，因此对于其保障只能在具体语境下通过限制性规则加以实现。但我们需要明白，就基本权利的保障而言，宪法是界定其受保护范围的唯一来源和出发点，也就是说，想依赖具体部门法规甚至是操作性规范来实现电子数据取证过程中的个人权利保障的构架是不现实和缺乏依据的。但是从操作层面来讲，实现对隐私权的具体保护边界和规范的权柄又在法律制定者甚至是法庭裁判者的手中，这就是说，想要实现隐私权保障，其路径应当是通过宪法直接或者间接地认可隐私权应当在侦查中受到保护的属性，然后由立法者和司法者完成具体的保护规则构建和对案件中的隐私（取证）边界作出决断。

（三）司法审查制度

司法审查制度，是指法院通过司法程序审查和裁决立法行政机关制定

---

〔1〕 蒋勇："个人信息保护视野下中国电子取证规制的程序法转向"，载《西安交通大学学报（社会科学版）》2019年第6期。

的法律、法令以及行为是否违反宪法的方式制约权力。[1]对于侦查行为来说，司法审查制度设置的本意在于通过对国家权力活动进行审查，宣告违反法律、法规行为的无效，以及对错误的司法行为进行审查纠正，实现维护宪法对保护公民及相关合法权益的目标，其本质是一种对权利的制约模式。

美国等国家建立的侦、审、辩分离的司法体制背后蕴含的司法审查机制中的先进经验值得我们借鉴，但以西方的控辩制度来要求我国的诉讼改革是不现实的，同时也是舍本逐末的。相比于纠结侦查机关、法官和辩护者等的职责划分，我们更应该思考的是进行权利划分行为背后的目的和意义：将侦查行为置于法官或者其司法程序的审查之下，有效实现对侦查行为的控制。

因此，司法审查制度在我国的建立，也应该是基于实现对侦查行为有效监督的基础而制定的。也就是说，与比例原则不同的是，这种制度不能停留在一种抽象的原则、价值或者精神的层次，而是需要以一种具体的规则来落实。进一步来说，既然司法审查制度的建立目的是规制侦查活动中的行为，那么其就应该融入侦查程序的规制之中。尽管我们通常将司法审查也称为一种原则，但具有高度概括性和抽象性的原则在司法审查问题上无法起到任何实质性作用，其发生作用的唯一方式还是将之细化和具体到规则的层面进行落实。

在这个落实的过程中我们需要遵循的依据是司法审查制度中的法治理念和程序正义价值。法治理念是保障侦查权作为一种国家公权力，在实施过程中的正当性和合理性的基础，权利保障需要在侦查的过程中进行兑现，但这并不能通过侦查机关的自我道德约束实现，因此就需要司法审查的介入。程序正义则在于排除诉讼过程中的恣意因素，保证程序按照各方都能接受的标准进行，那么证明和确保其"确实如此运行"的任务，就是第三方的审查与监督过程。

侦查取证工作中的司法审查制度的落实需要完成对侦查行为的事前批

---

〔1〕　左卫民主编：《中国司法制度》，中国政法大学出版社 2002 年版，第 57 页。

准、事中监督和事后审查的体系建设。这一体系的具体内容将在后文详细描述，但此处需要说明的是其如此建设的理由：对于侦查取证的司法审查可以分为实质性审查和程序性审查两个方面，[1] 不同于对证据的实质性和合法性审查，此处的司法审查基于的是两个不同层面的注意，具体来说，事前批准和事后审查保障的是侦查取证工作的合理性和必要性，这类似于欧美国家的司法令状主义，目的在于通过非侦查机关的人员（在欧美国家多是司法行政长官）确保侦查这一具有强制性行为的公正。而事中的监督则更倾向于保障侦查工作程序上的合法，即没有通过越权和超适度的方式获取一些本能通过其他手段获取的证据。

二、取证程序的规范化构建

在具有完善的价值体系做导向的前提下，法律法规及政策层面的架构就能够体现出其非常直接和重要的指导意义。规范的建设中也可以大体分为三个层次：第一层次是宪法层面，宪法行为规范可以说是高屋建瓴的，但应明确的是宪法从不能就行为的边界和规范性作出原则性指导，而是应对涉及的权力间的冲突等问题提供一般性指导。在这种情况下，第二层次是立法和司法体系就起到了关键的作用：在部门法构建时需要立法和司法共同努力，一方面解释和细化宪法规定的一般性指导原则；另一方面还要保障这些细化出的具体法律条款能够有效回应和解决具体案件，即在各种权利的冲突之间作出实际的平衡。第三层次就是具体的执行部门在法律的基础上进一步细化作出的操作性规范文件或者指导意见。在这个基本理念下，下文将从程序规范的构建、程序实施的制度和程序监督的保障三个角度，对电子数据取证程序从原则到实施、从制度构建到监督保障等方面提出建设建议。

（一）统一的电子数据侦查取证规则体系

统一的电子数据侦查取证规则体系是保证电子数据的侦查工作有序、

---

〔1〕 郑雅方、周煜文："实质性证据规则研究——美国经验与中国实践"，载《江淮论坛》2019 年第 2 期。

有据进行的基础。电子数据作为新型证据形态，在呈现形式上与传统证据有巨大区别，再加之正处于高速发展阶段，直接简单地参考其他证据类型、自定标准、摸索经验的侦查取证方式是一个不稳定的状态。同时，各地发展和经验方面存在现实差异，如果缺少法律规制统一标准，就可能带来同案不同判的现实问题，这就有违法制化建设的要求。

统一的电子数据侦查取证规则体系需要在证据收集、证据勘验、证据移送和证据展示等各个方面做到统一，比较电子数据与其他证据类型的差异。笔者认为，针对电子数据以下规则应当做到整体明确统一。

1. 例外规则的明确

首先是传闻排除规则的例外规定。这一规则起源于英美法系，发展至今，受限于各种原因一直没有在我国得以确立。为了尽可能地维持各方利益的平衡，世界各国在具体的司法应用中规定了多种例外规定。在电子数据领域，如果创新性地引入这一规则，可极大地提高证明的证据能力。考虑到电子数据在法庭上出示展示的便利程度，可以将部分电子数据的复印件、打印件在法律层面予以证据效力的认可，这样就可以使得电子数据不管是打印成纸质文档还是转成其他结果，都具有（同等的）证据效力。[1]如此一来，这些资料就相当于是原件，也不需要对其来源进行再次证明。

其次是电子数据取证中关于最佳证据的例外规则。按照常理，考虑到电子数据的虚拟性特点，不管是通过打印，还是其他可视形式对电子数据进行展示的，只要能够真实地反映该电子数据，就应当是可以在具体实践中被认定为证据原件的。在我国，如果说传闻例外规则在具体司法实践中已经被实际地接受和使用了，那么最佳证据的例外规则并没有如此待遇，只是在相应的司法解释中，对书证类证据在一定限度内给予了认可。电子数据从实践的角度来看，亦应当受到最佳证据规则例外的承认，但在具体规范的角度来看，由于电子数据本身的特殊性，数据很容易被修改，哪怕是实时传输的即时通信数据也可以篡改。所以，对于电子数据，如果要实

---

[1]　刘颖、李静："加拿大电子证据法对英美传统证据规则的突破"，载《河北法学》2006年第1期。

际推行适用这一例外规则，就必须采用其他方式辅助性地（如公证等）对该证据的真实性、可靠性进行规范和证明。

2. 在场非接触规则

一般来说，在办理案件的过程中，需要相关犯罪嫌疑人到达作案现场，对相关的现场进行指认，并对作案工具和赃款、赃物等进行清点和封存的。但是一旦涉及电子数据，处理办法就需要有所改变了：考虑到断电、一键删除等操作对数据产生的影响，电子数据的非在场规则需要明令禁止嫌疑人对存储了犯罪电子数据的仪器、设备等进行直接接触。其他国家的警察在处理案件时也有相应规定，如英国，在处理相关案件时，要求把计算机和电源附近的人员全部清散；而美国的做法相对来说更细致一些，要求把与案件具有利益关联的人员进行隔离，并对他们所处的具体位置进行一一记录，严禁任何人接近相关计算机或者电子设备。但是，涉及数据的账号、网站后台、数据库密码等资料需要犯罪嫌疑人进行当场协助的，在特定时间和环境下可以例外准许他们进行必要的接触，提供相应的账号、密码、指纹、链接等资料。需要指出的是，这种接触一定要在警方专业人员的监视之下进行，以防出现意外。[1]

3. 同时性规则

在传统案件侦查中，对痕迹物品的收集提取和记录有时是可以分开进行的，也就是说先进行痕迹和物品的提取，随后再进入实验室进行详细的记录和深入分析。但是，电子数据的取证不能直接简单地照搬这种方式，而要区分具体的情况和场景，如针对容易丢失的实时传输中的数据和正在编写、读写的数据，以及只有短期存储的临时数据，最好是在程序运行的同时，就对相关数据进行实时的提取和记录，并对其数据的完整性进行核对。[2]否则，时过境迁，电子数据将失去其证据能力。而对于另一些以电子数据形式存储，尤其是本地存储或者有异地（云端）安全备份的证据，

---

〔1〕 郑飞："漂向何方：数字时代证据法的挑战与变革"，载《地方立法研究》2022 年第 3 期。

〔2〕 谢登科："刑事电子数据取证的基本权利干预——基于六个典型案例的分析"，载《人权》2021 年第 1 期。

则可以按照传统证据的形式进行收集。

4. 完整镜像规则

在正常的案件办理中，一般是从原物直接提取样本开展检测和分析工作。但对于电子设备中存储的数据证据，就不能直接在原始数据上进行下一步操作和动作，必须要建立镜像，并通过哈希值来对该电子数据的完整性进行验证，之后才可以开展后续分析和鉴定工作。对于电子数据这一证据形式，侦查检验人员必须养成这样的习惯。

5. 鉴真程序规则

这一规则在学界称谓不一，也有人称之为鉴示规则或者鉴证规则。除前文提到的关于鉴真的技术规则，该规则还要求某一证据被提出时，不仅要对其真实性和可靠性进行证明，还必须把该证据所暗含的相对隐秘的电子数据、字符、代码等通过相应的方式方法直接在法庭上进行直观展示。[1]因此，对于法庭审判来说，证据在得到鉴"真"的同时，还必须要满足证据在法庭上的"展示"要求，以此保证诉讼双方都能够直观"看到"，并且理解相关证据的内涵。也就是说，鉴真程序的规则，不但需要在乎鉴真的结果，还要重视展示的过程。

但是，电子数据往往是无形的、隐藏的，通过初步的采集并不能够直接让电子数据称之为证据，更不可能在法庭上得到直观的展示。所以，通过初步收集得到的编码、软件程序、数据字符等本身是没有证据能力的，主要是因为没有经过科学的技术手段和技术设备进行合理的验证和鉴定，其呈现出的数据本身是不可采信的。即使是在具体的验证和鉴定的过程中，也要对进行具体工作的责任主体和工作程序进行严格的规定。[2]如果不确立这些严格的鉴真程序规则，这些收集而来的数据就不能够拿到法庭上作为案件的证据使用。因此，要对电子数据具体验证过程中的主体、程序和规则进行严格的约定。

---

〔1〕　王立梅、刘浩阳主编：《电子数据取证基础研究》，中国政法大学出版社 2016 年版，第 14 页。

〔2〕　谢登科："电子数据的技术性鉴真"，载《法学研究》2022 年第 2 期。

实践中，侦查与鉴定检验要明确分离，要体现出整个收集过程和证据来源的技术规范性与程序合法性。鉴定检验要由专业权威的第三方鉴定机构来开展，通过相关技术人员的专业处理，将不可视的电子数据转化成可视的、真实的、合法的鉴定结果，从而具备证据能力。

6. 合理取证规则

若电子数据需要进行证据固定时，应当依据实际情况、在保障程序合法的前提下，重新理解合理、适度的取证原则。例如，我国针对网络信息诽谤，明确要求相关诽谤信息在网络上被转发传播的次数达到 500 次以上或者被网友点击浏览超过 5000 人次，此时就构成诽谤罪；针对互联网上制作、销售、传播淫秽物品行为，相关电子数据被点击超过 10 000 次时构成犯罪，涉及儿童的淫秽信息点击次数超过 5000 次即构成犯罪。因此，对这些常见罪名中提及的次数的要求，在具体的案件取证中，需要对其中的数字要求进行适当的理解：在当前信息时代下，一条信息的传播变得前所未有的迅捷，是完全超出犯罪嫌疑人的掌控的，一旦发布就会广泛存在于各平台、终端和站点。如果在取证的过程中，过于强调对具体数目进行收集和确认，不仅会导致工作量的急剧上升，拉低司法工作的开展效率，而且会导致对相关行为的过度惩罚，甚至滋生"钓鱼"执法等现象的出现。所以，在具体的工作开展中，不能仅仅依据相关规定的"数字"本身，而要依据规定原意，合理评估信息源实际造成的社会影响。同样，不囿于数字本身，也意味着在某些影响较大的案件中，用另外的方式实现对于传播范围较大、社会影响较广的证明也应当是一种可以选择的思路。

（二）技术辅助的系统与规范化

技术辅助系统的广泛应用，是电子数据取证与传统证据取证的重要区别之一，因此，对技术辅助系统数据采集和分析的系统性管理，是电子数据取证规范化的重要环节。当前国家各部委已经逐渐开始以管理办法、规定等文件形式逐步出台了对包括个人生物信息、互联网信息推荐算法、工业和信息化领域数据安全等涉及数据的收集、分析和推送等取证行为的规范要求。但当前这些规范主要是以限制性要求为主，对相关数据的收集、分析的许可性规范不足，同时缺少系统化规则的确立。

正如上文所指出的，当前的模型性技术辅助系统主要依赖于经验而非科学计算的问题需要得到调整。以系统设置的目的为标准、以刑事侦查取证的谦抑性和适当性为准绳，设置技术辅助应用的系统化许可性标准，是电子数据取证程序中技术应用今后发展的应然制度。以当前普遍使用的积分预警系统为例，将积分预警系统建立在对异常行为信息与发案情况关联研究的基础上，实现人工干预而非人工设置是当前积分预警系统研发的主流方向和总体目标。系统积分模型的设计应主要采用数据挖掘建模的方式进行，首先多维度、广泛地进行情报信息（信息数据）的采集，而后做标准化归纳和数据清洗，将海量数据统一输入系统，由系统运用大数据、机器学习等技术，自行挖掘异常行为信息与刑事案件之间的关联关系，构建不同案件属性的多套积分模型。[1]同时，强调人工干预的重要性，充分发挥公安民警系统分析师的经验作用，结合运维服务团队的设置，对系统积分模型进行调整与修正，使模型更贴近本地化，提高其实用性与有效性。

另外，关于技术系统的应用法律规制也应进一步实现标准体系化。当前随着"两高一部"以及有关部门对技术应用的管理逐步建立，各种取证技术应用的管理、使用规范在最近呈现井喷式增加。但云计算、大数据技术大规模应用的形势下，各类技术的应用都可能会出现重大变化，而单靠点对点的应对式的政策，其统一性和更新的周期性都不足以应对当前快速变化和发展的技术应用。因此，应当建立一个体系化、框架式的技术系统的应用规范，从总体上对于技术系统应用法律规制的总体框架和逻辑体系予以明确，以有效避免不同规范之间出现原则上的冲突矛盾，或者部分重叠甚至缺漏疏忽。国家高度重视标准化战略，并已经要求尽快建立健全标准化体系，这不仅能够提升电子数据取证和鉴定的公信力，还能有效增强司法工作公正性。同时，在架构的过程中，应当着重注意各级和各类技术系统应用的基础标准、技术标准以及管理标准，形成统一的标准化体系。

---

[1]　李勇男："大数据驱动的反恐情报决策体系构建"，载《情报杂志》2018年第10期。

（三）可采性证明方式的弹性化与文书制式化

程序性证明在调查过程、证明方式和证明标准上都可适当灵活，采用更宽泛的证据材料和灵活多样的证明方法，避免审查或取证工作中以教条化的审查替代应有的基于严谨性的判断。通过对证据收集保管过程的证明来保障其真实性和同一性，属于典型的"程序性证明"。同样，由于电子数据鉴真的本质是对其收集、移送、保管等环节的程序性证明，其证明的本质要求是明确在收集过程中的全面、准确、适度、谦抑等程序性要求，因此其证明方式可以在满足程序证明基础逻辑需求的基础上，采取自由证明而无须遵循严格证明的限制，[1]这也为侦查人员在收集实物证据过程中，采取灵活性的鉴真方式提供了制度基础。

具体来说，需要根据电子数据的多样性特征对其侦查取证的过程采取弹性的标准。电子数据作为诉讼证据，若要更好地融入诉讼空间，仅从取证、举证和证据审查判断角度来规定是远远不够的。现存的规则都是从取证以及证据审查的判断上进行的操作性规范，所以对侦查取证环节的行为可能并不会有过多的关注，不过未来相关的侦查授权立法还有侦查程序规范，还需要依据电子数据的特性进行进一步的区分。比如，对待智能终端的搜查程序和电子数据的扣押都需要在进行区分的基础上再进行不同程度的授权，可以考虑的标准包括依据犯罪类型的差异对扣押封存的程度进行要求，对短信群发这类设置程序自动发送的低门槛犯罪的取证，设置较低标准的封存要求以节省人力物力，但是对于远程控制等犯罪手段，就需要采取断网甚至隔离等更加技术性的方法；可以依据对个人隐私的侵犯程度设置不同级别的审批授权要求，对于侵犯隐私程度低的侦查行为可以通过内部申报审批、主管人员负责的方式进行监督，对于侵犯隐私程度高的，则应要求第三方人员参与监督与审查的工作程序。

但与此同时，取证过程中的文书应在标准和书面要求上进行进一步的严格规范与统一。这种制式化包括统一电子数据在各种环境和条件下的提

---

〔1〕 陈如超："电子证据审查判断的模式重塑——从混合型审查到分离型审查"，载《河北法学》2022年第7期。

取步骤、可选工具或软件、可进行的技术手段及侦查行为，并且明确在取证的过程中所需要记录的内容等。同时，取证记录文书需要一个更大范围内的统一模板，以避免部分地区或者缺少经验的侦查人员在这类问题上产生不必要的操作或者记录失误。

（四）严格的电子数据非法证据排除规则

整体而言，笔者认为应迅速确立电子数据非法证据排除规则，同时把电子数据放置在较为严格的证据排除体系中。当前，电子数据排除规则在我国被看作属于非言词证据排除体系，通常情况下可以进行补正。但严格来看，电子数据并不属于某种排除规则范围，由于非法证据排除目标主要由实物证据与言词证据构成，但是电子数据并不属于其中一类，因此，被认为具有非言词特征而归类到另一种类。

电子数据的非法证据排除规则需要参考我国总体要求和相应原则来制定。根据证据排除的严格性特点来看，我国排除言词证据的态度十分强硬，但排除非法实物证据时可以通过补正从而给出合理的解释。由于差异对待的产生主要集中在人身权益侵害性的差异中，所以在指定的场所或地点中可以获取的相关物证和书证的案件一般不包括侵犯人身权利的案件，主要是对住宅权利与财产权利所出现的侵害案件具有作用，并且可以采取补正措施重新搜集可靠证据，从而达到澄清事实真相的目的。但言词证据的获取，主要来自自然人，如果通过非法手段获取，就会导致人身权利受到侵害，[1]如通过胁迫和暴力手段对人身权利造成侵害，就算在受到侵害后进行补正或采取合法的手段完成搜集，搜集时因为人身权利已经受到侵害，很容易产生心理阴影或恐惧，并且在以后搜集证据的过程中会违背被搜集人自身意愿，从而导致搜集的言词证据难以进行补正。根据归类的原因可以得出，电子数据的分类不能简单地归结为非言词证据或者言词证据排除体系。众所周知，由于电子数据在搜集时容易牵扯被收集者和案件并无关联的隐秘信息，但在提取物证或书证时，并不会出现这种问题，并

---

〔1〕　冯姣："互联网视域下的非法证据排除规则——兼论非法证据排除规则的完善路径"，载《前沿》2018 年第 1 期。

且，以当前的技术水平，难以实现在完全不涉及当事人与案件无关的信息的基础上，深入搜集对象系统中全部和案件有关的数据信息。但是，搜集并提取电子数据时，并不会出现胁迫与暴力等侵犯人身权利的行为，不会对人的生命、健康等造成直接危害。所以，电子数据的非法证据排除规则并不能完全使用某种现存的规则。

综上所述，笔者认为需要构建一套相对完善的电子数据非法证据排除体系。更明确地来说，笔者认为电子数据的非法证据排除规则应该略低于非法言词的排除规则，但是比非法书证、物证的排除规则（一般来说为瑕疵证据的补正规则）更加严格。

如何才能设立和解决电子数据排除规则问题，是目前面临的重要任务。在刑事诉讼过程中，大部分非法证据都是从侦查过程中得到的，但大部分非法证据排除规则都需要在后期的审判和诉讼中加以完善，所以侦查机关的行为规范性会对非法证据的严重程度产生影响，这要求搜集人员在取证的过程中不断加强监督力度。[1]在国内的刑事诉讼流程中，分工协作、相互配合、相互制约成为刑事诉讼过程中的主导原则，其中公检法三家各自负责一部分，共同配合提高案件质量，尤其在处理重大事件时需要三家共同联合处理，从而实现协同作战和统一指挥的目的，很难通过对抗或者程序上的审查实现对非法证据的锁定以及排除。在平时的案件处理中，检察院协助和指导侦查人员提升证据有效性依旧占据主导地位，同时法院在审判取证行为是否符合法律规定时，并不以行为违规程度与对当事人造成的伤害程度为依据，主要以是否影响司法公正或审判作为理论依据，并不主要考虑取证时行为是否严重违法或损害他人权利，而更加注重案件性质对社会的影响等。尤其在遭遇舆论压力较大的情况时，审判人员认定搜集的证据是否可以采纳的过程受影响较大，并不能保证自我衡量取证不会对合法公民的隐私造成侵害。总的来说，目前非法言词证据的排除规则和非法实物证据的排除规则并没有为电子数据非法证据的排除规则起

---

[1] 陈如超："电子证据审查判断的模式重塑——从混合型审查到分离型审查"，载《河北法学》2022年第7期。

到良好的借鉴和引导作用，电子数据的非法证据排除规则反而可能需要在完善和明确的同时，为传统的证据排除规则提供示范和带头作用。

电子数据非法证据排除的严格程度需要明确。尽管从积极的角度来看，一旦对非法电子数据的排除体系作进一步明确和分化，不留下自由裁量的内容，就能帮助法官在判定排除的过程中尽量不受到舆论和行政压力的影响，即详细而明确的非法证据排除体系能够不断提升审判人员抗干扰能力，还可以提高侦查人员的取证效率。但上文中提到，电子数据取证过程中内在的问题很难直接采用明确详细的规则加以约束。同时随着我国信息技术发展的不断加速，越来越多的难题会挑战现存的制度体系，因此，单纯的规则细化并不能完全解答电子数据非法证据排除制度的现有难题。

对此，笔者认为可以考虑通过加强指导性案例解决这一难题。王利明提出："司法解释应朝着具体化方向不断发展演变，由于司法解释的主要任务是为了让法律规则更加明确和细致，制定具有针对性的措施，能够有效应用到具体案件中去，并且审判时法律出现缺失可以通过解释来弥补缺漏。由此可知，司法解释针对性越强，具体的司法解释才能充分发挥作用。在完善司法解释的过程中，主要借鉴两大法律体系，对具体的审判案例需要通过适用的法律对问题展开研究分析，推动司法解释朝着审判案例化方向发展演变。"[1]不断完善司法判例制度可以有效促进审判人员对侦查取证行为是否违法展开合理判断和分析，并不会由于过分限制造成案件的具体分析不能正常进行，迅速对技术与认知的发展完成鉴定。由此可知，指导性案例在审判过程中具有不可替代的作用。

（五）平衡的电子取证国际司法协作机制

笔者认为利益平衡是构建电子取证国际协作机制的基本思想。迄今为止，电子数据侦查取证领域还没有出现获得国际社会认同的机制、体系、规章和制度。跨国犯罪盛行之际，如何实现电子数据取证的跨国、跨地区合作，联合惩治罪犯，需要不同主体进行利益平衡。换言之，根据利益平衡理论确立的电子数据证据国际协作调查是十分重要的路径，可使得相关

---

[1]　王利明："论中国判例制度的创建"，载《判例研究》2000年第1期。

国际合作重新焕发出新的生命力。

一方面，不同国家在惩治网络犯罪的共同利益与协作付出之间应当进行权衡。[1]电子数据证据的跨境取证国际协作机制能不能达成，主要取决于国家是否可以让渡权利，从而达成共识。假如国家在获取其他电子数据证据时，仅仅期望通过他国协助而不愿给予他国帮助，只依靠其他国家先进的技术，或者仅凭我国获得法律许可的方式展开取证调查，是难以有效化解前述风险的。因此，应当构建可以敦促不同国家派代表商议的常态机制，商定关于电子数据国际协作的条件、程序、手段或规则等。[2]

另一方面，不同网络平台在参与网络空间治理与商业付出之间应当进行权衡。目前，网络平台发展速度不断加快，部分网络平台财富甚至超过国家财富，并且掌握大量的网络数据信息。网络平台参与并主导网络格局，这也是诸多国家的实际情况。网络平台在国际司法中具有参与网络空间治理的责任和义务，这要求网络平台帮助司法部门展开取证，让渡部分商业利益。欧盟多年前在《网络犯罪公约》中不断研究电子数据国际合作机制，并且已经在地区范围内起到实质性作用。目前，世界已经进入新的历史阶段，急需制定新的网络犯罪公约，作为国际司法领域"老调重弹"的解决方案，这个公约可以是由中美牵头主导的，主要内容应当包括直接合作方式。具体内容应当指明由依靠法律手段或技术完成自主取证，自主取证的替代方式主要包括强制披露、跨国调查、远程检测等。

1. 我国网络犯罪侦查国际合作遵循的基本原则

一为相互尊重国家主权原则。国家主权原则作为处理国际关系最基础的原则，国家具有自主解决国内事务的权利，其他国家不能干涉他国事务。开展国际网络罪犯侦查合作时，应该以尊重他国主权为前提，国家与国家之间不能作出侵害他国利益的协作行为，假如其他国家提出侵害公民合法利益或国家利益并违反国内法律规定的协作行为时，则可以直接拒绝

[1] 刘品新："网络犯罪证明简化论"，载《中国刑事法杂志》2017年第6期。
[2] 廖斌、刘敏娟："数据主权冲突下的跨境电子数据取证研究"，载《法学杂志》2021年第8期。

相关请求。[1]

二为实现平等互惠原则。平等互惠原则作为国家解决所有对外事务的出发点和归宿点，通过国际司法部门的协作，国家利益主要表现在交往时一国对另一国的帮助，并且要求两者处于相同的范围，采取相同的方式来对待，假如一方对另一方的要求感到负担与不合理的话，另一方也可以施加同等权利的要求。[2]由此可知，网络犯罪侦查合作时合作伙伴应拥有相同的权利，并且承担相同的义务。从根本上来看，平等互惠原则主要以实质对等和互利共赢为主。所以，开展国际网络犯罪侦查合作时，需要求同存异，不能追求双方在合作过程中完全一致。

三为推动协作原则。网络犯罪已经成为世界各国面临的重大难题，这就要求世界各国加强协作，对网络犯罪展开有效打击和防御。在实施国际网络罪犯侦查合作的过程中，合作双方需要具备足够的诚意，并且注重相互交流和学习，努力提高共识，最大限度地减少分歧，自主提高团结协作意识，不断提高合作效率，以实现有效打击网络犯罪为目标。

2. 积极参与相关立法的进程

我国需要同其他国家签订有关网络犯罪侦查的国际合作条例，例如通过加入国际组织或者签订公约。条约主要内容可以参考《网络犯罪公约》中的相关内容，主要从合作内容、流程、保障、效力等方面进行系统协定，在依据《国际刑事司法协助法》中相关原则的前提下，制定相关操作性规定，但在合作时应该注意提高对合法公民权益的保护。另外，我国需要尽快推进立法进程，从而实现国际法律与公约向我国法律的转化，使我国法律体系与国际法律体系在相关规定中保持一致。[3]这有助于推动网络犯罪侦查国际合作，最大限度避免合作时对请求合作事项的相关规定和理解不一致，甚至导致合作请求被拒绝的情况发生。

---

〔1〕　唐彬彬："跨境电子数据取证规则的反思与重构"，载《法学家》2020 年第 4 期。

〔2〕　湖北省高院民事庭：《涉外民事诉讼管辖权问题研究》，武汉大学出版社 2008 年版，第 205～307 页。

〔3〕　唐彬彬："跨境电子数据取证规则的反思与重构"，载《法学家》2020 年第 4 期。

三、程序裁判机制的制度化

不断提升电子数据取证流程体系建设的目的是使调查所取得的电子数据在诉讼中被法官采信。考虑到电子数据的特征，在技术上衡量电子数据在诉讼中予以直接认定是否属实仍存在难以逾越的鸿沟，因此应当构建相应的电子数据取证程序裁判机制，以期保证取证后的电子数据的证明力。

（一）第三方技术人员参与取证权

处理专业问题时由专业技术人员来完成是所有证据搜集应该遵循的基本原则。电子数据搜集过程中涉及专业知识的也应该一并交给专业技术人员解决。通过法律关系可以看出，侦查工作人员把证据搜集的专业技术工作交给相关技术人员解决，两者具有委托关系。根据我国《刑事诉讼法》第128条与第146条规定，侦查工作人员能够聘用和委派专业技术人员进行检测和鉴定。搜集电子数据时委派具有专业技能的人完成检测和鉴定工作，具备专业技能的工作人员在接受侦查人员委托主持的情况下，完成电子数据的检测和鉴定工作，能够有效解决侦查人员在搜集电子数据时技术不足所引发的问题；[1]我国《刑事诉讼法》第128条与第146条明确规定检测和鉴定能够聘用和委派技术人员来完成。因此，电子数据检测和鉴定工作可以委派给其他专业技能人员，并且这种委托第三方的行为是符合法律规定的。

应将具有专业技术知识的人员纳入法律许可的取证工作人员队伍中。我国《刑事诉讼法》第128条与第146条规定，委托检测和鉴定的对象必须是具备专业知识的人，主要有从事电子数据搜集的专业技能人才。通过司法实践得出，司法机关作为委托鉴定机构鉴定人员完成电子数据搜集的部门；委托相关软件开发部门或运营单位的工作人员搜集电子数据是可行的。工作人员是否具备专业技能知识需要重点关注并加以确保，目前的法律和司法部门没有对拥有专业技能的非取证工作人员在侦查取证活动中的

---

〔1〕 谢登科："电子数据的取证主体：合法性与合技术性之间"，载《环球法律评论》2018年第1期。

地位作出明确规定。具备专业知识的工作人员在参加刑事诉讼活动时并不具备长期性、职业性、固定性，因此目前不能把他们纳入司法行政部门管理体系中，相关工作人员必须取得专业技能证书认定。[1]但这不能说明不应对委托具有专业知识的人搜集电子数据采取限制措施。

可以从完善电子数据搜集、审查、鉴定的专业角度，对具有专业知识的人才予以限制和规范。首先，专业知识人才应具有和电子数据搜集相关的专业技术知识，目前侦查队伍中稀缺的主要包括具备云储存技术、网络信息管理技术、计算机技术以及软件研发技术等的专业人员。其次，法官在采信搜集的电子数据时，需要对参加电子数据搜集的专业技能人才是否具备和电子数据搜集相关的专业技能知识完成鉴定展开研究分析，主要包括职称、学历、职业履历、专业背景等方面。最后，电子数据的论证需要提供证据材料证明参加电子数据搜集的人员具备相关专业技能知识，法院应该对控辩双方是否为适格的电子数据搜集主体进行判断。

这些许可性规定似乎已经可以解决侦查人员技术水平不足带来的取证能力问题，但需要注意的是，取证权限是否可以委托不仅是司法程序问题，也涉及了第三方拥有技术的人员与拥有公权力的侦查人员所具有的天然立场的差异：收集和使用公民个人数据时，应当以公权力行为标准为核心，即遵循底限正义的标准，而第三方天然拥有利益诉求，因此考虑到第三方在自身商业背景下的利益诉求和非公权力的性质背景，在允许第三方参与侦查的部分活动时，应当严格限制和规范第三方在参与司法活动时的行为规则。

首先，应当更加严格地限制第三方的司法地位。在网络时代，仅依靠公安机关对网络上的公民个人数据进行收集和整理，无论是从信息占有量还是技术水平，都是无法满足公安工作的实际需求的，因此第三方参与司法活动是有必要性的。但目前仅从技术角度对第三方进行定位，实际上忽略了司法活动中对第三方数据运营商的个人数据保有量和鲜活度的需求。

---

[1]　陈邦达："论'有专门知识的人'参与刑事诉讼——兼论《刑事诉讼法》第192条"，载《大连理工大学学报（社会科学版）》2014年第3期。

因此，在当前的司法活动需求中，第三方不仅需要作为技术人员拥有参与司法活动的技术权限，还需要作为数据实际占有者拥有对数据进行审核和处理的行政权限。这种行政权限可以体现为正式的司法活动主体权限，也可以体现为部分权限的开放，但其目的都在于明确第三方实际行使司法活动主体权限时必要的数据处理行为的合法性。

其次，明确第三方的权力边界，不能因为开放其参与司法活动的权限就全面开放其对数据的收集和分析权限。个人数据蕴含的个人信息涉及公民最基本的隐私权，隐私权受《宪法》第40条保护，[1]根据下位法不得与上位法冲突的原则，即使在下位法许可的情况下，也不应当突破《宪法》对个人隐私的基本保护原则，即对于干预主体和干预目的的双重限制。[2]主体的正当性问题上已谈过，此处不再重复，而目的的正当性具体来说，需要在第三方这个特殊主体的身份下进行明确，其自主对用户数据进行分析的范围不应当超过公安机关规定中"需要经过审批许可"的秘密侦查和技术侦查的范围，这也是对个人权益保障的基本要求。另外，其行为也应当符合公安机关侦查活动中的底限要求，即满足手段必要性和适当性。此处可以参考2020年最高人民检察院发布的《收集、使用个人数据宜遵循五项原则》，尽管其发布内容是以疫情期间的数据收集和使用为对象进行说明的，但其中提出的有关于第三方平台收集和使用个人数据的应有原则却是具有更加广泛的可借鉴意义的。其中具体提到了几个与第三方数据收集有关的原则：一是目的限制原则。这要求对个人数据的收集、处理应当遵循具体的、清晰的和正当的目的，不能随意进行数据关联和联想，不能将以某种具体目的收集的数据用于其他目的。二是最小数据原则。即要求数据控制者收集、使用的个人数据类型、范围、期间应当是适

---

〔1〕 杨登杰："执中行权的宪法比例原则，兼与美国多元审查基准比较"，载《中外法学》2015年第2期。

〔2〕 在实践中，有不少关于此问题的冲突，如对于调取通信记录（非内容）的调取是否涉及违反《宪法》第40条，部分学者认为关键问题在于通信记录是否涉及通信秘密，另一部分学者则认为是关于法院对通信记录的调取是否属于"检查"行为。参见杜强强："法院调取通话记录不属于宪法上的通信检查"，载《法学》2019年第12期；王锴："调取查阅通话（讯）记录中的基本权利保护"，载《政治与法律》2020年第8期。

当的、相关的和必要的，其类似于宪法理论中权力运用的比例原则。三是限期存储原则，即要求个人数据应有其自身固有的生命周期。从本质上来说，这三个原则都反映了一个核心思想，即第三方应当最小限度地获取和使用公民的个人数据。

再次，明确外部的可审查性。在过去侦查的保密性是出于保护案件侦破进展的需求或者技术手段的涉密性。但是在多主体共同参与的数据工作和由被动转主动的司法进程背景下，需要更多的监督模式转换。在第三方参与的情况下，就需要外部的可监督性，尤其是对于使用算法自动决策系统的平台来说，算法不能成为免责的事由，再加上对于信息的审核标准通常是第三方自行制定的，如果缺少外部的可审查性，其行为就会同时成为规则的制定者和审判者。[1]因此，外部的审查需要审核其行为标准制定原理的合理性和审查决策过程的适当性两个方面，即保证第三方在法律责任的构建过程中的每一个环节都是受监督状态的。

最后，第三方在同时拥有服务者身份的情况下，所承担的司法活动责任应与其对用户的服务承诺形成阶梯对应的强度关系。[2]根据我国的法律规范，违反宪法基本原则、危害国家安全和统一的行为是需要网络服务者无条件保存相关信息、配合司法调查的，此可以被看作最高等级。在此之下，可以参考美国对于获取电子数据的令状分级模式，将第三方对个人数据通过适当的等级划分（如分为非内容数据、非敏感内容数据和敏感内容数据），信息敏感度级别越高，就越需要更多的审批、核实和用户知情同意程序，以此来限制第三方作为服务者身份对用户个人数据滥用的可能，和最大限度保障对用户个人信息隐私权利维护的可延伸性。

（二）电子取证司法审查制度

目前我国电子数据搜查的司法审查规则建设发展主要有两个重点：第一个是搜查的需要及其审批授权程序；第二个则是搜查所得到的证据的合

---

〔1〕　裴炜："犯罪侦查中网络服务提供商的信息披露义务——以比例原则为指导"，载《比较法研究》2016 年第 4 期。

〔2〕　裴炜："犯罪侦查中网络服务提供商的信息披露义务——以比例原则为指导"，载《比较法研究》2016 年第 4 期。

法性判断程序。搜查的需要以及审批的授权程序，主要是在侦查犯罪行为的工作当中体现的，[1]除此之外，还有公安机关及国家安全机关、检察机关等对审批授权搜查的设置。我国在刑事诉讼法当中有规定，包括电子搜查在内的技术侦查，必须经过严格的审批程序。公安机关所依据的侦查对象，也需要根据其职级设定相关的审查批准程序。而如果是在国家安全机关采取了必要的电子搜查措施之后没有办法告知其审查批准机关，就会使得电子数据的搜查危害到公民的基本权利。目前，司法预审程度还有外部第三方授权程度是缺失的，而这也成为学术界诟病的问题。电子数据搜查需要通过司法控制模式来完成是最为理想的设置。

笔者认为我国一共有三类控权机制是可以进行选择的。一是检察机关可以对电子搜查证赋予审查批准的权力。二是根据不同的情况、场合，公安机关检察机关以及法院等都可以对电子搜查证给予审查批准的权力。三是授权法院对电子搜查证的审批之权。这三种模式，电子搜查证都是被司法或者是准司法所控制的。不过，不管是检察机关或者是公安机关审查批准，这些都属于法律所执行的内部自我监督，所以在性质上也属于一种行政化监督。而行政审批程度对于控制电子搜查证的滥用可以起到的作用还是十分有限的。

所以把搜查申请与审批进行分离，是一种较为理想的选择。这也主要是由法院来负责对电子搜查证进行审批的正当性所在。在设计此种制度时，必须要对案件的管辖分工进行划分，如果是公安机关所侦查的案件，那么搜查自然是由公安机关提出申请，检察机关则对此进行审批。检察机关所侦查的案件，则需要由检察机关提出申请，法院再进行审批。除此之外，还需要根据电子数据侦查取证的二阶特征，实现分级授权和分级审批。根据案件所涉及的个人电子数据隐私程度进行划分，然后再由不同层级的法院来进行程序上的审批。

---

　　[1]　如我国2015年修正的《国家安全法》第75条规定，国家安全机关、公安机关、有关军事机关开展国家安全专门工作，可以依法采取"必要手段和方式"。在这里，法律没有明文提及电子搜查，但是，必要的手段和方式肯定包含了电子搜查，且其使用是基于维护国家安全的需要。

在具体的审查方式问题上，首先，需要按照事前批准、事中监督、事后审查的全方位立体方式建设。欧美国家的司法令状模式是不少学者强烈推荐的司法审查实现方式，但这仅仅是其中"事前批准"的一个环节，并且正如上文所说，普通的司法令状并不完全适合电子数据二阶搜查法的需要，所以我国如果进行令状主义的建设，还需要结合电子数据的特点作出一定的改良。其次，事中的监督和事后的审查也是必不可少的，这是保障侦查机关能够依照要求履行的必要程序。[1]但是这一步骤在笔者看来并不必然要求由司法人员（如法官）来执行，否则将极大地消耗本就不丰富的司法资源。在这个方面，其实可以考虑适当发动和利用社会资源，如下文将谈到的取证程序的适度公开、落实取证程序见证人制度等，都可以从另一种角度实现对司法审查的监督，也能够更好地督促侦查人员时刻保持警惕，而不是流于应付审查本身。

（三）技术适用的法治化

美国对电子数据显示方式作具体规定，从而赋予辩护者对电子数据的知悉权利，同时采用合理的证据规则规范电子数据的证据能力，确保电子数据的真实性，对我国强化取证技术法治化建设、完善电子数据原件制度给予了一定的启发。

技术规范的建设应紧跟技术本身的发展。尽管和法律自身滞后性的属性存在关系，但这并不能说明法律没有效力或放弃对新型技术的监管。法律应紧跟技术发展的步伐，在配合修正后的刑事诉讼法的相关要求的基础上，技术性规范应紧密联系侦查职务犯罪内容的客观性规律，切实推进以需求为主导、以侦查线索为主线、以应用为中心、以安全为保障的电子取证工作制度建设，综合推动物证技术应用、电子数据取证工作。不断提升检察工作人员的综合素质，不断提升检察队伍使用电子数据和科技办案的能力与提取证据的水平，切实推进基层法院侦查体系建设，不断加强技术平台和科技支撑的联系。

---

〔1〕 潘金贵、李国华："我国电子数据收集提取措施对基本权利的干预与立法完善"，载《湖南社会科学》2019年第5期。

　　技术规范的制定同样应考虑对技术应用的限制。不仅要充分使用技术，在法律领域中寻求自我整合的能力，并且在规制技术应用时，需要充分使用法律人的智慧，把复杂的问题转化为法律人专业领域的规范判断常识问题。[1]特别是对刑法来说，不管在什么样的情况下，都应该确保保障人权与打击犯罪之间达到平衡状态。对于电子数据取证技术来说，我们必须认识到，一些技术手段，如木马病毒、爬虫技术等，即使其本身具有超高的数据抓取能力和效率，但是这些技术同样在应用伦理层面存在问题，并不是任何技术只要能够满足取证需求都可以使用，在面对程序时需要保持的平衡办案需求与保障权利的态度，在面对取证技术时同样不能丢弃。对于那些可能影响程序正义的技术手段，法律规范也应对其持一定的审慎态度。

　　技术的应用不应被限制于取证阶段。证据的展示、证据规则的调整等，都应考虑到技术的应用。比如，侦查部门在搜集和扣押电子数据时，对原始存储介质中的电子数据制作相对完善的比特流备份，同时将比特流备份材料提交给辩护方是最稳妥且保证真实的办法；检察部门在获取电子数据时应该获得辩护律师的同意，通过接触电子数据原始载体完成数据备份，能够最快速便捷地完成审查、复制、查看等工作。另外，需要明确电子数据的合理证据规则。合适的证据规则能够避免由于故意或失误而导致与原件不同的副本出现，从而有效保障电子数据的准确性。同时，可以尝试采取数据检测的办法。电子数据内容中可能包括的电算化资料，需要交给司法会计专家对相关资料展开现场验证。比如，湖南省长沙市某区人民检察院在 2011 年办理的管某某私自挪用公款案件，[2]担任医院会计的犯罪嫌疑人管某某与丈夫终日沉迷网络游戏，并且使用网银私自挪用公款进行游戏充值，法院委托司法会计专家赶赴现场调查取证，最终核实挪用公款总额。

---

　　[1]　谢登科："论电子数据与刑事诉讼变革：以'快播案'为视角"，载《东方法学》2018年第5期。

　　[2]　常智余："检察机关推进电子数据取证工作的实践思考"，载《人民检察》2013年第2期。

权衡的重点应该放在评估"公平"的社会观念和可能的社会成本上。算法这一基于"过往实际"的简单判断，并不能很好地体现司法程序强调的程序审慎，以及应有的程序救济，甚至缺乏应然的逻辑推理和结果解释能力，其本质上可以解释为对司法力量过往结论的反复强化。因此，即便当前基于大数据的算法已经能够实现辅助判断，但公安人员在接受其提供的高效和便捷的同时，也应当谨慎对待算法本身暗含的偏见和歧视，并警惕由此产生的社会资源倾斜和可能引发的进一步社会矛盾升级，做到更加公平和理性地面对算法给出的结论，并且做到实时更新算法的运行逻辑，尽可能地摒除社会观念和过往经验带来的主观和不公正。

四、保障机制的多元化思考

诚如前述，我国电子数据侦查取证程序的法律规范尚不完善，导致实践中还存在违反规范取证、非法搜查、隐秘程序不公开等事后追责不力的现实问题。因此，法治化理念下的电子数据取证程序，不仅应完善和细化电子数据取证程序的原则和规则，还应强化责任追究、权利救济等配套保障性机制的构建，如此才能实现电子数据取证程序的表里如一、均衡有度。

（一）涉密信息的处理机制

在扣押和搜集证据的过程中，获取电子数据与个人信息保护是迫切需要解决的现实问题。随着互联网技术的不断发展，人们的隐私权更加容易受到侵害，目前大数据时代已经成为没有隐私的时代，个人信息也正通过不同渠道进入互联网中，诸多互联网企业、云计算服务器以及网站服务器都受到威胁，并且这些设备中存在大量用户数据信息，数据信息通过相互交换能够为人们提供生活便利，但同时也对个人隐私的保护提出更多要求。电子数据是一种证据，电子数据的来源也不仅仅包括个人隐私，另外还有国家机密以及商业机密等信息，一旦扣押和搜集到这类信息，就需要作分类处理，并且不同秘密级别的信息需要制定不同的保护措施，将无关的信息删除。保护个人信息不但是信息安全技术难题，同时也是工作人员安全管理问题。从扣押和搜集数据信息来看，技术已经不是重大难题，主要在于对掌握侦查证据人员的管理。

对于信息的保护应建立一套完整流畅的监督保障机制。首先，确保侦查工作人员不能滥用搜集到的数据信息，同时也不能向其他人泄露信息。其次，需要侦查部门提取证据的取证人员和见证人配合，形成完整的取证调查流程，根据公安部门所提供的案件信息，谨慎提供客户信息，避免侦查人员私自滥用搜查权查询其他公民的信息。最后，确保电子数据持有人对海量的客户数据信息不能泄露、滥用、交易，保护数据信息应参考我国对信息系统安全等级保护体系的规定，根据不同信息的重要程度划分，确立不同等级的保护措施。

（二）取证程序见证人制度

应当将侦查过程中见证制度作为侦查权运行的有力保障以及扣押和搜集证据的监督办法。[1]传统的搜查和扣押活动对见证人的具体要求没有作出规范，侦查工作人员以案发现场工作人员作为见证人，实行时以邻居或路人等相关人员作为证人，以上人员具备辨别能力和表达能力，可以看作常用物证、书证搜查和扣押活动中的见证人。但对电子数据的搜查和扣押活动则有所不同，在上文中提到的侦查工作人员的不少取证步骤都可能会导致信息数据丢失，在电子数据搜查的见证过程中，应充分考虑电子数据内容的易变性，一般见证人见证通常不会发现或无能力发现这种问题。因此，作者提出以下两个建议：首先是引进具有相关技能知识的人员进行见证工作，避免侦查工作人员在搜集证据过程中故意销毁或伪造证据。这一方式从技术上来说应该能够得到诸多专业技术人员的支持，因为互联网企业与网站运营商具有很多专业技术人才可以使用这种方式完成见证。其次就是在找不到专业技能见证人的情况下，使用录音或录像来替代见证人的办法。录取完整的录音视频能够记录侦查工作人员对电子数据搜查和扣押活动中每个步骤，同时也可以作为证据证明侦查工作人员的侦查行为是否合法，但这种录音录像的见证办法需要确保录像过程完整，不然就需要结合非法证据排除规则或补正措施来印证。上述两种见证方法需要和见证人

---

[1] 裴炜："论刑事电子取证中的载体扣押"，载《中国刑事法杂志》2020年第4期。

证据结合，发挥自身优势共同对侦查工作人员的搜集和扣押活动完成见证，确保获取证据的流程具有合法性，使用强制性措施保障内容合法地位。

（三）非法取证权利救济制度

建立非法取证的救济制度势在必行。依据"毒树之果"理论可知，采取非法手段获取证据存在诸多问题，从而导致侦查工作人员发生违法行为，对公民的合法权益、个人隐私、人身权利造成侵害，破坏法律规定的秩序。当前，我国电子数据的侦查技术、手段以及侦查人员素质水平参差不齐，国家专门机关难以正常搜集证据来证明电子数据的真实性，为有效打击犯罪行为，侦查工作人员会使用非法入侵与刑讯逼供的手段来获取电子数据证据。[1]

笔者希望我国刑事诉讼立法借鉴域外先进法律制度，进一步规定非法取证的救济以及权利保障机制和部分配套设施。其中对于被侵犯权利的救济可以从两个方面进行分析。首先，从责任人角度来看，对于泄露相关人员个人信息、商业秘密、国家秘密的行为人员及负责人，需要根据主观程度、泄露信息的严重程度，在进行区分的基础上，给予一定的处罚。具体来说，对于侦查人员，可以进行职务上的警告、处罚等，对于收集数据的企业、单位等，进行警告等商业层面的处罚。其次，从民事的角度来说，则应对被侵犯权利的相关人员或者第三人、组织等给予一定的补偿。[2]

但这种补偿及处罚机制是建立在完善的制度管理层面上的。对此笔者建议：第一，应对信息的收集建立行业标准。这是堵住非法取证源头的第一道大门，可以在预防的层面控制对于信息的不当收集。第二，设置较高的罚金数额。尤其是对于企业的商业数据采集行为，应当设置较高的罚金数额，以防范不法数据收集和披露行为的发生，对于公安机关和侦查机关，也可以通过降低甚至取消绩效考核奖金的方式达到这个目标。第三，

---

〔1〕　孙潇琳："我国电子数据搜查扣押之审思"，载《中国人民公安大学学报（社会科学版）》2018 年第 6 期。

〔2〕　郭华、李红霞："刑事电子数据收集中的公民权利救济"，载《广西社会科学》2019 年第 11 期。

根据刑事诉讼规则倒置举证责任。一般来说，被侵权人的申诉都是按照民事诉讼，依据"谁主张，谁举证"的方式进行责任分配。但是对于电子数据的非法取证责任认定，笔者认为可以实行举证责任倒置，即被申诉方承担证明责任。这是由于无论是面对公权力还是庞大的企业，公民个人的能力都是渺小的，这种举证责任的倒置从行政程序上来说也是对非法取证中受害者的一种救济方式。

另外值得注意的是，陷阱侦查在判定非法取证过程中的认定问题。侦查机关在计算机和网络犯罪的侦查中采用侦查陷阱获取电子数据证据的行为需要区别看待。侦查陷阱又称为侦查诱饵，主要是指侦查人员在特定时间内调查证据，并且掌握一定的犯罪证据，但缺少起诉犯罪嫌疑人的确凿证据，这时警察通过伪装或设陷阱制造条件，使犯罪嫌疑人再次实施犯罪，并对犯罪嫌疑人实施抓捕的侦查办法。犯罪侦查时采取陷阱或诱饵是极具争议的问题。在电子数据的侦查取证中这种方法也并不少见，并且由于侦查人员和被侦查对象都在虚拟空间内，被侦查人员更不好判断情况，钓鱼执法的可能性就再一次被网络空间放大。因此，笔者提出，假如侦查陷阱作为通过网络主动行为或积极行为（如网络钓鱼帖等）的话，这一行为就具有鼓励犯罪的性质，那么这样获取的电子数据并不能当作定案的依据，当事人有权对侦查部门的侦查陷阱行为提出意见或申请赔偿。但假如侦查人员的侦查陷阱作为提供犯罪的机遇（如提供工具和虚拟空间场所等），获取的证据可以被采纳。

（四）电子数据侦查取证工作适度公开

将电子数据的侦查取证工作适度公开有利于帮助平衡权益保障与司法工作的需求。[1]一方面，技术性含量较高的电子数据侦查取证工作的神秘、隐蔽性是导致公众不理解侦查工作的一个重要原因，这会导致民众误解甚至猜测取证人员可以肆意、无限制地提取所有的数据。另一方面，对于侦查取证工作的适度公开还能使得公众在无形中监督侦查机关的工作，

[1] 朱桐辉、王玉晴："电子数据取证的正当程序规制——《公安电子数据取证规则》评析"，载《苏州大学学报（法学版）》2020年第1期。

从侧面限制侦查取证工作中公权力的过分扩张。

但这都是建立在不影响正常的侦查取证工作的基础上的，对于可以公开的工作及信息需要进行严格但明确的规定。在电子数据侦查取证程序中，可能涉及公开的包括数据公开和取证程序公开两类。对于数据来说，侦查中包含两类可以公开的数据，电子数据与普通证据在这方面并无明显差别：一是特定对象公开数据；二是半公开数据。刑事诉讼中，对于辩护律师的调取申请，若属于当事人本人所有，则公开应当准许；若属于其他人的，辩护律师需要出示申请说明及调取范围，还要征求数据所有人意见，取得对方同意。完全不能公开的数据，也需要通过规范的形式，对公众进行解释说明。比如，对于私密数据而言，获取对象仅限于公安机关、检察机关，另外，国家安全机关、军队保卫部门等掌握的数据也不适宜公开。然而值得注意的是，刑事诉讼中，当辩护律师的确具有调取此类证据的必要性时，侦查机关也不应用"侦查需要"等原因予以阻拦，这几类原因包括：其一，如果是为当事人本身所有，这种情况应当归入准许之内；其二，如果确有需要，但属于其他人，可以报告检察机关、人民法院申请调取。对于这些数据，如果真的不能进行一定程度的公开，也需要根据情况予以说明。

取证程序也应有限制地公开，此处主要是指取证的步骤。考虑到电子数据的取证还会涉及技术和工具的使用。需要额外注意，对于侦查机关内部使用的技术手段、技术工具等，法律规定不允许公开的一律不公开，可能涉及技术机密的也不应公开。但是对于取证的操作步骤、采取了哪些取证方法（如远程调取、数据冻结等）以及不涉及机密的文书等，应在相关裁判文书上进行适当说明。

结 论

第一次工业革命发生时，狄更斯曾言：这是一个最好的时代，也是一个最坏的时代。互联网和大数据技术的发展，给我们今天的处境带来了剧烈的变革，电子数据取证能力随着技术的发展，已经远超现有法律所能规制的边界，因而建立健全我国电子数据取证程序法律制度，是应对技术带来的新挑战的重要工作。

在刑事诉讼体系中，电子数据相关规制已拥有坚实的法律基础，而其所蕴含的高技术色彩，代表着法学与技术科学的深度交叉，这使其成为一个超难主题，为学术界及司法实践部门所关注。截至目前为止，仍未有专门理论和方法来构建电子数据侦查取证的司法运用框架，法学领域亦不熟悉电子数据的技术性。可以说，在计算机技术学科与法学的集合处，目前研究仍较为稀缺，这使电子数据的在后续刑事诉讼程序中的运用遭受了颇大的影响。当前，电子数据取证实践工作中，取证人员的经验是主要的凭据，缺少从程序法律层面的规制与明确指导。在这种高度依赖经验和主观判断的环境下，电子数据取证工作就容易出现各类适格性或技术性问题，这令电子数据可能在后续的诉讼程序中面临瑕疵，甚至缺乏证据能力的风险。

本书从电子数据的理论问题出发，对我国电子数据及其取证制度的理论维度、发展历程和难点重点进行了阐述和分析，从法律规制和侦查实务两个角度探析了目前电子数据侦查取证程序中存在的不足，探讨了我国电子数据取证程序的困境、机遇、挑战，并结合域外相关规范和司法实践进行了对比性研究，同时对当前电子数据取证前沿发展技术的应用中存在的问题进行了探析，最后依据对规制的研究与实践的探析，提出了应对之策。电子数据作为随着科学技术的发展而产生的新的证据类型，在网络时代有其他的证据形式无可比拟的优越性，因此对于电子数据的研究更应采取积极与审慎的态度，注重对使用中的伦理和实际应用的审查。本书通过与国外相关法律的比较并在此基础上反思我国立法，着重对一些实践性问题进行了探索，并提出了一系列的建议，目的是使电子数据侦查取证程序能够有合理的依据和程序，确保侦查效率和公正的同时切实保护公民的基本权利，尽可能地实现规范公权力与保护私权利的平衡。

遗憾的是，本书中仍有较多与之相关的问题有待继续研究，如权利（隐私权）受到侵害时的举证责任分配问题、如何将线上提取到的电子数据同线下的犯罪嫌疑人进行有效的关联（落地）等。尽管这些不是直接的"电子数据取证程序"问题，但是笔者在收集资料的过程中发现这些也都是尚待深究的领域，值得日后进一步分析论证。

概括而言，规范电子数据取证的程序，可以确保获取电子数据的合法、科学、有效。这不仅有益于诉讼效率的进一步提升，更具有维护社会公平正义的重大意义。但是由于受到传统习俗、社会道德、立法程序、专业技术等方方面面的影响，目前我国电子数据取证仍然处于刚刚起步的阶段，存在相关标准和规范缺失等问题，还需要加快制度及规范的制定和完善步伐。目前，我国电子数据领域还在许多方面，如取证主体、取证工具、取证技术、取证流程等存在问题，需要我们继续深入研究，在充分尊重法律规范和技术规律的基础上，依据法律法规对取证活动进行科学引导和规范处理，如此才能推动其规范发展，促进电子数据取证质量及水平朝着科学和健康的方向发展。

参考文献

一、中文书籍

1. ［德］卡尔·施密特:《论法学思维的三种模式》,苏慧婕译,中国法制出版社 2012 年版。

2. ［法］卢梭:《社会契约论》,何兆武译,商务印书馆 2016 年版。

3. ［法］让-雅克·卢梭:《卢梭文集:社会契约论》,何兆武译,红旗出版社 1997 年版。

4. ［美］E. 博登海默:《法理学:法律哲学与法律方法》,邓正来译,中国政法大学出版社 2004 年版。

5. ［美］Marjie T. Britz:《计算机取证与网络犯罪导论》,戴鹏、周雯、邓勇进译,电子工业出版社 2016 年版。

6. ［美］阿尔伯特·J. 马塞拉（Albert J. Marcella, J. R.）、弗雷德里克·吉罗索（Frederic Guillossou）:《网络取证:从数据到电子证据》,高洪涛等译,中国人民公安大学出版社 2015 年版。

7. ［美］安东尼·雷耶斯（Anthony Reyes）等:《网络犯罪侦查》,李娜等译,中国人民公安大学出版社 2015 年版。

8. ［美］克利福德·吉尔兹:《地方性知识:从比较的观点看事实与法律》,邓正来译,三联书店 1998 年版。

9. ［美］切特·霍斯默（Chet Hosmer）:《电子数据取证与 Python 方法》,张俊译,电子工业出版社 2017 年版。

10. ［日］田口守一:《刑事诉讼法》,刘迪、张凌、穆津译,法律出版社 2000 年版。

11. ［意］切萨雷·贝卡里亚:《论犯罪与刑罚》,黄风译,北京大学出版社 2008 年版。

12. ［英］彼得·斯坦、约翰·香德:《西方社会的法律价值》,王献平译,中国法制出版社 2004 年版。

13. [英] 洛克:《政府论（下篇）》，商务印书馆 1983 年版。

14. [德] 李斯特:《德国刑法教科书》，徐久生译，法律出版社 2006 年版。

15. 杜春鹏:《电子数据取证和鉴定》，中国政法大学出版社 2014 年版。

16. 高铭暄主编:《刑法学》，北京大学出版社 1998 年版。

17. 公安部网络安全保卫局、国家网络与信息安全信息通报中心:《国外电子证据适用指南选译》，中国人民公安大学出版社 2012 年版。

18. 何家弘主编:《电子证据法研究》，法律出版社 2002 年版。

19. 何家弘主编:《刑事审判认证指南》，法律出版社 2002 年版。

20. 何家弘:《司法证明方法与推定规则》，法律出版社 2018 年版。

21. 湖北省高院民事庭:《涉外民事诉讼管辖权问题研究》，武汉大学出版社 2008 年版。

22. 李双其、林伟:《侦查中电子数据取证》，知识产权出版社 2018 年版。

23. 林喜芬:《中国刑事程序的法治化转型》，上海交通大学出版社 2011 年版。

24. 刘涛:《美国涉外情报监控与通信截取法律制度》，中国政法大学出版社 2014 年版。

25. 刘涛译:《美国涉外情报监控法及涉外情报监控法院诉讼规则》，中国人民公安大学出版社 2011 年版。

26. 刘浩阳、李锦、刘晓宇主编:《电子数据取证》，清华大学出版社 2015 年版。

27. 刘浩阳:《网络犯罪侦查》，清华大学出版社 2016 年版。

28. 刘品新主编:《电子取证的法律规制》，中国法制出版社 2010 年版。

29. 刘品新主编:《美国电子证据规则》，中国检察出版社 2004 年版。

30. 刘品新主编:《网络时代刑事司法理念与制度创新》，清华大学出版社 2013 年版。

31. 刘品新:《中国电子证据立法研究》，中国人民大学出版社 2005 年版。

32. 刘显鹏:《电子证据认证规则研究——以三大诉讼法修改为背景》，中国社会科学出版社 2016 年版。

33. 麦永浩等:《计算机取证与司法鉴定》，清华大学出版社 2009 年版。

34. 欧阳爱辉:《侦查中的网络通讯监听法制化研究》，中国社会出版社 2017 年版。

35. 皮勇:《刑事诉讼中的电子证据规则研究》，中国人民公安大学出版社 2005 年版。

36. 裴炜:《数字正当程序——网络时代的刑事诉讼》，中国法制出版社 2021 年版。

37. 宋冰编:《程序正义与现代化》，中国政法大学出版社 1998 年版。

38. 孙长永:《侦查程序与人权——比较法考察》，中国方正出版社 2000 年版。

39. 孙长永:《现代侦查取证程序》，中国监察出版社 2005 年版。

40. 万毅：《程序正义的重心：底限正义视野下的侦查程序》，中国检察出版社 2006 年版。

41. 王斌君主编：《信息安全技术体系》，中国人民公安大学出版社 2014 年版。

42. 王立梅、赵浩阳主编：《电子数据取证基础研究》，中国政法大学出版社 2016 年版。

43. 王燃：《大数据侦查》，清华大学出版社 2016 年版。

44. 王学光：《计算机犯罪取证法律问题研究》，法律出版社 2016 年版。

45. 王兆鹏：《美国刑事诉讼法》，北京大学出版社 2014 年版。

46. 汪振林主编：《电子证据学》，中国政法大学出版社 2016 年版。

47. 法学教材编辑部西方法律思想史编写组：《西方法律思想史资料选编》，北京大学出版社 1983 年版。

48. 殷联甫：《计算机取证技术》，科学出版社 2008 年版。

49. 于冲主编：《域外网络法律译丛（刑事法卷）》，中国法制出版社 2015 年版。

50. 喻海松编著：《网络犯罪二十讲》，法律出版社 2018 年版。

51. 喻海松：《最高人民法院、最高人民检察院侵犯公民个人信息罪司法解释理解与适用》，中国法制出版社 2018 年版。

52. 张春生主编：《2013—2014 年世界信息安全发展蓝皮书》，人民出版社 2014 年版。

53. 庄乾龙：《刑事电子邮件证据论》，社会科学文献出版社 2013 年版。

二、学术论文

1. 任劲安："面向方言口音对话系统的多任务语音识别算法研究及应用"，西安电子科技大学 2021 年硕士学位论文。

2. 卢莹："数字时代刑事取证规制研究——以个人信息保护为视角"，华东政法大学 2020 年博士学位论文。

3. 张强："四川遂宁地区方言语音系统研究"，四川师范大学 2021 年博士学位论文。

4. 张崇波："侦查权的法律控制研究"，复旦大学 2014 年博士学位论文。

三、中文报刊

1. 毕惜茜："对完善我国侦查程序的几点思考"，载《湖北警官学院学报》2002 年第 2 期。

2. 曹太训："基于电子数据取证智能化分析技术的网络犯罪侧写"，载《信息网络安全》2019 年第 9 期。

3. 常智余："检察机关推进电子数据取证工作的实践思考"，载《人民检察》2013 年第 2 期。

4. 陈爱飞："区块链证据可采性研究——兼论我国区块链证据规则的构建"，载《比较法研究》2022 年第 2 期。

5. 陈成鑫、曾庆华、李丽华："大数据环境下公安情报工作的创新发展路径"，载《情报理论与实践》2019 年第 1 期。

6. 陈杭平："论'事实问题'与'法律问题'的区分"，载《中外法学》2011 年第 2 期。

7. 陈如超："电子证据审查判断的模式重塑——从混合型审查到分离型审查"，载《河北法学》2022 年第 7 期。

8. 陈瑞华："实物证据的鉴真问题"，载《法制资讯》2012 年第 4 期。

9. 陈星："论个人信息权：定位纷争、权利证成与规范构造"，载《江汉论坛》2022 年第 8 期。

10. 陈永生："论电子通讯数据搜查、扣押的制度建构"，载《环球法律评论》2019 年第 1 期。

11. 程雷："大数据侦查的法律控制"，载《中国社会科学》2018 年第 11 期。

12. 程龙："论大数据证据质证的形式化及其实质化路径"，载《政治与法律》2022 年第 5 期。

13. 褚福民："电子证据真实性的三个层面——以刑事诉讼为例的分析"，载《法学研究》2018 年第 4 期。

14. 丛颖男、王兆毓、朱金清："关于法律人工智能数据和算法问题的若干思考"，载《计算机科学》2022 年第 4 期。

15. 戴士剑、钟建平、鲁佑文："检察机关侦查部门电子数据取证问题研究"，载《湖南大学学报（社会科学版）》2017 年第 2 期。

16. 杜志淳、廖根为："电子数据司法鉴定主要类型及其定位"，载《犯罪研究》2014 年第 1 期。

17. 樊崇义、吴光升："宽严相济刑事司法政策与刑事侦查程序"，载《中国人民公安大学学报（社会科学版）》2007 年第 3 期。

18. 方芳、张蕾："欧盟个人数据治理进展、困境及启示"，载《德国研究》2021 年第 4 期。

19. 冯姣："互联网视域下的非法证据排除规则——兼论非法证据排除规则的完善路

径"，载《前沿》2018 年第 1 期。

20. 高波："第三方平台数据的有序利用与大数据侦查的隐私权问题——以美国'第三方原则'为视角"，载《天津大学学报（社会科学版）》2022 年第 2 期。

21. 高富平："同意≠授权——个人信息处理的核心问题辨析"，载《探索与争鸣》2021 第 4 期。

22. 高一飞、聂子龙："打击犯罪与保护人权的艰难平衡——评刑诉法修正案中侦查程序部分中的争议问题"，载《河北法学》2012 年第 2 期。

23. 郭旨龙："通信记录数据调取的形式合法性"，载《国家检察官学院学报》2021 年第 6 期。

24. 郭旨龙："移动设备电子搜查的制度挑战与程序规制——以英美法为比较对象"，载《法学杂志》2020 年第 3 期。

25. 胡铭、王林："刑事案件中的电子取证：规则、实践及其完善——基于裁判文书的实证分析"，载《政法学刊》2017 年第 1 期。

26. 贾宸浩、姚强、韩笑晨："电子证据的演进：从模式思维到制度理性——以司法实践中的发展为考察进路"，载《郑州大学学报（哲学社会科学版）》2014 年第 3 期。

27. 江溯："自动化决策、刑事司法与算法规制——由卢米斯案引发的思考"，载《东方法学》2020 年第 3 期。

28. 姜敏："刑法预防性立法对犯罪学之影响：困境与出路"，载《政治与法律》2020 年第 1 期。

29. 蒋勇："大数据时代个人信息权在侦查程序中的导入"，载《武汉大学学报（哲学社会科学版）》2019 年第 3 期。

30. 蒋勇："个人信息保护视野下中国电子取证规制的程序法转向"，载《西安交通大学学报（社会科学版）》2019 年第 6 期。

31. 解正山："数据驱动时代的数据隐私保护——从个人控制到数据控制者信义义务"，载《法商研究》2020 年第 2 期。

32. 靳雨露："算法披露的域外经验与启示"，载《情报杂志》2022 年第 7 期。

33. 孔庆江、于华溢："数据立法域外适用现象及中国因应策略"，载《法学杂志》2020 年第 8 期。

34. 李剑、王轩、林秀芹："数据访问和共享的规制路径研究——以欧盟《数据法案（草案）》为视角"，载《情报理论与实践》2022 年第 7 期。

35. 李世阳："令状主义的例外及其限制"，载《政治与法律》2020年第4期。

36. 李勇男："大数据驱动的反恐情报决策体系构建"，载《情报杂志》2018年第10期。

37. 梁坤："跨境远程电子取证制度之重塑"，载《环球法律评论》2019年第2期。

38. 梁坤："美国《澄清合法使用境外数据法》背景阐释"，载《国家检察官学院学报》2018年第5期。

39. 梁坤："我国跨境刑事电子取证制度新发展与前瞻"，载《中国信息安全》2021年第5期。

40. 廖斌、刘敏娴："数据主权冲突下的跨境电子数据取证研究"，载《法学杂志》2021年第8期。

41. 林玲等："考虑风险偏好的网络舆情预警模型——基于直觉模糊和Choquet积分"，载《情报杂志》2021年第10期。

42. 林山田："论刑事程序原则"，载《台大法学论丛》1999年第2期。

43. 刘波："电子数据鉴定意见质证难的破解之道"，载《重庆邮电大学学报（社会科学版）》2018年第1期。

44. 刘芳："计算机犯罪取证程序中个人信息之保护"，载《学习与实践》2022年第7期。

45. 刘广三、李艳霞："美国对手机搜查的法律规制及其对我国的启示——基于莱利和伍瑞案件的分析"，载《法律科学（西北政法大学学报）》2017年第1期。

46. 刘建杰、王琳："网络犯罪中电子证据取证相关问题探析"，载《学术界》2013年第S1期。

47. 刘铭："公安电子数据取证规范的文本分析"，载《中国人民公安大学学报（社会科学版）》2021年第4期。

48. 刘品新："论大数据证据"，载《环球法律评论》2019年第1期。

49. 刘品新："网络犯罪证明简化论"，载《中国刑事法杂志》2017年第6期。

50. 刘译矾："论电子数据的双重鉴真"，载《当代法学》2018年第3期。

51. 刘颖、李静："加拿大电子证据法对英美传统证据规则的突破"，载《河北法学》2006年第1期。

52. 龙宗智："寻求有效取证与保证权利的平衡——评'两高一部'电子数据证据规定"，载《法学》2016年第11期。

53. 骆绪刚："电子数据搜查扣押程序的立法构建"，载《政治与法律》2015年第6期。

54. 马忠红："以电信诈骗为代表的新型网络犯罪侦查难点及对策研究——基于 W 省的调研情况"，载《中国人民公安大学学报（社会科学版）》2018 年第 3 期。

55. 莫富传等："基于 DIKW 体系的政府数据利用路径研究"，载《情报科学》2021 年第 3 期。

56. 欧丹："大数据时代下的互联网广告监测电子数据取证规则"，载《学术探索》2018 年第 8 期。

57. 潘金贵、李国华："我国电子数据收集提取措施对基本权利的干预与立法完善"，载《湖南社会科学》2019 年第 5 期。

58. 裴炜："比例原则视域下电子侦查取证程序性规则构建"，载《环球法律评论》2017 年第 1 期。

59. 裴炜："犯罪侦查中网络服务提供商的信息披露义务——以比例原则为指导"，载《比较法研究》2016 年第 4 期。

60. 裴炜："个人信息大数据与刑事正当程序的冲突及其调和"，载《法学研究》2018 年第 2 期。

61. 裴炜："论个人信息的刑事调取——以网络信息业者协助刑事侦查为视角"，载《法律科学（西北政法大学学报）》2021 年第 3 期。

62. 裴炜："论刑事电子取证中的载体扣押"，载《中国刑事法杂志》2020 年第 4 期。

63. 裴炜："论远程勘验：基于侦查措施体系性检视的分析"，载《政法论坛》2022 年第 4 期。

64. 裴炜："网络空间刑事司法域外管辖权的数字化转型"，载《法学杂志》2022 年第 4 期。

65. 皮勇："论新型网络犯罪立法及其适用"，载《中国社会科学》2018 年第 10 期。

66. 齐志坤、姜囡、徐浩森："虹膜识别平台在侦查中身份认定的应用研究"，载《河北公安警察职业学院学报》2022 年第 1 期。

67. 沈木珠："论电子证据问题"，载《法学杂志》2001 年第 4 期。

68. 师索、陈玮煌："犯罪侦查中网络通讯数据留存制度的欧洲法审视"，载《西南政法大学学报》2018 年第 6 期。

69. 石玲："瑕疵电子数据的合理适用及其限度"，载《河南财经政法大学学报》2022 年第 3 期。

70. 宋瑞娟："大数据时代我国网络安全治理：特征、挑战及应对"，载《中州学刊》2021 第 11 期。

71. 孙谦："刑事侦查与法律监督"，载《国家检察官学院学报》2019 年第 4 期。

72. 孙瑞英、李杰茹："我国政府数据开放平台个人隐私保护政策评价研究"，载《图书情报工作》2022 年第 12 期。

73. 孙潇琳："我国电子数据搜查扣押之审思"，载《中国人民公安大学学报（社会科学版）》2018 年第 6 期。

74. 唐彬彬："跨境电子数据取证规则的反思与重构"，载《法学家》2020 年第 4 期。

75. 田奥妮："第三方数据信托：数据控制者义务的困境及其破解"，载《图书馆论坛》2022 年第 8 期。

76. 万春等："《关于办理刑事案件收集提取和审查判断电子数据若干问题的规定》理解与适用"，载《人民检察》2017 年第 1 期。

77. 万毅："关键词解读：非法实物证据排除规则的解释与适用"，载《四川大学学报（哲学社会科学版）》2014 年第 3 期。

78. 王娟、汤书昆："智能媒体算法信任建构路径探讨"，载《自然辩证法研究》2022 年第 5 期。

79. 王雷："社会安全事件智能监测与预警系统及综合平台"，载《科学技术与工程》2021 年第 24 期。

80. 王利明："论中国判例制度的创建"，载《判例研究》2000 年第 1 期。

81. 王燃："大数据证明的机理及可靠性探究"，载《法学家》2022 年第 3 期。

82. 王义坤、刘金祥："被遗忘权本土化的路径选择与规范重塑——以《个人信息保护法》第 47 条为中心"，载《财经法学》2022 年第 3 期。

83. 王中："云环境服务提供商协助取证的困境及应对"，载《科技与法律》2018 年第 6 期。

84. 吴桐："电子数据搜查、扣押的行为相关性研究"，载《中国人民公安大学学报（社会科学版）》2021 年第 5 期。

85. 奚玮："我国电子数据证据制度的若干反思"，载《中国刑事法杂志》2020 年第 6 期。

86. 谢登科："电子数据的技术性鉴真"，载《法学研究》2022 年第 2 期。

87. 谢登科："电子数据的取证主体：合法性与合技术性之间"，载《环球法律评论》2018 年第 1 期。

88. 谢登科："电子数据网络在线提取规则反思与重构"，载《东方法学》2020 年第 3 期。

89. 谢登科："论电子数据收集中的权利保障"，载《兰州学刊》2020 年第 12 期。

90. 谢登科："刑事电子数据取证的基本权利干预——基于六个典型案例的分析"，载《人权》2021 年第 1 期。

91. 邢爱芬、付姝菊："中国电子签名立法与实践问题研究"，载《科技与法律（中英文）》2022 年第 3 期。

92. 许可："驯服算法：算法治理的历史展开与当代体系"，载《华东政法大学学报》2022 年第 1 期。

93. 杨志琼："数据时代网络爬虫的刑法规制"，载《比较法研究》2020 年第 4 期。

94. 俞小海："破坏计算机信息系统罪之司法实践分析与规范含义重构"，载《交大法学》2015 年第 3 期。

95. 赵长江、李翠："电子数据搜查扣押难点问题研究"，载《太原理工大学学报（社会科学版）》2017 年第 3 期。

96. 郑飞："漂向何方：数字时代证据法的挑战与变革"，载《地方立法研究》2022 年第 3 期。

97. 郑雅方、周煜文："实质性证据规则研究——美国经验与中国实践"，载《江淮论坛》2019 年第 2 期。

98. 周新："刑事电子搜查程序规范之研究"，载《政治与法律》2016 年第 7 期。

99. 朱桐辉、王玉晴："电子数据取证的正当程序规制——《公安电子数据取证规则》评析"，载《苏州大学学报（法学版）》2020 年第 1 期。

100. 张璁："规范算法推荐，保障用户知情权选择权"载《人民日报》2022 年 1 月 6 日，第 7 版。

四、中文网站

1. 公检法："大数据背景下公安积分预警系统设计研究"，载公安部检测中心网站，https://www.secrss.com/articles/10718，最后访问时间：2019 年 3 月 2 日。

2. 国务院："国务院关于印发政务信息资源共享管理暂行办法的通知"，载中华人民共和国中央人民政府网站，http://www.gov.cn/zhengce/content/2016-09/19/content_5109486.htm，最后访问时间：2022 年 6 月 4 日。

3. 中国网信网："互联网信息服务算法推荐管理规定"，载国家市场监督管理总局网站，https://www.samr.gov.cn/xw/mtjj/202201/t20220104_338828.html，最后访问时间：2022 年 6 月 20 日。

4. 韩新远："收集、使用个人数据宜遵循五项原则"，载中华人民共和国最高人民检察院网站，https://www. spp. gov. cn/spp/llyj/202003/t20200328_ 457476. shtml，最后访问时间：2022 年 6 月 15 日。

5. 新华社："我国现有 6000 多万少数民族公民使用本民族语言"，载中华人民共和国中央人民政府网站，http://www. gov. cn/zxft/ft181/content_ 1374165. htm，最后访问时间：2022 年月 20 日。

6. 杭州铁路检察院："杭州铁检院提起公诉的"6. 11"涉暴恐"非法持有"案件已做出一审有罪宣判"，载人民检察院信息公开网，http://www. ajxxgk. jcy. gov. cn/html/20190213/1/9117188. html，最后访问时间：2019 年 9 月 24 日。

7. 大数据部："大数据背景下公安数据分析平台建设"，载国家信息中心网站，http://www. sic. gov. cn/News/612/10439. htm，最后访问时间：2022 年 3 月 12 日。

8. 袁飞："哈希值的存证效力及利用"，载 http://www. cqlsw. net/lite/word/201903133 1807. html，最后访问时间：2020 年 9 月 12 日。

9. David W. Opderbeck & Justin Hurwitz, Apple v. FBI：Brief in Support of Neither Party in San Bernardino Iphone Case, http：//papers. ssrn. com/sol3 /papers. cfm? abstractid = 2746100，最后访问时间：2018 年 10 月 24 日。

五、外文文献

1. Arshad, Humaira, Aman Jantan, and Esther Omolara, "Evidence collection and forensics on social networks：Research challenges and directions", *Digital Investigation*, 28（2019）：126-138.

2. Carpenter v. United States, 16-402（6th Cir. 2018）.

3. Carrier, Brian D. , and Eugene H. Spafford, "Automated Digital Evidence Target Definition Using Outlier Analysis and Existing Evidence", *DFRWS*. 2005.

4. Casey E, Ferraro M, Nguyen L. "Investigation delayed is justice denied：proposals for expediting forensic examinations of digital evidence", *Journal of forensic sciences*, 54. 6（2009）, 1353-1364.

5. Charlie Savage, "Between the Lines of the Cellphone Privacy Ruling", *the New York Times*, June 25, 2014.

6. Costantini, Stefania, Giovanni DeGasperis, and Raffaele Olivieri. "Digital forensics and investigations meet artificial intelligence", *Annals of Mathematics and Artificial Intelligence*

86. 1-3（2019）：193-229.

7. Deepakumara, Janaka, Howard M. Heys, and R. Venkatesan, "FPGA implementation of MD5 hash algorithm", *Canadian Conference on Electrical and Computer Engineering* 2001. Conference Proceedings（Cat. No. 01TH8555）. Vol. 2. IEEE, 2001.

8. Donohue, Laura K. "The Fourth Amendment in a Digital World. " *NYU Ann. Surv. Am. L.* 71（2015）：553.

9. Farmer D, Venema W. *Computer forensics analysis class handouts*, 1999.

10. Garrett, Roland, "The nature of privacy Philosophy", *Today*, 18. 4（1974）：263-284.

11. Insa F, "The Admissibility of Electronic Evidence in Court（AEEC）：Fighting Against High-tech Crime—Results of a European Study", *Journal of Digital Forensic Practice*, 1. 4（2007），285-289.

12. Katrien Keyaerts："Carpenter v US：Supreme Court Rules Police Need a Warrant to Obtain Cell-Site Location Information", *European Data Protection Law Review*, 4. 4（2018）.

13. Katz v. United States, 389 U. S. 347（1967）.

14. Kenneally E E, Brown C L T, "Risk sensitive digital evidence collection", *Digital Investigation*, 2. 2（2005），101-119.

15. Kerr O S, "Search warrants in an era of digital evidence", *Miss. LJ*, 75（2005），85.

16. Lewis v. United States, 385 U. S. 206（1980）.

17. Maras, Marie-Helen, and Alex Alexandrou. "Determining authenticity of video evidence in the age of artificial intelligence and in the wake of Deepfake videos", *The International Journal of Evidence & Proof* 23. 3（2019）：255-262.

18. Microsoft Corp. v. United States, 584 U. S.（2018）.

19. Notra Trulock, Iii; Linda Conrad, Plaintiffs-appellants, v. Louis J. Freeh, in His Personal Capacity; Neil Gallagher, in His Personal Capacity; Steve Dillard, in His Personal Capacity; Brian Halpin, in His Personal Capacity; Steven Carr, in His Personal Capacity; Jane Doe, I, in Her Personal Capacity, Defendants-appellees, 275 F. 3d 391（4th Cir. 2001）.

20. Orso, Matthew E, "Cellular Phones, Warrantless Searches, and the New Frontier of Fourth Amendment Jurisprudence", *Santa Clara L. Rev.* 50（2010）：183.

21. People v. Emerson, 766 N. Y. S. 2d 482, 486—87（N. Y. Cty. Ct. 2003）.

22. Pernot-Leplay, Emmanuel. "China's approach on data privacy law：a third way between the US and the EU?", *Penn St. JL & Int'l Aff.* 8（2020）：49.

23. Post, Robert C. "Rereading Warren and Brandeis: Privacy, property, and appropriation", *Privacy*. Routledge, 2017, 125-158.

24. Rawls, John, *A theory of justice*, Ethics. Routledge, 2004, p, 229-234.

25. Richard III GG, Roussev V, "Next-generation digital forensics", *Communications of the ACM*, 49. 2 (2006), 76-80.

26. Riley v. California, 134 S. Ct. 2473, 2491-2495 (2014).

27. Rios v. United States, 364 U. S. 253 (1960).

28. Roberts, Paul, and Adrian Zuckerman, *Criminal evidence*. Oxford University Press, 2010.

29. Rubenfeld, Jed, "The right of Privacy", *Harvard Law Review*, 1989: 737-807.

30. S. andMarper v. the United Kingdom, no. 30562 /04 and 30566 /04, ECHR December 2008.

31. Sacharoff, Laurent. "The Fourth Amendment Inventory as a Check on Digital Searches", *Iowa L. Rev.* 105 (2019): 1643.

32. Solove, Daniel J, "Conceptualizing Privacy", *Cal. L. Rev.* 90 (2002): 1087.

33. Steve Jackson Games, Inc. v. U. S. Secret Service, 816 F. Supp. 432 (W. D. Tex. 1993).

34. Thibaut J, Walker, *Procedural justice: A psychological analysis*, Hillsdale, NJ: Erlbaum. 1975, p. 8-9.

35. TonyStorey, "Watching You, Watching Me: Liability for Voyeurism When the Voyeur Is also a Participant in a Private Act: R v Richards ", *The Journal of Criminal Law*, 84. 3 (2020), 259-262.

36. United State v. U. S. District Court, 407 U. S. 297 (1972).

37. U. S. v. Barry Hoffman, 832 F. 2d. 1299, 1310 (1st Cir. 1987).

38. U. S. v. Carey, 172 F. 3d 1268 (10th Cir. 1999).

39. U. S. v. Gray, 78 F. Supp. 2d 524 (D. VA, 1999).

40. U. S. v. Grubbs, 547 U. S. 90, 98 (2006).

41. U. S. v. Lee, 274 U. S. 559 (1982).

42. U. S. v. Miller, 425, U. S. 435, 443 (1976).

43. U. S. v. Monroe, 50 M. J. 550 (A. F. C. C. A. , 1999).

44. U. S. v. Parada, 289 F. Supp. 2d 1291, 1303 (D. Kan. , 2003).

45. U. S. v. Runyan, 275 F. 3d 499, 464-65 (5th Cir. 2001).

46. U. S. v. Young, 350 F. 3d 1302, 1308-09 (11th Cir. 2003).

47. U. S. v. Zamora, 222 F. 3d 756, 10th Cir. (2000).

48. Warren, Samuel D. , and Louis D. Brandeis, "The Right to Privacy", *Harvard law Review*, (1890): 193–220.

49. Weeks v. United States, 232 U. S. 383 (1914).

50. Westin, Alan F. , and Oscar M. Ruebhausen. *Privacy and Freedom*, New York: Atheneum, 1967.

关键词索引

木马攻击 88，93，96

Q

区块链 14

强制侦查 17，41~42，56，68，81~82

窃听 20，113~114，123，130，136~138

情报预警系统 155

取证工具 58，61，79，93~97，132，210

取证技术 58，61，79，93~84，132，210

取证手段 17，24，42，54，56，77，83~84，98，105，108，136，142~143

取证能力 23，81，97，126

取证合法性 89，98

取证合理性 42，70，75，93，95~96，98，112，114，185，200

R

人工智能 68，203

任意侦查 82

S

实体（性）规则 34，86~92

双重载体属性 47~48

司法审查 17，141，184~185，201~202

司法权力重组 167

司法前置 115~116

司法救济 17，81，107，114，119，140，143~145，206~207

数据保全 145

数字存证 63

数据恢复 59

数据 ID 63

数据时效性 110，158~159

数据库 98，112，146，158，160~161，165，170，174，177，178

算法

算法管理 162~167

算法辅助侦查 164

T

同案不同判 77，186

W

完整性校验 71，101~102

文件摘要化 62

唯一性特征 99~100

X

写保护 58，60，103

虚拟空间 20，44，61，77，109，207

形式审查 72，74，95，140

信息安全 12，75，105，122，163，179，205

公权力行为边界 163，168

Y

语音识别 177

云计算 61，191，204

隐形程序 106，109

隐私权 19，23，35，57~58，80，83~84，92，102，111，113~115，117~121，123~124，135~136，138，140~141，144~145，150~151，165，167，173~174，183~184，199，204，209

隐私侵犯性 83，89，94，124

远程数据提（调）取 95~96，107，136~138

远程勘验 61，65，68，74，80，82，102，105，107，133，145，149

远程攻击 88